“双一流”建设丛书·学术经典系列

舆论学与新闻教育的学与思

——雷跃捷舆论学研究论文集

雷跃捷◎著

CUCP 中国传媒大学出版社
·北京·

图书在版编目(CIP)数据

舆论学与新闻教育的学与思:雷跃捷舆论学研究论文集 / 雷跃捷著. --北京:中国传媒大学出版社,2020.11
(“双一流”建设丛书·学术经典系列)
ISBN 978-7-5657-2858-7

Ⅰ.①舆… Ⅱ.①雷… Ⅲ.①舆论－文集 Ⅳ.①C912.63-53

中国版本图书馆 CIP 数据核字(2020)第 236563 号

“双一流”建设丛书·学术经典系列

舆论学与新闻教育的学与思:雷跃捷舆论学研究论文集

YULUNXUE YU XINWEN JIAOYU DE XUE YU SI:LEIYUEJIE YULUNXUE YANJIU LUNWENJI

著 者	雷跃捷
责任编辑	张莉莉
封扉设计	拓美设计
责任印制	李志鹏

出版发行	中国传媒大学出版社		
社 址	北京市朝阳区定福庄东街 1 号	邮 编	100024
电 话	86-10-65450528 65450532	传 真	65779405
网 址	http://cucp.cuc.edu.cn		
经 销	全国新华书店		

印 刷	北京玺诚印务有限公司
开 本	787mm×1092mm 1/16
印 张	14.75
字 数	236 千字
版 次	2020 年 11 月第 1 版
印 次	2020 年 11 月第 1 次印刷

书 号	ISBN 978-7-5657-2858-7/C·2858	定 价	66.00 元

本社法律顾问:北京李伟斌律师事务所 郭建平

目录

中篇 / 应用舆论学

下篇 / 新闻教育

十七年后的相遇
（序）

我从1987年研究生毕业留校任教，到2004年出版了一本自选集，屈指算来是17年时间。这本自选集包含了我自1987年至2003年在报纸杂志发表的新闻学、媒介批评和新闻教育等方面的学术论文，是对我在北京广播学院从事的广播电视新闻教育和研究工作的一个阶段性的总结。现在这本论文集的出版，距离2004年自选集的出版，时间又过了将近17年。在这看似巧合的两个17年里，世界发生了巨大的变化，我所服务的北京广播学院也发生了巨大的变化。由于34年的坚守，我算是北京广播学院更名为中国传媒大学的历史见证人之一。34年来，我有在学科建设上一步一个脚印往前走的自豪，有对南北校园合并带来空间开阔的欢欣，有对院、系、部调整来回折腾的无奈和不满，更有和同人校友以茶代酒、相逢一笑的快乐。

这本论文集取名为《舆论学与新闻教育的学与思》。书中所选的大部分论文主要涉及新闻舆论方面的内容。我涉足舆论学研究领域，一半是好奇，一半是执行学校的决定。记得2002年夏天，时任北京广播学院院长的刘继南教授给我打电话，说学校经过研究讨论，决定开展舆论学领域的教学与科研工作，指定我做这个学科的牵头人。我当时在电话里婉拒。我的研究领域是新闻理论方向，再开辟一个舆论学方向，我担心精力不济。但刘院长在电话里坚定地说，这是学校的决定，学校考虑我曾和我的硕士导师康荫教授合著过《社会主义市场经济与新闻舆论》一书，有基础，故决定由我来牵头。话说到这个程度，我知道没有推辞的可能了，所以应承下来。

随着社会转型期的变革和国际互联网的迅猛发展，舆情如井喷式爆发，舆论学研究竟成为一门“显学”。我不由得暗暗钦佩老校长刘继南教授在新闻传播学学科建设上的远见卓识和魄力。

我开始舆论学的教学和研究，是从新闻传播学的角度切入的。舆论学作为一门交叉学科，和政治学、社会学、心理学、新闻传播学、法学、伦理学、管理学、统计学、医学等社会科学和自然科学都有非常紧密的联系。作为研究新闻传播学的学者，我们只能扬己所长，在新闻舆论学这个分支领域去开拓。中国传媒大学的舆论学学科建设，从一开始就是定位于新闻舆论学这个分支领域。我校最初是面向新闻学和传播学的硕士研究生开设舆论学相关课程，后来开始招收舆论学的硕士研究生。除了我们几个资深一些的教师担纲指导舆论学硕士研究生，一批年轻的教师如曾庆香、王灿发、韩运荣、唐远清、李汇群、郑苏晖、薛宝琴等也逐步参与舆论学硕士研究生指导工作。到2006年，我和刘燕南教授开始招收舆论学的博士研究生，之后王锡苓教授也加盟舆论学博士生导师团队，至此，我校的舆论学教学和人才培养体系初步建立起来。在教学方面，学校给硕士、博士研究生陆续开设了舆论学基础、舆论学研究前沿、中外舆论思想史研究、马克思主义新闻舆论观研究、应用舆论学、网络舆情导论等课程。科研方面，学校成立了舆论学研究所，随着舆情监测和研究的广泛深入开展，学校还成立了网络舆情研究所、互联网舆情研究院等研究机构，承接了国家社会科学基金重大项目、教育部哲学社会科学项目和一些部委办委托的舆论学和舆情研究课题。同时，学校的舆情研究机构还大量承接了国家机关、企事业单位委托的舆情调查项目。舆情数据先后被《人民日报》、新华社、中央广播电视总台等权威媒体引用。我们的团队出版了《舆论引导新论》《网络舆论引导机制研究》《舆论学——原理、方法与应用》《群体性事件：信息传播与政府应对》《我国当前社会问题舆论调控研究》《听舆施政：网络舆情传播规律与实践》等一系列专著，并定期发布《艾利艾(IRI)舆情研究年度报告白皮书》等。

这本论文集，是本人学习和思考舆论学的一些成果的选编。本人进入舆论学研究这个领域后，深感研究之艰辛。本人虽然在教学和人才培养方面取得了一些经验，在科研方面获得了一些成果，但是不足和遗憾实在太多，其中最大的遗憾，就是2003年SARS(非典型性肺炎)在北京肆虐期间，没有仔细跟踪和研究SRAS疫情带来的舆情。这里有主观和客观两方面的原因。但总体来说，就是在我们的潜意识里，这种突发性的重大疫情事件，在21世纪人类科技高度发达的今天，不会重复出现。

黑格尔说过：人类从历史中所得到的教训就是——人类从来不吸取历史教训。哲人的话，总是精辟和有预见性。

今天，面对满屏由全球蔓延的新冠病毒肺炎疫情引发的舆情，我们痛感当年未能对SARS疫情引发的舆情进行深入的、反思性的研究，失却了舆论学研究工作者的责任和担当。

舆论学和新闻传播学一样，也是一门应用学科。它的应用性表现为强烈的实践性，这种实践性要求它必须介入实际、干预实际。脱离了实践，新闻传播学和舆论学就失去了本真意义和基本作用，就容易沦为书斋中和研讨会上的空想和空谈。

但愿我们不再错过对这次新冠病毒肺炎疫情引发的汹涌舆情的反思和总结。这种总结和反思不仅有助于舆论学研究的深入，更有助于治理体系和治理能力现代化水平的提升。

是为序。

雷跃捷

2020年10月20日于北京

上篇 / 理论舆论学

与时俱进地发展马克思主义新闻观

马克思主义新闻观，是辩证唯物主义和历史唯物主义科学世界观在新闻传播领域的体现，是马克思主义对于新闻现象和新闻传播活动的总看法，是新世纪新阶段做好新闻宣传工作的思想理论基础。坚持用马克思主义新闻观统领新闻实践和新闻理论研究，既需要我们坚持马克思主义新闻观的基本原理、基本原则，又需要我们根据新形势、新情况发展马克思主义新闻观。

马克思主义新闻观在发展的过程中形成并不断丰富。这首先可以从马克思主义的创始人——马克思、恩格斯的新闻思想和实践的变化过程中得到证明。马克思、恩格斯长达半个世纪的报刊实践活动，经历了三个大的变化发展阶段：

第一个阶段是以《莱茵报》为中心的报刊活动时期，这是马克思和恩格斯早期报刊思想形成时期。这一时期马恩报刊思想的核心是革命民主主义文化范畴的人民报刊和自由报刊思想。这一时期马克思、恩格斯的报刊思想，是社会政治经济环境和哲学思潮影响的产物。青年时期的马克思和恩格斯，生活在德国封建社会向资本主义社会过渡的时期。封建经济的解体和资本主义生产力的兴起，封建制度的腐朽和新兴资产阶级的反抗，为马恩自由报刊和人民报刊思想创造了外部现实条件。在哲学思潮的影响方面，此时的马克思，受到青年黑格尔派和费尔巴哈朴素唯物主义思想的影响。列宁指出：马克思和恩格斯是从黑格尔走向费尔巴哈，又进一步从费尔巴哈走向辩证唯物主义和历史唯物主义的。这一阶段马克思和恩格斯在谈到报刊的性质、功能，报刊同国家及政府的关系，报刊同立法关系的时候，常常显现黑格尔的国家观和法律观对他们的影响。而费尔巴哈的人本主义哲学的特点，也以抽象的人类精神、人类本质的概念，出现在马克思有关新闻思想的论述中。这一时期马克思关于新闻报刊论述的名篇——《评普鲁士最近的书报检查令》，集中反映了青年马克思以革命民主主义思想为武器，抨击封建专制主义新闻出版制度的批判精神。

第二阶段是以《新莱茵报》为中心的报刊活动时期，这是马克思和恩格斯成为共产主义者以后，形成工人报刊思想的时期。在此阶段，马克思、恩格斯关于无产阶级党报思想的若干原理和原则也开始提出。这一时期的马克思和恩格斯，已经完成了从思想上由革命民主主义者向共产主义者的转变。他们在和蒲鲁东小资产阶级空想主义、克利盖的小资产阶级社会主义，以及卡尔·海因岑的小资产阶级民主主义思潮的不断论争和斗争中，坚持了工人报刊的无产阶级方向。马克思、恩格斯在《新莱茵报》时期的思想，与《共产党宣言》所体现的时代精神相一致，表述了以无产阶级报刊和无产阶级政党的报刊规律为主体的马克思主义新闻思想。

第三阶段是以《社会民主党人报》（红色）为中心的报刊活动时期，这是马克思和恩格斯党报思想的形成时期。这一时期由于工人政党开始普遍诞生，党需要报纸作为它战斗的旗帜。马克思、恩格斯作为各国工人政党的革命导师，满腔热情地投入到创办和指导工人党报的实践中，并在和拉萨尔、赫希伯格、巴枯宁等形形色色的机会主义者和无政府主义者的办报方针进行斗争的基础上，形成了马克思主义的党报思想，譬如党的报刊必须坚持正确的政治方向，党报是党的武器和党的阵地，党的政治纲领是党报的灵魂，党报工作者应有鲜明的无产阶级立场，等等。

简要回顾马克思、恩格斯报刊活动和报刊思想的发展历程，我们会发现，马恩新闻报刊思想是他们长达半个世纪的新闻实践的总结。三个时期的新闻实践和思想不断演变发展，最终形成马克思主义新闻思想，这既是马克思、恩格斯思想转变的结果，更是时代发展的必然要求。因此，与时俱进、不断发展，是马克思、恩格斯新闻思想的一个最显著的特征。

这个特征，也同样反映在中国共产党领导人的新闻思想上。毛泽东新闻思想，是以毛泽东同志为代表的中国共产党人将马克思主义新闻思想和中国革命的新闻实践相结合，创造出来的具有中国特色的马克思主义新闻思想。其中，实事求是的思想路线，坚持新闻工作的党性原则，全党办报、群众办报方针，为人民服务、为社会主义服务的方针，文风应具有中国作风和中国气派等一系列思想观点和理论原理，是对马克思主义新闻思想的发展。它正确地指导了中国新民主主义革命时期及社会主义革命和建设初期的无产阶级新闻事业，把马克思主义的新闻思想推向了一个新的阶段。

纵观马克思主义新闻思想的发展历程，我们还会发现，与时俱进，作为马克思主义新闻观的理论品质，还表现为：每当社会发生剧烈变革或处于转折时期，马克思主义的经典作家或党的卓越领导人，总是能够审时度势，把握时代发展的正确方向，对新闻报刊的性质、任务、作用作出符合时代要求的解答。

邓小平同志作为我国改革开放的总设计师，在国家经历了“文革”十年浩劫，正处于社会历史变动十字路口的关键时刻，提出了“解放思想，实事求是，团结一致向前看”的思想，在百废待兴的基础上，带领全党和全国人民进行改革开放和社会主义现代化建设。他把马克思主义的原理同中国改革与建设的实践及时代特征结合起来，创立了邓小平理论。邓小平的新闻思想是邓小平理论的一个重要组成部分。关于改革开放新时期社会主义报刊的性质、地位、任务、作用等，邓小平同志指出：“我们希望报刊上对安定团结的必要性进行更多的思想理论上的解释，这就是说，要大力宣传社会主义的优越性，宣传马克思列宁主义、毛泽东思想的正确性，宣传党的领导、党和人民群众团结一致的威力，宣传社会主义中国的巨大成就和无限前途，宣传为社会主义中国的前途而奋斗是当代青年的最崇高的使命和荣誉。总之，要使我们党的报刊成为全国安定团结的思想上的中心。”邓小平同志的这一论述，指明了改革开放新时期社会主义新闻事业的性质、地位、作用和面临的新任务，因而具有鲜明的时代性、针对性、独创性。“要使我们党的报刊成为全国安定团结的思想上的中心”这一论断，是对马恩党报思想和毛泽东新闻理论的继承、丰富和发展。邓小平新闻思想具有鲜明的时代特征，打上了改革开放、社会主义现代化建设的时代烙印。这一点，江泽民同志在党的十五大报告中有精辟的论述：“邓小平理论坚持用马克思主义的宽广眼界观察世界，对当今时代特征和总体国际形势，对世界上其他社会主义国家的成败，发展中国家谋求发展的得失，发达国家发展的态势和矛盾，进行正确分析，作出了新的科学判断。”

20 世纪 80 年代末和 90 年代初，国内国际形势颇不平静。1989 年国内发生了政治风波。20 世纪 90 年代初发生了东欧剧变、苏联解体。面对严峻的国内形势和国际共产主义运动的严重危机，以江泽民同志为代表的中国共产党第三代领导集体，审时度势，沉着冷静，在总结经验教训的基础上，继续沿着邓小平开创的中国特色社会主义道路坚定不移地前进。在国内国际局势发生剧变的关键时刻，江泽民同志敏锐地观察到东欧剧变中新闻媒体的负面作用，及时总结了国内政治风波中新闻媒体发生严重的舆论导向错误的教训，对党的新闻事业提出了一系列新的理论和方针。他提出的"历史经验反复证明，舆论导向正确与否，对于我们党的成长、壮大，对于人民政权的建立、巩固，对于人民的团结和国家的繁荣富强，具有重要作用。舆论导向正确，是党和人民之福；舆论导向错误，是党和人民之祸"①的论断，揭示了新闻舆论工作的基本规律，被历史的经验教训和改革开放以来我国取得的巨大建设成就所证明。

进入 21 世纪，以胡锦涛同志为总书记的党中央新一代领导集体，站在世界发展潮头，把握中国特色社会主义建设事业的正确方向，与时俱进，开拓创新，在建设社会主义物质文明、精神文明和政治文明的基础上，提出科学发展观，在新闻学领域，提出"贴近实际，贴近生活，贴近群众"的要求，进一步发展了马克思主义新闻观。

综上所述，马克思主义新闻观，是一个坚持辩证唯物主义和历史唯物主义的新闻思想体系。它是一种世界观，运用马克思主义的基本原理和基本原则来观察人类新闻活动；它是一种方法论，运用辩证唯物主义和历史唯物主义的立场、观点和方法来指导新闻实践活动。与时俱进是它的理论品质，发展创新是它永葆生命活力的动力。马克思主义新闻观具有与时俱进的特征，在党领导全国人民全面建设小康社会，实现社会主义现代化的伟大实践中，我们必须审时度势，坚持马克思主义实事求是的思想路线，与时俱进地发展马克思主义新闻观，用马克思主义的基本原理来研究新形势下新闻实践中出现的新情况，回答新闻学中的许多新问题，譬如，关于社会主义新闻事业的性质问题。过去，我们只强调新闻事业的上层建筑、意识形态属性。毛泽东同志对社会主义报刊性质的看法是："在社会主义国家，报纸是社会主义经济即在公有制基础上的计划经济通过新闻手段的反映。"②这可以说是经典的论述。但从今天新闻事业发展的情况来看，当今世界信息产业已成为主导产业。我国自进入 20 世纪 90 年代以来，信息产业迅猛发展，而属于信息产业范畴的新闻传播业，发展势头更是强

---

① 万仕同.《新闻战线》文萃 · 理论卷[M].北京：人民日报出版社，1997：2.

② 本报编辑部.文汇报在一个时间内的资产阶级方向[N].人民日报，1957-06-14.

劲。进入21世纪,新闻传播业已成为国家支柱性产业之一。目前我国四大产业依次是电信业、机械装备业、旅游业和媒体产业。媒体的总产值在2003年突破了1 000亿元(其中500亿元是平面媒体,500亿元是电子媒体),超过了烟草行业。可以预料,随着文化体制改革的推进,今后我国的媒体产业还会有更大的发展。这种新情况,是我党在战争年代领导无产阶级新闻事业以争取新民主主义革命成功时不曾预料到的,也是我党在社会主义计划经济时期未曾预料到的。我国进入改革开放新时期,实行社会主义市场经济体制,出现了新闻媒体作为信息产业得以迅猛发展的新情况。在如何认识新闻事业的性质这个问题上,原有的只承认新闻事业的上层建筑、意识形态属性,只承认新闻事业的社会属性和阶级属性的认识,已不能适应今天新闻事业的新形势。根据新情况新形势,我们认为,强调新闻事业的信息产业属性,更符合新闻事业发展的实际,更能回答当前新闻理论研究中出现的新问题。在马恩经典作家有关新闻事业性质的论述中,并没有这样明确的论述。邓小平同志1984年9月给新华社《经济参考报》题词"开发信息资源,服务四化建设",当时,他已敏锐地认识到新闻事业具有开发利用信息资源,为四化建设服务的巨大功能,这对于我们今天以创新的思路,以发展的眼光,重新认识新闻事业的属性,具有重要的启示意义。

当前我们正处于全面建设小康社会,实现社会主义现代化的关键时期,深刻变化的国际国内形势给我们的宣传思想工作提出了一系列重大的课题。巩固马克思主义在意识形态领域的指导地位,巩固全党全国人民团结奋斗的共同思想基础,迫切需要我们深入研究回答现实生活所提出、干部群众所关心的一系列重大理论和实际问题,以增强理论工作的说服力和战斗力。

当前在新闻宣传战线开展的"三项学习教育"活动,把马克思主义新闻观作为重要学习内容之一,这对于新闻队伍的建设,无疑有着巨大的促进作用。如何开展好这项活动,使之具有针对性、实效性,如何用发展的眼光看待马克思主义新闻观,而不是用本本主义、教条主义的态度去读"语录式"的条条,如何运用马克思主义新闻观去解答理论和现实中存在的问题,而不是坐而论道,流于清谈,这是摆在我们新闻工作者面前的重要课题。江泽民同志在《党的作风是党的形象》一文中提出:"马克思列宁主义、毛泽东思想、邓小平理论是一脉相承的,而这种一脉相承就是既不断继承又不断创新的发展过程,是我们共产党人不断继承、不断发展着的科学真理的统一体。继承是创新的前提,创新是最好的继承。只有坚持这样做，理论才能真正顺应时代和实践的呼唤，体现与时俱进的要求。”[①]这无疑给我们用创新的思维不断发展马克思主义新闻观，让马克思主义新闻观永葆与时俱进的理论品质，永葆时代的理论光辉，提供了方法论的指导。

（本文原载于《新闻战线》2004 年第 11 期）

① 江泽民论有中国特色社会主义[M].北京：中央文献出版社，2002：632.

讲求舆论引导艺术 提高舆论引导水平

——江泽民舆论导向思想学习体会

江泽民关于舆论导向的思想，是江泽民新闻宣传思想的内核。“舆论导向正确，是党和人民之福；舆论导向错误，是党和人民之祸。”①江泽民用朴实的语言，深刻地概括了把握正确舆论导向的重要意义。在把握正确舆论导向的前提下，如何讲求舆论引导艺术，提高舆论引导水平，也是江泽民十分重视的问题。他指出：“我们的思想政治工作在继承和发扬优良传统的基础上，必须在内容、形式、方式、方法、手段、机制等方面努力进行创新和改进，特别要在增强时代感和加强针对性、实效性、主动性上下功夫。”②他的这些论述，对于我们改进新闻舆论宣传工作，强化宣传效果，具有重要的指导作用。

以胡锦涛同志为总书记的党中央对如何加强和改进新闻宣传工作进行了创新性的探索。胡锦涛提出的“三贴近”原则，是提高舆论引导水平的重要方法和途径。

学习《江泽民文选》有关新闻宣传的文章，重温“三贴近”原则的内涵，笔者深感讲求舆论引导艺术，对于把握正确舆论导向，提高舆论引导水平的重要性。以下就如何提高舆论引导水平谈谈笔者学习体会。

一、增强舆论引导的针对性和实效性

“增强宣传思想工作的针对性、实效性和吸引力、感染力，是宣传思想工作

① 江泽民文选：第1卷[M].北京：人民出版社，2006：564.

② 江泽民文选：第3卷[M].北京：人民出版社，2006：86.

体现时代性、把握规律性、富于创造性的必然要求。”[①]舆论引导的针对性是指新闻舆论引导要做到有的放矢，实效性是指要取得实际效果。

舆论引导的目的是为了取得实效，让党的路线、方针、政策得以顺利贯彻，并为广大人民群众所接受、认同和拥护，把体现党的意志和反映人民群众的心声结合起来，将整个社会舆论引导到有利于改革、发展、稳定的大局上来。舆论引导的针对性是实效性的前提。增强舆论引导的针对性，才能增强实效性。增强舆论引导的针对性和实效性，需要做到：

（一）坚持“三贴近”原则

以胡锦涛同志为总书记的中央领导集体，对宣传思想工作提出了“总结经验，深化改革，在‘三贴近’上取得新进展”[②]的要求。李长春指出：“坚持贴近实际、贴近生活、贴近群众是用‘三个代表’重要思想统领宣传思想工作的必然要求，是宣传思想工作增强针对性、实效性和吸引力、感染力的根本实现途径。”[③]贯彻落实“三贴近”原则，新闻舆论引导就要立足社会主义初级阶段这个最大的实际，紧跟时代前进步伐，真实反映人民群众全面建设小康社会的伟大实践，用经济发展和社会进步的事实说服人、引导人、教育人；遵循马克思主义认识论，坚持实践第一的观点，真正深入到火热的现实生活中去，准确了解实际，正确反映生活，用更多版面来报道人民群众应该知道也希望知道的消息，多反映直接来自群众的声音；坚持政策宣传要贴近群众需要，典型宣传要贴近群众情感，热点引导要贴近生活实际，新闻写作要贴近群众语言，多用人民群众熟悉的语言，多出群众喜闻乐见的精品。

近一段时间以来，新闻媒体积极实践“三贴近”原则，为增强舆论引导的针对性和实效性提供了鲜活的经验。

《河北日报》坚持“三贴近”原则，用心做好民生报道，彰显党报人文关怀与亲和力。他们提出民生报道要坚持把目光牢牢锁定在政府关心、百姓关注的结合部，在两个方面下功夫：一是把大事化小，把党和政府关注民生的工作用百姓视角切入，做活新闻。从 2004 年 12 月起，《河北日报》在第一版开辟重点栏目

① 李长春.从“三贴近”入手，改进和加强宣传思想工作[J].求是，2003(10).
② 李长春.从“三贴近”入手，改进和加强宣传思想工作[J].求是，2003(10).
③ 李长春.从“三贴近”入手，改进和加强宣传思想工作[J].求是，2003(10).

《11城市问民生》，全省11个中心城市的驻站记者就人民群众普遍关注的民生热点问题进行联动式同步采访，推出了“问供暖”“问救灾”“问大学生就业”“问失地农民保障”等系列报道，受到社会广泛关注。二是小事放大，将群众的生活小事或社会现象进行整合和理性化，做深新闻。《河北日报》刊载的近年在社会上引起广泛反响的民生报道系列——“谁解农民工子女上学难”“暗访小餐馆食品安全”“谁送走失老人回家”等，都是见微知著，把小事或人们熟视无睹的现象“放大”，理性地进行报道，形成了较大的社会影响力。

《解放日报》提倡“细、小、近、实”的新闻宣传理念，在提高党报的群众工作能力上下功夫，强调新闻宣传要根据“三贴近”的原则，更加“细一点、小一点、近一点、实一点”。“细一点”，就是要求新闻报道有细微深入的作风；“小一点”，就是要求新闻报道“从点滴小事”抓起；“近一点”，就是要求舆论引导更加贴近实际、贴近生活、贴近群众；“实一点”，就是要求新闻报道实事求是、求真务实、力戒虚夸。2006年“五一”长假期间，《解放日报》抓住一位退休老工人猝倒街头，引来社会大批好心人热心相救的感人事例，连续5天在头版显著位置开辟《新闻连载》栏目，每天刊发一篇记者追访，详尽讲述上海街头的这一场“公德接力”，从小事中见精神，在社会各界引起了热烈反响。

（二）重视对社会热点问题的引导

典型报道、热点引导、舆论监督，是实施舆论引导的主要方式，新闻界将此称为舆论引导的“三大件”。关注热点，引导热点，是当前舆论引导工作的重中之重，是增强舆论引导的针对性和实效性的有效方法。

热点是一段时间内受到社会公众强烈关注的问题，它往往是新闻舆论引导中的重点和难点。关注热点并加以正确引导，新闻舆论就能“想群众之所想，急群众之所急，办群众之所盼”，就能拨响时代最敏感的那根弦。

当前我国正处于经济和社会发展的黄金期，也处于矛盾多发期。热点和焦点问题层出不穷。这无疑给舆论引导工作带来了很大的挑战。在现实生活中，热点问题一般分为两大类。一类是社会生活中长期存在、党和政府以及人民群众关注和亟待解决的问题，如腐败问题、下岗问题、再就业问题、看病就医难问题、上学难问题等。另一类是由重大突发事件引起的全社会强烈关注的问题，如“非典”事件、吉化爆炸引起的松花江水污染事件、禽流感事件等引起的问题，这类热点问题具有事发的突然性、重大性和不可预知性等特点，如果舆论引导不当，往往会加深社会矛盾，甚至使社会动荡不安。做好这两类社会热点问题的引导，不仅仅有利于增强舆论引导的针对性和实效性，也有利于增强新闻媒介的公信力。做好这两类社会热点问题的引导工作，需要新闻工作者掌握辩证法，区别对待不同性质的“热点”，并加以正确和有效的引导。对待第一种类型的热点，需要慎重甄别、抓准选好。要抓住那些党和政府重视、人民群众关心的问题；要抓住那些在群众中有一定影响，不加以引导就有可能激化矛盾、影响社会稳定的问题；要选取那些有利于调动人民群众积极性，促进改革发展的问题；要选取那些公开报道后不易引起负面效应的问题。总之，热点抓得准，问题选得好，新闻舆论的热点引导才会有的放矢，收到好的效果。对待第二种类型的热点，要积极、主动、正确地加以引导。《中共中央关于加强党的执政能力建设的决定》指出要“完善新闻发布制度和重大突发事件新闻报道快速反应机制”[①]，就是要求做好重大突发事件引起的社会舆论引导工作。正确引导由重大突发事件引起的社会热点问题，需要实行信息公开，建立新闻发言人制度。党的十六大以来，随着我国民主进程的推进，特别是“非典”期间现实生活与实际工作的需要，信息公开问题受到党和政府的高度重视，党和政府确立了政府工作信息和社会公共信息公开的方针，人民群众的知情权受到进一步的重视和保护。建立新闻发言人制度，是我国政府在“非典”期间实行信息公开过程中采取的一项重要举措，适应了政府应对重大突发事件的需要，收到了良好的舆论引导效果。实行信息公开制度，积极、主动、正确地引导由重大突发事件引起的社会热点，有利于释疑解惑，消除群众的恐慌心理；有利于形成安定、团结的政治局面；有利于提高党和政府的威信和媒介的公信力；有利于制止流言、谣言的传播，形成健康、有序的主流舆论环境。《人民日报》、中央电视台等新闻媒体对禽流感的报道，对松花江水污染事件的报道，对伊拉克战争的报道事例，都充分证明，积极、主动报道重大突发事件，是正确引导这类热点问题的前提。

运用辩证法搞好热点引导，还需要做到方法得当、调控有度。对待热点不能回避，要做到政治坚定、头脑清醒、正确分析、妥善引导。该热的要热，该稳的要稳，该冷的要冷，不该热的坚决不能热起来。哪些该热，哪些该稳，哪些该冷，不能看是否有轰动效应，要从党和政府的工作大局出发，从广大人民的根本利

① 中共中央关于加强党的执政能力建设的决定[M].北京：人民出版社，2004.

益出发来决定，而不能从小团体利益或个人感情出发来决定。在引导热点的方式上，提倡积极、主动、稳妥，反对炒作、渲染、夸大。

（三）加强和改进舆论监督

正确开展舆论监督是增强舆论引导针对性和实效性的重要途径。

加强和改进舆论监督，有利于社会热点引导，使新闻舆论与人民群众的口头舆论达到最大程度的重合，以取得舆论引导的最佳效果。舆论监督、热点引导、典型报道之间有着密切的联系。当前的社会热点问题分为正面和负面两种性质，而负面的社会热点问题往往是群众口头舆论议论的焦点。对负面的社会热点问题开展舆论监督，就是热点引导的一种重要方式。中央电视台的《焦点访谈》《新闻调查》栏目，中央人民广播电台的《新闻纵横》节目，都是以其尖锐的批评锋芒，行使着"群众喉舌""政府镜鉴""舆论监督"的使命，赢得了党和政府的称赞、人民群众的欢迎，成为影响深远的名专栏。

二、提高舆论引导的吸引力和感染力

提高舆论引导的吸引力和感染力是确保舆论引导取得实效的关键。舆论引导富有吸引力和感染力，才能使引导者和被引导者形成和谐的关系，才能更容易为人民群众接受，才能实行正确的舆论引导。提高舆论引导的吸引力和感染力同样要在"三贴近"上下功夫，要始终坚持正确的导向，把体现党的意志同反映人民心声结合起来，深入改革开放和现代化建设一线，把镜头对准基层，把版面留给群众，多用群众的语言，多联系群众身边的事例，多采用群众喜闻乐见的形式，多报道有实在内容、有新闻价值的事情。在新闻舆论宣传的实践中，要提高舆论引导的吸引力和感染力，还应该做到：

（一）遵循新闻传播规律

舆论引导包括两层含义：一是对新闻舆论进行引导；二是新闻舆论对社会舆论实施引导。这两层含义的舆论引导，都必须遵循新闻传播规律，具体来说：

其一，报道事实要做到真实、客观、全面、公正。不得出于宣传的需要而人为地改变既成事实。毛泽东当年在《〈政治周报〉发刊理由》一文中指出："我们反攻敌人的方法，并不多用辩论，只是忠实地报告我们革命工作的事实。敌人说：‘广东共产。’我们说：‘请看事实。’敌人说：‘广东内讧。’我们说：‘请看事实。’敌人说：‘广州政府勾结俄国丧权辱国。’我们说：‘请看事实。’敌人说：‘广州政府治下水深火热民不聊生。’我们说：‘请看事实。’《政治周报》的体裁，十分之九是实际事实之叙述，只有十分之一是对于反革命派宣传的辩论。”①舆论引导要用事实说话，这是提高舆论引导吸引力的最重要的方法。舆论引导要用典型的事实说话，这是提高舆论引导感染力的最重要的方法。

其二，舆论引导要讲求新闻价值规律。提高舆论引导的吸引力和感染力，需要正确处理宣传任务和新闻发现的关系。在我国，当前舆论引导肩负的一个重要任务，就是及时、准确、全面、生动宣传党和政府的方针政策，把体现党的主张和反映人民心声统一起来。舆论引导要完成这一任务，就应当按照新闻价值规律的要求，寻找宣传工作和新闻报道的结合点，在重要性、新鲜性、接近性上做文章，要在第一时间将宣传任务转化为新闻选题，做到围绕宣传中心、主动服务大局、密切联系实际、有力引导舆论。舆论引导如果不遵循新闻价值规律，不从新闻发现的角度，将宣传任务转化为新闻选题，而是简单地进行灌输式宣传，就会显得枯燥乏味，充满说教，难以感动人，难以有效地发挥舆论引导的作用。

其三，舆论引导要了解受众，尊重公众。这是舆论引导遵循新闻传播规律的表现，也是遵循群众路线、落实“三贴近”原则的要求。了解受众，尊重公众，为受众服务，这是新闻工作的基本规律之一。舆论引导要寻求和抓住公众的疑虑点和兴奋点，有针对性地解疑释惑，以增强舆论引导的吸引力和感染力。

近年来，江苏广播电视总台在开展舆论引导工作中，加强受众意识，创造了电视民生新闻报道的成功经验。2002 年，江苏广播电视总台在城市频道推出大型新闻资讯栏目《南京零距离》，以市民为目标收视群体和服务对象，以百姓话题、平民视角紧贴群众生活，把镜头对准普通群众，在报道市民身边发生的新闻事件的过程中阐述和宣传党的路线、方针和政策，使舆论引导工作入情入理，富于生活色彩，充满生活气息，赋予正确舆论导向以鲜活的生命力。《南京零距离》在开办之初便招聘 1 000 多名基层群众作为信息员。该台的另一个专栏《1860 新闻眼》也聘用了大批“民情信息员”和“民情观察员”，相关栏目还设立新闻热线，24 小时开通。通过这些措施，新闻媒体能够及时地了解社会舆论和人

① 中国共产党宣传工作文献选编(1915—1937)[A].北京：学习出版社，1996：668.

民群众的口头舆论情况，并加以正确引导。

(二)弘扬主旋律，提倡多样化

提高舆论引导艺术，还需要弘扬主旋律，提倡多样化。

坚持正确的舆论导向，必须弘扬主旋律。正确舆论导向要弘扬的主旋律，就是主流舆论。所谓主流舆论，就是那些准确揭示事物本质、顺应时代发展要求、充分体现社会主流价值观的舆论，具体讲就是“有利于进一步改革开放，建立社会主义市场经济体制，发展社会生产力的舆论；有利于加强社会主义精神文明建设和民主法制建设的舆论；有利于鼓舞和激励人们为国家富强、人民幸福和社会进步而艰苦创业、开拓创新的舆论；有利于人们分清是非，坚持真善美，抵制假恶丑的舆论；有利于国家统一、民族团结、人民心情舒畅、社会政治稳定的舆论”①。

提高舆论引导的吸引力和感染力，必须弘扬主旋律，提倡多样化。江泽民指出：“坚持为人民服务、为社会主义服务的方向，贯彻百花齐放、百家争鸣的方针，弘扬主旋律，提倡多样化，创作出更多思想性和艺术性统一的优秀作品。”②“二为”方向和“双百”方针，是繁荣我国宣传文化艺术事业的基本方针。弘扬主旋律，提倡多样化，是坚持“二为”方向和“双百”方针的具体体现。弘扬主旋律，提倡多样化，表现在舆论引导方面，就是坚持舆论的“一律”和舆论的“不一律”；就是坚持新闻报道作品深邃的思想性和精湛的艺术性的统一。弘扬主旋律和提倡多样化并不矛盾。主旋律主要表现在题材和主题上，要使主旋律的内容为群众所接受，还要有生动活泼的表现形式和较高的艺术水平；多样化主要指题材、体裁和表现形式的多样化，多样化是为了适应群众多层次多方面的需求。江泽民指出：“在坚持党的新闻工作的基本方针和原则的前提下，新闻工作者应当不断开拓新的报道领域，不断探索新的报道形式，不断采用新的报道手法，不断写出富有新意的优秀作品。”③近年来，我们的新闻舆论宣传，在弘扬主旋律，提倡多样化，不断改进新闻报道手段，提高舆论引导艺术方面，创造了新经验，取得了新成绩。《南方日报》为提高党报的舆论引导能力，积极开发网络、短信

---

① 江泽民：在全国宣传思想工作会议上的讲话[M]//十四大以来重要文献选编：上册.北京：人民出版社，1996：654.

② 江泽民文选：第1卷[M].北京：人民出版社，2006：586.

③ 李长春.从“三贴近”入手，改进和加强宣传思想工作[J].求是，2003(10).

和报纸联动的功能，采取各种灵活的方式、手段增加与读者的互动。2004 年以来，作为报纸改版的重要内容之一，《南方日报》在原来新闻报料热线的基础上，建设起集新闻报料和广告、发行、业务咨询、投诉于一体的全方位的客户服务平台——南方日报呼叫中心。如今，呼叫中心已成为《南方日报》了解社情民意的重要窗口。北京人民广播电台从频率设置上扩大主流舆论阵地，于 2005 年 3 月开辟“北京城市管理广播”频率。城市管理广播将北京市政府多个部门的行政资源进行整合，为首都的城市建设和管理服务，为市民的生活服务。中央电视台的《感动中国》节目，运用直播的方式，采取场内观众现场参与，场外观众通过短信、热线和节目互动的方法，极大地调动了观众参与的积极性。节目播出后，受到了观众的普遍赞扬和好评。

（三）不断改进典型报道

典型报道是党的新闻工作在实践中创造的一种报道方法，也是舆论引导的一种重要方法。所谓典型报道，是指对一定时期内出现的同类事物和人物中最突出、最具代表性的事物和人物所做的重点报道。典型是代表某类事物和某类人物的个体。作为个体，既具有类的共性特征，又具有个体自身的个性特征；它是共性和个性的统一体。典型有正面和负面之分。在正面典型身上，往往蕴含着时代发展的趋向。因此，典型就是导向，宣扬正面典型就是正确引导舆论，宣扬负面典型就是错误地引导舆论。可见，发现和选择正面的典型并大力开展宣传，发现和选择负面典型加以揭露批评，对于正确引导舆论是十分重要的。

在我国社会主义革命和建设事业中，新闻宣传部门开展典型报道，取得了许多宝贵的经验，产生了良好的社会影响，有力地配合了党和政府的工作，也获得了广大人民群众的喜爱和认同。20 世纪 50 年代的王崇伦、王进喜，60 年代的雷锋、焦裕禄，70 年代的张志新，80 年代的蒋筑英、罗健夫，90 年代的孔繁森、徐洪刚、李素丽，21 世纪的郑培民、牛玉儒、任长霞等，这些典型人物身上体现了时代发展的特征，有关他们的典型宣传，弘扬了时代主旋律，深刻地影响了几代人的思想。

毋庸讳言，某些典型报道并不成功，存在着“僵硬”“空洞”“陈旧”等弊病。这些不成功的典型报道，不受人民群众欢迎，不能很好地完成配合党和政府工作的任务，难以担负正确引导舆论的崇高职责。因此，与时俱进，不断改进典型报道,使典型报道具有吸引力和感染力,是提高舆论引导的吸引力和感染力的题中之义。

掌握典型报道艺术,让典型报道贴近实际、贴近生活、贴近群众,是提高典型报道的吸引力和感染力的重要途径。

典型报道要真实。用事实说话,而不是仅仅用概念说话,是改进典型报道的一个重要的方面。典型报道切忌“假、大、空”,给人以不真实的印象。

典型报道要注意捕捉生动的细节。在采写乡村邮递员王顺友几十年如一日,为山民送邮件的先进事迹过程中,记者捕捉了王顺友唱山歌排遣走漫长邮路的孤独这一细节,真实地反映了王顺友既平凡又不平凡的工作业绩。

典型报道要做到以情感人。典型报道要避免出现人为拔高、脱离生活、脱离群众的现象。应该从生活实际出发,还原典型的本来面貌。如果是典型人物报道,就应该报道他和普通人一样的情感,从普通人能理解的生活状态中,去捕捉和发现那些闪光的细节,刻画出可敬、可爱、可亲、可信的形象,使典型报道具有更大的感召力和吸引力。

(本文原载于《新闻战线》2006 年第 11 期)

把握舆论引导特点 提高舆论引导能力

——学习胡锦涛《在人民日报社考察工作时的讲话》札记

在坚持正确舆论导向的前提下，努力提高舆论引导能力，是时代赋予我们新闻工作者的使命。在《人民日报》创刊60周年之际，胡锦涛来到人民日报社考察工作，并发表了重要讲话。他强调要把提高舆论引导能力放在突出位置，这是对新闻宣传工作提出的新希望和新要求。学习、领会和落实讲话精神，对于搞好新闻宣传工作具有重要的意义。在当前和未来的新闻工作中，坚持把提高舆论引导能力放在突出位置，需要我们研究舆论引导工作面临的新形势，把握舆论引导工作的新特点。这样才能做到有的放矢。

一、舆论引导工作面临的新形势和新特点

（一）市场经济体制促使舆论引导主体发生了变化

当前，我国正处在深刻变革之中，处于社会主义市场经济条件下的新闻传媒体制也在发生变化。在传媒格局上，目前我国已形成了以党报为核心，党报、都市类报刊、广播、电视、互联网、手机媒体多元并存和竞争发展的新闻传播新格局。党报作为舆论引导主体的地位，正受到来自传媒市场的前所未有的严峻考验。在经营方式上，我国绝大部分新闻媒体已实行"事业性质，企业化管理"的运行模式。传媒业的体制变革，一方面带来了传媒业的发展和繁荣，另一方面也带来了一些负面的影响。党报在市场竞争中的弱势地位，在一定程度上影响甚至削弱了党报在舆论引导方面的主体地位。在参与媒体市场竞争过程中，少数媒体和从业人员只顾经济效益而忽视社会效益，导致一些不良倾向的出

现,新闻媒介舆论导向失误的现象时有发生。

面对传媒业体制变革的新情况,把握正确的舆论导向显得更为重要和艰巨。因此,要深入研究新闻传媒业已出现的新情况和新问题,重点研究如何巩固和发展党报在舆论引导工作中的主体地位,研究党报在参与媒体市场竞争过程中如何发挥自身优势,不断扩大受众群,不断增强自身的综合实力,以强大的政治资源和经济实力,在未来更加激烈的媒介竞争中,继续保持传媒业领头羊的地位,这对于提高党报的舆论引导能力,具有重要的战略意义。另外,还要深入研究都市类报刊、广播、电视、互联网和手机媒体在舆论引导中的地位和作用,努力提升作为舆论引导主体的新闻媒介的品格和新闻宣传管理者、从业者的素质,以便更好地把握正确舆论导向。只有这样,才能在舆论引导的过程中做到方向正确、方法得当、调控有度。

(二)社会舆论多元化促使舆论引导对象发生了变化

随着我国改革开放的进一步深化,利益格局的进一步调整,各项重大政策相继出台,人们在思想认识上不断出现各种各样的问题。例如随着我国经济与社会的发展,人们对民主的诉求和利益的追求越来越强烈,在教育、文化、医疗卫生等方面的需求越来越多,对政策和社会保障的期盼也越来越高,进而表现出更加强烈的自主意识、自主精神和创业取向。

作为舆论引导对象的人民群众的这些心理活动和行为变化,呈现出群众心理诉求复杂化、价值取向多样化和社会舆论多元化的特点,表明计划经济时代高度统一的状况已经改变。

面对这些变化,我们必须遵循以胡锦涛同志为总书记的党中央提出的“以人为本”,构建社会主义和谐社会的执政理念,增强舆论引导工作的针对性和实效性。

实践证明,新闻舆论体现党的主张与反映人民群众的心声结合得越好,新闻舆论引导的针对性和实效性就越强。

(三)信息传播技术的发展促使舆论引导方式发生了变化

信息传播技术的迅猛发展,带来了传播方式和手段的多样化。在新形势下,随着传播技术的不断开拓创新和受众需求的多样化,新闻媒介分众化、对象化传播的发展趋势日益明显。另外，网络、手机等新媒介迅猛发展，已经和传统媒体——报纸、广播、电视构成了一个庞大的大众传播网络。而网络媒体的互动性、海量性、即时传播和手机媒体的移动性、私密性、便携性、双向性等传播特点，既给舆论的生存格局带来了巨大的变化，也给舆论引导的方式提出了新的要求。因此，掌握新媒体的传播特点，了解新媒体出现后舆论格局的变化，有效地引导网上舆论，有效地利用新媒体来引导社会舆论，将成为新形势下舆论引导方式的新特点。

（四）经济全球化趋势促使舆论引导环境发生了变化

当前，经济全球化浪潮高涨，以信息科技为主导的知识经济，成为21世纪人类社会经济发展的主要内容。以信息科技武装起来的传媒业，一方面承担着传播信息、承载文化的传媒产业功能，另一方面更是扮演着反映舆论、引导舆论的意识形态工具的角色。经济全球化既给我国的经济、社会发展带来了巨大的机遇，也带来了严峻的挑战。在参与世界经济竞争中，中国作为一个发展势头强劲的大国，其综合国力的不断提升已引起西方发达资本主义国家的关注和不安。我国的国际舆论环境并不宽松。西方资本主义国家利用新闻传媒散布“中国威胁论”，一刻也没有停止。西方新闻传媒不放过任何一个可以利用来攻击我国政治制度、经济成就和社会发展的机会和借口。2008年3月14日发生的少数“藏独分子”在拉萨市闹事事件，被西方一些别有用心的新闻媒体歪曲、渲染、夸大，演化成一场煽动抵制北京2008奥运会火炬全球传递的闹剧，就是西方资本主义国家新闻舆论打压中国的一场典型的表演。

经济全球化在给世界各国提供信息共享、资源共享和协作抗风险等巨大福祉的同时，也带来了因竞争而爆发的经济、文化、宗教、种族、价值观的严重冲突，特别是意识形态方面的对抗冲突更为激烈。从总的方面看，我国的主流意识形态是积极健康的，马克思主义的指导地位在不断巩固和加强。但也必须清醒地看到，随着我国与西方发达资本主义国家科学技术和文化的交流，一些不健康的甚至反马克思主义的思潮也涌入国门。这些思潮对人们的思想，尤其是对青少年的思想产生了很大的影响，马克思主义的指导地位在意识形态领域受到了严峻的挑战。[①] 巩固马克思主义在意识形态领域的指导地位，用正确的舆

① 胡锦涛.在人民日报社考察工作时的讲话[N].人民日报，2008-06-21(4).

论引导人们的思想，营造一个良好的舆论环境，是新形势下我们把握正确舆论导向面临的重要任务。

二、正确开展舆论引导工作

面对舆论引导的新形势和新特点，我们在开展舆论引导工作时，要注意把握以下方面：

（一）坚持党性原则，牢牢把握正确舆论导向

坚持新闻宣传工作的党性原则，坚持为人民服务、为社会主义服务、为党和国家工作大局服务的基本方针，是搞好新闻宣传工作的前提和保证。因此，新闻工作者一定要讲政治。要“牢固树立政治意识、大局意识、责任意识、阵地意识”“坚持团结稳定鼓劲、正面宣传为主，唱响主旋律，打好主动仗”“增强政治敏锐性和政治鉴别力，严格宣传纪律，做到守土有责，在重大问题、敏感问题、热点问题上把好关、把好度”①。2008 年，在面对南方部分省市低温冰雪灾害、“3·14”拉萨事件、奥运会火炬传递在少数国家遭遇“藏独分子”阻挠、“5·12”汶川大地震等一系列重大突发性事件时，我国的新闻宣传工作坚持及时报道、坚决反击、守土有责、正确引导、信息公开、以正面宣传为主，表现了高度的政治责任感和把握正确舆论导向的能力，赢得了广大干部群众的高度评价，也赢得了国际社会的理解和好评。实践证明，坚持党性原则，坚持正确的舆论导向，是提高舆论引导能力的首要条件。

（二）坚持以人为本，切实落实“三贴近”原则

为人民服务是党的宗旨，以人为本，是以胡锦涛同志为总书记的党中央提出的新的执政理念。坚持以人为本，是做好新闻宣传工作的根本要求。牢固树立为人民服务的宗旨，坚持以人民的根本利益为出发点和落脚点，是新闻宣传把握正确舆论导向，提高舆论引导能力的方向和目的。当前，我国仍处于社会主义初期阶段，人民群众在根本利益一致的前提下，因地域、阶层、思想观念等差别，形成了不同的利益诉求。尊重不同的思想认识，尊重不同的利益诉求，通

---

① 胡锦涛.在人民日报社考察工作时的讲话[N].人民日报，2008-06-21(4).

过新闻宣传，用社会主义核心价值体系引导人民群众的价值取向，将党和政府带领人民群众实现历史使命的意志，化为亿万人民群众自觉的行动，是我们的新闻舆论工作光荣而又艰巨的任务。因此，新闻宣传要“坚持贴近实际、贴近生活、贴近群众，把体现党的主张和反映人民心声统一起来，把坚持正确导向和通达社情民意统一起来，尊重人民主体地位，发挥人民首创精神，保证人民的知情权、参与权、表达权、监督权”①。我们的新闻宣传工作要改变过去灌输、说教的模式，采用贴近实际、贴近生活、贴近群众的生动活泼的方式，增强新闻报道的亲和力、吸引力和感染力。总之，以人为本是新闻舆论工作的出发点和落脚点，尊重人、亲近人、吸引人、感染人是提高舆论引导能力的重要途径。

(三)建立健全舆论引导工作的新格局和新机制

建立健全舆论引导工作的新格局和新机制，为正确引导舆论提供组织保障和制度保障，是具体实施舆论引导的一项重要措施。如果没有规划合理、机构健全的舆论引导工作格局，舆论引导工作就失去了组织保障，难以切实落实；而如果没有科学高效、权责分明的舆论引导工作机制，舆论引导工作就会失去制度保障，难以取得实效。

在全球化、信息化、市场化的新形势下，新闻舆论宣传也面临舆论主体多元化、舆论传播载体多样化、舆论内容复杂化的新特点。面对新形势和新特点，特别是面对以互联网和手机为代表的新兴媒体的迅猛发展，我们“必须加强主流媒体建设和新兴媒体建设，形成舆论引导新格局。要从社会舆论多层次的实际出发，把握媒体分众化、对象化的新趋势，以党报党刊、电台电视台为主，整合都市类媒体、网络媒体等多种宣传资源，努力构建定位明确、特色鲜明、功能互补、覆盖广泛的舆论引导新格局”②。

建立和健全舆论引导工作的新机制，第一要从更新新闻宣传观念入手，打破以往封闭、陈旧的新闻宣传观念，“按照新闻传播规律办事，创新观念、创新内容、创新形式、创新方法、创新手段，努力使新闻宣传工作体现时代性、把握规律性、富于创造性，不断提高舆论引导的权威性、公信力、影响力”③。第二要从研

① 胡锦涛.在人民日报社考察工作时的讲话[N].人民日报，2008-06-21(4).

② 胡锦涛.在人民日报社考察工作时的讲话[N].人民日报，2008-06-21(4).

③ 胡锦涛.在人民日报社考察工作时的讲话[N].人民日报，2008-06-21(4).

究传播者与受众互动关系入手,"认真研究新闻传播的现状和趋势,深入研究各类受众群体的心理特点和接受习惯,加强舆情分析,主动设置议题,善于因势利导"①。第三要从建立制度入手,"完善新闻发布制度,健全突发公共事件新闻报道机制,第一时间发布权威信息,提高时效性,增加透明度,牢牢掌握新闻宣传工作的主动权"②。在舆论引导的具体工作流程上,要建立健全舆情的收集、分析、调控、总结制度,其中舆情调控制度是核心。在舆论引导工作主体上,要建立健全科学高效、责权明确的舆论引导工作机制,科学制定舆论引导工作的总体规划,建立健全舆论引导工作的问责、奖惩和通联制度。

随着社会主义市场经济体制的不断完善,民主法制建设的不断推进,舆论引导实施者还要加强有关新闻传播法律法规的学习和研究,促使舆论引导管理工作从以行政手段为主向以法律手段为主转变,探索建立舆论引导工作管理的长效机制。

(四)讲求舆论引导艺术,精心组织重大主题宣传

讲求舆论引导艺术,提高舆论引导水平,是舆论引导工作体现时代性、把握规律性、富于创造性的具体体现,也是提高舆论引导能力的重要方法和途径。

舆论引导艺术是一门综合了新闻传播优势的艺术,而精心组织重大主题宣传,是这门综合艺术中的一个重要组织部分。

重大主题宣传是加强舆论引导的重要形式和手段。要紧紧围绕党和国家的重大决策和工作部署、重要会议、重大节庆活动、重大成就、重要经验以及重大事件所形成的重大主题,开展集中的、持续的、突出的报道,以形成舆论热点和舆论强势,有效引导舆论。精心组织重大主题宣传,有利于提高舆论引导水平。

要善于把党和政府的方针政策,转化为新闻媒体的具体报道,通过用新鲜事实说话的方式,着力反映人民群众实践党和政府的路线、方针、政策的伟大创举,增强主题宣传的说服力和凝聚力。

要善于整合新闻媒介的资源,充分发挥各种新闻媒介的优势,形成新闻报道的合力,增强主题宣传的引导力。

---

① 胡锦涛.在人民日报社考察工作时的讲话[N].人民日报,2008-06-21(4).

② 胡锦涛.在人民日报社考察工作时的讲话[N].人民日报,2008-06-21(4).

要善于运用新闻报道的各种表现形式，从大处着眼，小处着笔，以小见大，平中见奇，提高主题宣传的感染力。

要善于调动新闻报道的多种表现方式，合理采取连续报道、系列报道、深度报道、现场直播等报道方式，并不断开拓创新报道方式，以丰富新颖的主题宣传方式，增强主题宣传的吸引力。

从2005年3月开始，全国新闻宣传战线开展了“落实科学发展观”大型系列主题宣传活动。人民日报社、新华社、光明日报社、中央人民广播电台、中央电视台等中央主要新闻单位，充分利用自身优势，采用丰富多样的新闻报道手段，深入宣传贯彻落实科学发展观。如《人民日报》发表了《建设节约型社会》《把经济社会发展切实转入科学发展轨道》《谱写科学发展的新篇章》等社论和评论员文章，从理论上阐释科学发展观的精神实质、深刻内涵、基本要求和重大意义。中央电视台《新闻联播》节目开辟了《高举旗帜，科学发展》专栏，对贯彻科学发展观过程中存在的问题、困难以及经验教训进行较为系统的总结和梳理，对解决问题、克服困难的途径进行初步的探索，并对取得一定成效，带有一定示范意义的典型加以报道。从报道形式上看，既有评论、通讯、特写、专题报道等立足全局、视野宏大的全景式报道，也有消息、简讯、现场短新闻等节奏明快、以小见大的特写式报道。灵活多样的报道形式增强了主题宣传的针对性和实效性，提高了主题宣传的吸引力和感染力。

（本文原载于《新闻战线》2008年第10期）

实事求是是中国共产党新闻思想的精髓

实事求是是中国共产党人遵循的思想路线，也是中国共产党的三大作风之一。实事求是还是中国共产党新闻思想的精髓。正是遵循这一条正确的思想路线，中国共产党领导的无产阶级和社会主义新闻事业从幼小走向壮大，中国共产党新闻思想不断得以丰富和发展。笔者认为：实事求是的思想路线，像一条红线，贯穿于中国共产党新闻思想之中，把握了实事求是的思想路线，也就理解了中国共产党新闻思想的精髓。

一、建党初期，实事求是表现在党报党刊宣传马克思主义，宣传党的宗旨、纲领、路线、方针和不断改进宣传方法的努力上

马克思主义在中国的传播，以及中国先进的知识分子接受马克思主义，并以此作为改造中国社会的思想武器，并不是一帆风顺，也不是一蹴而就的。早在19世纪末，广学会的《万国公报》《新民丛报》《民报》等报刊曾简略介绍过马克思的学说。《新青年》创刊初期，有读者投书说："近代文明之真谛，最新之思潮，仆以为当推社会主义。"陈独秀以"记者"名义复信说："社会主义，理想甚高，学派亦甚复杂。惟是说之兴，中国似可缓于欧洲，因产业未兴，兼并未盛行也。"这说明此时的陈独秀，还是一个激进的资产阶级民主主义者，对于改造落后的中国究竟应该选择什么样的道路，他仍处在徘徊和摸索阶段中。

俄国十月革命的胜利，鼓舞了中国先进知识分子。陈独秀、李大钊等人，开始在《新青年》和《每周评论》等报刊上介绍和宣传马克思主义和社会主义学说。

接受了马克思主义和社会主义思想的李大钊、陈独秀、瞿秋白、毛泽东等中国共产党的创始人，开始运用报刊大力宣传马克思主义和社会主义。建党后，《新青年》被改造为党的机关刊物，毛泽东等人为《向导》《前锋》撰写的文章，大力宣传党的宗旨、纲领。这些报刊为党的思想和理论建设作出了巨大的贡献。从陈独秀、李大钊思想的逐渐转变和《新青年》杂志的办刊方针的逐渐变化，我们可以发现，中国共产党的创始者们是在众多思潮流派中，苦苦探寻一条适合中国国情的社会改造道路。当俄国十月革命的成功经验被拿来与中国实际结合起来，他们找到了马克思主义和社会主义，这是马克思主义传播在中国的第一次胜利，是中国共产党的创始者们在选择改造中国的道路时的最大的实事求是。正是这种实事求是，使得马克思主义得以战胜无政府主义、基尔特社会主义等形形色色的资产阶级、小资产阶级思潮，成为中国思想界的主流，使得社会主义成为中国人民的自觉选择。

中国共产党创建之后，中共中央第一份政治机关报《向导》周报于 1922 年创刊。创刊号明确提出了奋斗目标："反抗国际帝国主义""推倒军阀"，建立"统一、和平、自由、独立"的中国。这一目标表明了中共二大反帝反封建的民主革命纲领，揭示了中国半封建半殖民地的性质，这种认识符合中国实际，也反映了真正的民意。中国共产党在初创时期，以其正确的行动纲领，和国民党联合形成民主革命的统一战线，为北伐奠定了思想基础和组织准备。

但是在这一时期，存在如何保持党在民主革命运动中的领导权和独立性的问题，如何深入发动工农群众的问题，如何广泛宣传马克思主义的问题。1925 年 1 月，中国共产党第四次全国代表大会通过了大会决议，其中关于宣传工作的决议，对党的三大以来党内发生的"左"倾和右倾的错误思想，开展了批评和检讨。决议提出："今后本党宣传工作的主要目标，必须根据大会关于中国民族革命运动的新审定，努力宣传民族革命运动与世界革命运动之关联和无产阶级在其中的真实力量及其特性——世界性与阶级性，以端正党的理论方向。没有革命的理论，即没有革命的运动。"决议对过去党的宣传工作存在着党内政治教育做得较少、在职工运动中常因太偏重机关式的组织工作，竟使党的宣传和阶级教育未能深入工人群众，以致基础不固，完全经不得摧残以及党在群众中的政治宣传常常不能深入等问题提出了批评，并提出了改进措施。"《向导》是本党政策之指导机关，今后内容关于政策的解释当力求详细，文字当力求浅显。"

“中央编译委员会应努力于党内党外小册子之编译，尤其是关于列宁主义、国际政策、政治经济状况以及工人常识的材料之编辑。”“在职工运动中的宣传工作，我们应切实了解其客观所具有的条件，如不识字，识字不多，不善于听纯粹理论的议论，注意目前切身的实际问题，然后筹划的方案方不至难于施行。……最重要的是从实际问题中灌输简明的理论知识和浅近的小册子之编辑。”“各地方不应忽略了利用每个群众集会，实行我们广大的宣传和鼓动工作。在这种工作中，传单、小册子的内容，讲演人的口号均当十分切合群众本身实际要求。”

建党初期中国共产党要求实事求是地宣传党的宗旨、纲领、路线、方针，特别是要求改变宣传方法以符合实事求是的思想路线，讲事实、讲真话，为打破反动派的谎言，为动员广大工农群众团结起来，为实现民主革命胜利而奋斗，这不仅仅体现在上述党的代表大会决议和文件中，也强烈、鲜明地体现在早期中国共产党领导人的新闻思想中。毛泽东主张报纸“要根据事实说话，不可专谈空洞的大道理”。恽代英在《中国青年》撰文，号召青年到农村去。他认为对民间痛苦了解太少，说出的话就会“隔靴搔痒”。只有真正了解和同情农民的痛苦，并能切实提出救济他们的痛苦的方法，才能“打中农民的心坎”，使农民“声入心通”。

二、抗日战争和解放战争时期，实事求是集中表现在反对主观主义、宗派主义和党八股，以保持无产阶级新闻事业党性纯洁的努力上

1941年5月，毛泽东在延安干部会议上作了《改造我们的学习》的报告，报告中对实事求是作了精辟的解释。这篇报告和《整顿党的作风》《反对党八股》，是毛泽东关于整风运动的基本著作。在这些文章里，毛泽东分析了广泛存在的党内的非马克思列宁主义思想作风，主要是主观主义的倾向、宗派主义的倾向和作为这两种倾向的表现形式的党八股。毛泽东号召开展全党范围的马克思列宁主义的教育运动，即按照马克思列宁主义的思想原则整顿作风的运动。毛泽东的这个号召，很快在中国共产党内和党外引起了怎样以从实际出发的观点而不是以教条主义的观点来对待马克思列宁主义原理，怎样使马列主义的基本原理和中国革命的实际相结合等重大问题的大讨论。这场大讨论巩固了马列

主义思想在党内外的阵地，维护了中国共产党的无产阶级党性原则的纯洁性，为中国共产党领导全国人民夺取抗日战争和解放战争的胜利，奠定了坚实的思想和组织基础。

抗日战争时期是中国共产党新闻事业大发展的时期。党的一些重要的新闻思想在这一时期形成、发展并趋向成熟。党的新闻工作的真实性原则、战斗性原则、党性原则和群众性原则等在这一时期都在理论上得到充分阐释，在实践中得到很好贯彻。

1942 年延安整风运动中，中国共产党明确指出："报纸是党的宣传鼓动工作最有力的工具，每天与数十万的群众联系并影响他们，因此，把报纸办好，是党的一个中心工作。"党报必须宣传党的政策，贯彻党的政策，反映党的工作，反映群众生活。针对改版前的《解放日报》头版以国际新闻和外国通讯社消息为主体的主观教条主义做法，《中共中央宣传部为改造党报的通知》中指出："如果报纸只是或者以极大篇幅为国内外通讯社登载消息，那么这样的报纸党性不强，不过为别人的通讯社充当义务的宣传员而已，这样的报纸是不能完成党的任务的。"以上论述表明：在新闻工作中，党性原则表现为密切联系实践，为党的中心工作服务的实事求是的原则。

党在创建初期就大力提倡的新闻宣传务必真实的传统，在抗日战争时期，经过延安整风运动的洗礼，得到空前的重视和发扬。《解放日报》社论《致读者》《宣传唯物论》《把我们的报纸办得更好些》《报纸和新的文风》《给党报的记者和通讯员》《新闻必须完全真实》和陆定一的文章《我们对于新闻学的基本观点》等一系列文献，阐述了实事求是，维护新闻真实性对于无产阶级新闻事业的重要性。其中，尤以陆定一《我们对于新闻学的基本观点》一文最为典型。该文提出的"新闻是新近发生的事实的报道""事实是第一性的，新闻（报道）是第二性的"等一系列唯物主义新闻观点，至今仍然是社会主义新闻事业所遵循的基本原理和工作准则。

解放战争期间，为维护实事求是和新闻真实性原则，解放区新闻界开展了轰轰烈烈的反"客里空"运动。这场运动在检讨土地改革工作中存在的问题，特别是在"左"倾冒进思想的纠偏方面，发挥了有力的作用。在新中国成立前夕，毛泽东和刘少奇分别发表了《对晋绥日报编辑人员的谈话》和《对华北记者团的谈话》。毛泽东在谈话中以实事求是的态度，系统阐述了新闻宣传的观点。他提出的“报纸要帮助群众认识自己的利益”“要实行‘全党办报，群众办报’”“报纸工作人员要向群众学习”“报纸要办得尖锐泼辣、鲜明活泼，有朝气，富有战斗风格”等观点，是马克思主义新闻观与中国无产阶级新闻实践相结合的典范。毛泽东强调：“我们必须坚持真理，而真理必须旗帜鲜明。我们共产党人从来认为隐瞒自己的观点是可耻的。我们党所办的报纸，我们党所进行的一切宣传工作，都应当是生动的、鲜明的、尖锐的、毫不吞吞吐吐。”刘少奇《对华北记者团的谈话》强调“党报工作第一要真实”。他还鼓励记者实事求是地考察党的政策，并希望记者在调查研究的基础上，能够根据事实及时指出党的政策出现的差错。解放战争期间解放区新闻界广泛开展的反对“客里空”运动，党的领导人关于新闻宣传的一系列讲话，是延安整风运动形成的良好马克思主义学风在新闻宣传工作中的继承和发扬。党领导的新闻宣传事业以其鲜明的无产阶级党性，密切配合军事斗争，为解放全中国发挥了不可替代的舆论战斗作用。

三、改革开放新时期，实事求是表现在中国特色社会主义新闻实践和理论探索的努力上

从 1978 年开始，我国进入改革开放新时期。面对“文革”留下的创伤和废墟，以邓小平为代表的新一代党的领导人，坚持发扬实事求是的优良传统，以“实践是检验真理的唯一标准”大讨论，拉开了思想解放运动和改革开放的序幕。中国昂首阔步迈入改革开放的春天。经历了“文革”摧残的新闻界，在拨乱反正的航程中，果断地抛弃了“报纸是无产阶级专政的工具”“事实要为政治服务”等以阶级斗争为纲的论调，把工作重点转移到为经济建设服务上来。改革开放 30 多年来，我国新闻事业和其他各项事业一样，取得了举世公认的辉煌成就。中国特色社会主义新闻事业体系正在形成。30 多年来，以邓小平、江泽民、胡锦涛为代表的几代中国共产党人，不断探索新闻传播的基本规律，在总结当代中国新闻实践经验的基础上，逐步形成了中国特色社会主义新闻理论。

中国特色社会主义新闻理论包括 10 个方面的内容。第一，新闻媒体是党、政府和人民的喉舌，是党和国家重要的思想文化阵地和舆论阵地，具有鲜明的阶级性和意识形态属性。第二，党性原则是社会主义新闻工作的根本原则。第三，坚持为人民服务、为社会主义服务、为党和国家工作大局服务。第

四，坚持贴近实际、贴近生活、贴近群众。第五，坚持实事求是，维护新闻的真实性。第六，坚持正确的舆论导向。第七，坚持把提高舆论引导能力放在突出位置。第八，坚持把社会效益放在首位，努力使经济效益与社会效益相统一。第九，坚持解放思想、改革创新，增强生机和活力。第十，切实加强新闻工作队伍建设。

中国特色社会主义新闻实践和理论的主要特色，就在于坚持解放思想和实事求是的统一。解放思想和实事求是是当代中国马克思主义认识论和实践论的结合，两者之间相互依存，形成了辩证统一的关系。改革开放30多年，解放思想，就是最大的实事求是。正如邓小平在《解放思想，实事求是，团结一致向前看》这篇讲话中指出："实事求是，是无产阶级世界观的基础，是马克思主义的思想基础。过去我们搞革命所取得的一切胜利，是靠实事求是；现在我们要实现四个现代化，同样要靠实事求是。"实事求是是中国共产党新闻思想的精髓，中国共产党领导的新闻事业所经历的90年曲折发展历程表明，只有坚持实事求是的思想路线，我们党的新闻事业才会像立足大地的安泰，永远充满生机活力。

（本文原载于《中国广播电视学刊》2011年第10期）

提高预见性 加强主动性 把握规律性

——学习习近平同志“8·19”讲话精神的体会

习近平同志在2013年8月19日召开的全国宣传思想工作会议上的讲话强调,宣传思想工作要“因势而谋,应势而动,顺势而为”。笔者认为,“因势而谋”是指要提高新闻舆论引导工作的预见性,“应势而动”是指要加强新闻舆论引导工作的主动性,“顺势而为”是指要把握新闻舆论引导工作的规律性。

一、因势而谋:提高新闻舆论引导工作的预见性

“凡事预则立,不预则废。”当前新闻传媒发展迅速,舆情千变万化,认识和把握以互联网和手机媒体为代表的新媒体发展的趋势,准确研判瞬息万变的国内外舆情态势,是把握正确的舆论导向,做好新闻宣传工作的关键。进入21世纪以来,和世界传媒业发展潮流同步,我国传媒业进入以互联网和手机媒体为代表的新媒体时代。中国互联网络信息中心(CNNIC)发布的《第32次中国互联网络发展状况统计报告》(2013年7月)显示:截至2013年6月底,我国网民规模达5.91亿人,较2012年底增加2 656万人,比2005年6月统计的1.03亿网民数量,增加了4.8亿多人;截至2013年6月底,我国的互联网普及率为44.1%,较2012年底提升了2.0个百分点,其中手机网民规模达4.64亿人,较2012年底增加了4 379万人;网民中使用手机上网的人群占比提升至78.5%,网民中农村人口占比为27.9%,规模达1.65亿。目前,我国已成为世界互联网使用的第一大国。新媒体的迅速发展,给新闻传媒和舆论引导的格局带来了巨大的变化。过去以报纸、广播、电视为代表的传统媒体形成的新闻传播格局被打破,舆情集中发生在新媒体领域。互联网上的舆论规模和影响越来越大。据

统计,2012 年第 1 季度,网上有一定规模的热点有 1 万多个,其中突发事件热点 147 个,食品药品安全热点 40 多个。网络舆情酝酿期大大缩短,热点生成大大提速,社交网络"点对点""点对多"和"多对多"的多重传播模式,使舆论产生了"裂变式"传播的效应。综上所述,新媒体正在加速改变我国新闻传播的面貌和格局,正在深刻影响我国的政治、经济、文化、军事、外交以及社会生活的方方面面,正在广泛动员人们参与舆论的生成和扩散,这就是当前新闻传媒发展的"大势",只有清醒地认识和正确地把握这个"大势",我们的新闻舆论引导工作才能提高预见性,增强针对性,才能做到"心中有数""有的放矢"。

但是,我们应该看到:对于新媒体的传播特征和规律,对于数字技术条件下的新媒体的发展趋势,我们的未知远远大于已知;对于由新媒体而生发和传播的舆情的应对,我们的被动往往多于主动;对于新媒体传播而产生的一些负面效应,我们的消极常常胜于积极。造成这些现象的一个重要原因,就是我们对网络和手机等新媒体的迅猛发展态势始料不及,对新媒体在反映舆情引导舆论方面的强大功能认识不足,当新媒体裹挟着巨量的信息和瞬息万变的舆情呼啸而至时,我们缺乏应对这种态势的准备。网上舆情因热点事件激化的时候,面对偏激的舆情,主流媒体和新闻宣传管理部门有时应对不力,引导失误。

因势而谋,就是要结合世情、国情、党情,结合新闻传媒发展的形势,来谋划我们的新闻宣传工作,以便正确地引导舆论。加强对舆情的监测研判,做好重大突发性事件的舆论引导预案,加强对重大主题报道的策划,这些都是新闻舆论引导工作"因势而谋"在操作层面上的做法。但要真正做好"因势而谋",还需要我们运用辩证唯物主义和历史唯物主义的观点和方法,从方法论上去科学地谋划新闻宣传工作,以便从宏观上把握大势,预见未来,从而高屋建瓴地引领舆论的走向。

二、应势而动:加强新闻舆论引导工作的主动性

当前,我国新闻宣传形势总体是好的,改革开放不但为我国的现代化建设打下了坚实的物质基础,也为中国特色社会主义事业打下了良好的思想基础。中国人民充满了对全面建成小康社会的憧憬和向往。实现中国梦已成为全体中华儿女共同的心愿。但是我们也应该看到,当前新闻宣传工作的形势仍然非

常严峻，我们面临的挑战仍然非常尖锐和激烈。

从国内来看，由于我国当前处于社会转型期，有些社会问题转化为社会矛盾，并以突发事件的形式爆发出来。由这些社会矛盾酿成的舆论，主要通过网络和手机等新媒体渠道迅速生成和传播，一些网络舆论鱼龙混杂，常常是谣言和真相齐飞，谎言与事实共舞。这种莫衷一是、良莠难辨的舆情态势，给正确引导舆论带来了极大的困难。可以说，由于网络和手机媒体在舆论方面的巨大作用，我们的新闻舆论宣传和引导工作，已步入了亟待改革的“深水区”。

从国际方面来看，邓小平同志所作的“和平与发展”是当前时代主题的判断，仍然没有改变。在全球化浪潮面前，各国求合作，谋发展，经济上相互依存，文化上相互融合的态势强劲。这给我国的现代化建设提供了一个难得的外部环境。但是我们也要看到，伴随着中国的和平崛起，一些西方发达国家产生了无端的忧虑，开始加紧对中国的封锁围堵。在意识形态方面，它们利用卫星广播和电视，特别是利用国际互联网络，加强了对中国的宣传和渗透。尤其是进入 21 世纪以来，总有一些国外的敌对势力，利用传媒污损和攻击我国的社会主义制度，诋毁我国改革开放的成就，也总有一些不了解我国的外媒，误读和误解有关我国的信息，错误地引导国外受众对我国的认识，这面的例子不胜枚举。

面对这种形势，我们的新闻宣传工作确实要做到应势而动，要根据形势主动出击。古人云：“当断不断，反受其乱。”国际间的舆论战尤其如此。为抢占先机，取得舆论传播的“首应”效果，西方一些发达国家往往不惜成本。特别是在中国的一些突发事件的报道方面，有些外国媒体甚至不顾新闻报道的基本准则，指鹿为马，张冠李戴，颠倒黑白，混淆是非，传播了许多损害我国形象的舆论。

新闻舆论引导要应势而动，争取主动权，这不仅仅是对外传播的要求，也是对国内新闻宣传的要求，还是尊重和实现人民群众知情权的表现。对重大突发性事件，党和国家出台的重大方针政策，人民群众普遍关心的热点焦点问题等，如果我们的主流媒体不主动、不及时报道，不主动、不及时解释和解读，就会给谣言和流言留下传播的时机和空间。谣言和流言不仅误导舆论，也损害人民群众知晓事实真相的权利。2013 年 8 月以来，我国以立法的方式，加大了对利用信息网络实施的违法犯罪行为的打击力度。一些不法分子因造谣滋事而受到法律惩处。

应势而动要求新闻媒体主动、及时地将真实的信息传播和告知给受众，以满足受众的知晓愿望。应势而动可以起到消除误听、误解，不给错误的舆论和有害的信息以可乘之机的效果。2013 年 9 月 28 日，许多主流报纸、网络刊登一条新闻："上海自贸区互联网管理无特殊。"新闻中用黑体字表述"文化服务不会允许赌博色情场所进上海"，并援引新华社报道："上海自贸区管委会相关人士昨晚明确表示：自贸区内互联网将依法管理，没有特殊。"新闻后面，列举了专家们的正面解读。这条新闻主动、及时地回应了人们对即将挂牌开业的上海自由贸易试验区的种种猜测和议论，明确地传递出上海自贸区的文化贸易和电信增值贸易均需遵守我国的有关法规，尊重我国伦理道德、风俗习惯的信息。

三、顺势而为：把握新闻舆论引导工作的规律性

规律是不以人的主观意志而改变的自然法则和社会法则。办事要遵循规律，否则就会受到规律的制约乃至惩罚。新闻传播活动具有很强的规律性。马克思认为：认识新闻传播规律是认识新闻传播活动的前提。他说："要使报刊完成自己的使命，首先必须不从外部为它规定任何使命，必须承认它具有连植物也具有的那种通常为人们所承认的东西，即承认它具有自己的内在规律，这些规律是它所不应该而且也不可能任意摆脱的。"[①]新闻传播需要遵循许多基本规律，如新闻价值规律、新闻真实性规律、新闻时效性规律等，舆论亦有其生成、扩散、转移、消失的规律，新闻舆论引导工作，只有认识了新闻舆论的自身规律，才能有所作为，只有把握了新闻舆论的自身规律，才能大有作为。

做好网络舆论引导工作，是当前我国舆论引导工作的重点，也是难点。以往我们采取的方法，主要是依靠传统媒体或主流媒体传播正能量的信息，以此引导网上的舆情。但随着互联网等新媒体的迅猛发展，网络、手机媒体已成为强势媒体，仅仅依靠传统媒体如报刊、广播、电视，来引导网络上错综复杂、海量信息的舆情，收效有限。在这种形势下，如果不顺势而为，不掌握网络媒体，不依靠网络媒体，不运用网络媒体来充当正确引导舆论的有力工具，正能量的声音就会落入"沉默的螺旋"的陷阱。近段时间以来，网络上理性声音增多，正能量在增长，网络上舆论正在发生着积极变化。一些"自干五"（网络名词，指不拿

① 马克思恩格斯全集：第 1 卷[M].北京：人民出版社，1995：397.

任何人的钱，自觉在网上发表维护国家和人民利益的言论的网民）熟悉网上舆情，通晓网络传播的一些基本规律，利用微信、微博、博客文章开展辟谣、寻求事实真相的工作，这些“自干五”们已经逐渐成为网上正能量的“舆论领袖”。过去网络论坛、博客文章里的一些负面信息和舆情几乎呈“一边倒”的格局，目前正在悄然发生着变化。

顺势而为，把握新闻舆论引导工作的规律性，需要认真研究新闻传播的规律。对规律的认识，是一个循序渐进、不断深化的过程。我们要有“博学之、审问之、慎思之、明辨之、笃行之”的求知精神，把“致广大而尽精微”当作问道的追求，去探索新闻传播的规律，把握舆论引导的规律。这样，我们才有可能逐步从新闻传播的必然王国走向自由王国。

（本文原载于《新闻与写作》2014 年第 1 期）

论党性与人民性的统一

一、问题的提出:理解新闻学的人民性

社会主义新闻事业的党性与人民性是一致的、统一的。但因为很长时间以来新闻学领域不谈论人民性问题,所以,在论述这个命题之前,有必要阐释何谓人民性。人民性是由人民这个概念衍生出来的,这两个概念本来是属于政治学和法学领域的概念,而且,这两个概念又随着时代的发展和社会的变迁而不断变化和发展。把握人民和人民性概念的这两个特点,尤其是后一个特点,对于我们理解和阐释人民和人民性概念以及由此生发的一系列问题,具有确定其逻辑起点和历史起点的意义。这启示我们:当下在新闻学领域讨论人民性问题,一是不能背离《中华人民共和国宪法》的精神;二要承认不同的时代背景和社会形态带给人民和人民性含义的历史局限性和现实规定性,即承认人民性是一个历史的具体范畴。运用这种符合历史唯物主义和辩证唯物主义的方法论来看待人民和人民性,有助于我们对不同时代背景、不同历史阶段、不同意识形态语境下的人民和人民性问题作具体分析。

二、人民性理论和实践的发展过程

相关文献显示,人民性的含义出现在18世纪欧洲启蒙运动时期。一些著

名的资产阶级启蒙思想家，先后提出和阐述过人民性的含义。[①] 法国的启蒙思想家卢梭从社会契约论的角度，对人民和人民性概念作了具有现代法学意义的解释。德国思想家、文学家歌德和另一位德国思想家赫尔德也都谈论过人民性的含义。[②] 从 19 世纪初开始，人民性这个概念出现在俄罗斯文学领域，我国研究俄罗斯文学的著名学者张铁夫教授认为普希金较早提出文学的人民性问题。[③] 文学的人民性在早期俄罗斯文学评论和创作中是一个不断发展的概念。"在普希金时代，人们通常是在人种学而不是社会学意义上使用这一术语，亦即在'民族性'意义层面上去进行理解和阐释，而且特别强调从本民族历史中选材、使用本民族语言和描绘本民族的风俗习惯。普希金试图给人民性一个科学的定义，但他所说的人民性也主要是指民族性。"[④]俄罗斯著名的文学理论家别林斯基在 1835 年写的《论俄国的中篇小说和果戈理君的中篇小说》一文中说："果戈理君的中篇小说有最高度的人民性；然而，我不想对它们的人民性说太多的话，因为人民性算不得真正艺术作品的优点，只不过是它的必要条件，如果我们把人民性理解为对某一国家某一民族的风俗、习惯和气质的忠实描绘的话。"[⑤]可见，早期俄罗斯文学领域使用的人民性，主要指民族性。

随着沙皇俄国国内阶级矛盾日益激烈，19 世纪中叶，俄国处于革命的前夜，为寻求俄国变革的道路，俄罗斯的一些受西方启蒙思想影响的知识分子发起了民粹主义运动。[⑥] 出于对封建农奴制腐朽残酷的愤慨、对俄国开始出现资本主义生产方式的怀疑和恐惧，民粹主义者把俄国变革的希望寄托在启蒙和唤醒民

---

① 对"人民性"这个概念的产生进行历史追溯和考证是一件困难的事情。"人民"和"人民性"是历史形成的概念，很难断定是谁第一个提出"人民性"这个概念的。

② 不列颠百科全书（国际中文版）：第 7 卷、第 8 卷[M].北京：中国大百科全书出版社，2002.

③ 张铁夫.再论普希金的文学人民性思想[J].外国文学研究，2003(1).

④ 张铁夫.再论普希金的文学人民性思想[J].外国文学研究，2003(1).

⑤ 别林斯基.别林斯基论文学[M].上海：新文艺出版社，1958：68-69.

⑥ 民粹主义是 19 世纪中叶在俄国出现的一个带有浓厚空想社会主义色彩的小资产阶级思想流派，是俄国长期经济落后、农民小生产者占优势这样一个历史时代特有的产物。民粹主义经历了一段漫长的形成、发展和衰落的时期，曾在俄国历史上产生过举足轻重的影响。根据列宁的分析，民粹主义可以分成两个历史发展阶段，第一个阶段表现为革命的民粹主义即旧民粹主义，它在六七十年代的俄国思想史上居于统治地位。到了八九十年代，民粹主义进入了它的第二个发展阶段。这个阶段的特点是自由民粹主义占了上风，它与自由派合流，成为马克思主义在俄国传播的严重障碍。民粹派的基本理论思想就是把俄国的村社制度理想化，肯定俄国的非资本主义发展道路。但是这种理论并非民粹派的独创，它可以追溯到更远的时期。这一理论最早是由俄国伟大民主主义者赫尔岑和车尔尼雪夫斯基在 19 世纪 40 年代提出的。有关民粹主义的情况，参见由中共中央马克思、恩格斯、列宁、斯大林著作编译局国际共运史研究室编译的《俄国民粹派文选》，人民出版社 1983 年版。

众身上。他们提出了“到民间去”的口号，并将社会运动和文学艺术创作作为实践其民粹主义主张的途径。这股民粹主义的思潮同样影响了俄罗斯的文学批评，促使理论家们开始从人民性意义上使用人民性这一概念。车尔尼雪夫斯基指出：“哪儿激发着人民群众的强力、崇高的感情，哪儿人民在树立着丰功伟业……哪儿就有着丰富的民间文学。”[①]俄国另一位著名文学评论家杜勃罗留波夫认为：“要真正成为人民的诗人，还需更多的东西，必须渗透着人民的精神，体验他们的生活，跟他们站在同一的水平，丢弃阶级的一切偏见，丢弃脱离实际的学识，去感受人民所拥有的一切质朴的感情。”[②]“表现人民的生活，人民的愿望。文学所达到的最高境界，就是吐露或者表现在人民中间有一种美好的东西。”[③]可见，杜勃罗留波夫已经站在作家的立场，从文学的服务对象、艺术境界以及文学创作源泉等方面提倡体现人民的精神，并以此来理解文学的人民性了。

但是也要看到，19世纪俄国提出的深受民粹主义思潮影响的人民性，既有巨大的时代进步意义，又有巨大的历史局限性。当时的俄国还实行封建农奴制，工人阶级在社会政治生活中还没有占据主导地位。民粹主义者明确提出：“我们不要欧洲的无产阶级、贵族、国家原则和皇帝权力。”[④]因此，民粹主义的人民主要是指农民和小生产者。列宁从历史学和社会学的角度把民粹主义的意识形态看作是小生产者特别是农民对封建农奴制和资本主义的反抗。民粹主义相信“在俄国，在农民中间还保存着古老的传统原则：人民享有土地的权利、村社自治和地方自治、信仰自由和言论自由。尽管小资产阶级在农民中有了显著发展，农民还是牢固地保持着村社占有土地的制度，而农民的不容怀疑的集体劳动习惯，为可望农民经济直接过渡到接近于社会主义的方式提供了可能性”[⑤]。这种否认资本主义生产方式已经在俄国出现并日益壮大的现实，试图通过农民和小生产者自发地过渡到社会主义社会的小资产阶级乌托邦式的梦呓，

① 古雪夫.车尔尼雪夫斯基论民间文学[M]//苏联民间文学论文集.北京：作家出版社，1958：153.

② 上海师范学院中文系文艺理论教研室.文学理论争鸣辑要[M].上海：上海文艺出版社，1983：274，277.

③ 上海师范学院中文系文艺理论教研室.文学理论争鸣辑要[M].上海：上海文艺出版社，1983：274，277.

④ 中共中央马克思、恩格斯、列宁、斯大林著作编译局国际共运史研究室.俄国民粹派文选[M].北京：人民出版社，1983：9，1010，1011.

⑤ 中共中央马克思、恩格斯、列宁、斯大林著作编译局国际共运史研究室.俄国民粹派文选[M].北京：人民出版社，1983：9，1010，1011.

受到了以列宁为代表的俄国马克思主义者的批判。列宁在《对民粹主义信条录的逐段评述》一文中说:“当我国‘著作界高唱颂歌’赞美人民,赞美对人民的爱,赞美人民的宽宏,赞美村社的特点和好处,赞美村社内‘各社会阶层的相互迁就和同心协力的活动’,赞美整个俄国是一个大劳动组合而村社是‘农民的思想和行动所环绕的中心’等等、等等、等等(自由主义民粹派书刊至今还在——虽然是用悲调——歌颂这一切)的时候,我国‘人民’中间发生了什么事情呢?农民的土地果真没有被剥夺吗?资产阶级这只猫没有吃小鸡,没有把它几乎吃完吗?‘大受赞美的民有土地’‘实际上’不是‘微不足道’,其所缴纳的税款没有超过收入吗?没有,只有‘神秘主义者和形而上学者’才会这样断定。”[①]对此,列宁指出:民粹主义所代表的农民和小生产者意识形态对封建农奴制和资本主义的反抗“是充满幻想的,是回避事实的”[②]。受民粹主义运动思潮影响的俄国文学艺术批评和创作,虽然对人民抱有极大的同情,对乡村抱有极大的希望,对人民性的内涵有了比民族性更为深入的理解,但由于其所处历史和阶级的局限,19世纪后期俄罗斯文学的人民性依然还只是一个革命民主主义和人道主义意义上的命题。

真正对人民性的内涵作出科学的理解和阐释,并取得丰硕的实践成果的,是马克思、恩格斯、列宁、毛泽东等马克思主义经典作家的思想以及他们领导的无产阶级革命实践。马克思、恩格斯等马克思主义经典作家不仅使用过党性的概念,也同样在许多情况下使用过人民性的概念。马克思在《第六届莱茵省议会的辩论(第一篇论文)》(又名《关于新闻出版自由和公布省等级会议辩论情况的辩论》)中使用了人民性概念,提出自由报刊应具有人民性、代表人民精神的观点。他指出:“自由报刊的人民性(大家知道,就连艺术家也是不用水彩来画巨大的历史画卷的),以及它所具有的那种使它成为体现它那独特的人民精神的独特报刊的历史个性——这一切对诸侯等级的辩论人说来都是不合心意的。”[③]在马克思、恩格斯一生的新闻实践中,“人民报刊”的理论和实践,是马克思、恩格斯新闻实践活动中激动人心的篇章。“报刊按其使命来说,是社会的捍卫者,是针对当权者的孜孜不倦的揭露者,是无处不在的耳目,是热情维护自己

① 列宁全集:第1卷[M].北京:人民出版社,1984:323,303.

② 列宁全集:第1卷[M].北京:人民出版社,1984:323,303.

③ 马克思恩格斯全集:第1卷[M].北京:人民出版社,1995:153.

自由的人民精神的千呼万应的喉舌。”[①]这些思想至今仍然闪烁着光彩。在继承了马克思、恩格斯、列宁关于无产阶级文艺和新闻事业党性和人民性思想的基础上，以毛泽东为代表的中国共产党人领导的无产阶级文学和新闻实践，把党性和人民性统一的思想和实践发展到一个高峰。1942 年 5 月毛泽东《在延安文艺座谈会上的讲话》，运用马克思列宁主义关于无产阶级文艺的党性和人民性统一的基本原理，集中论述了无产阶级文艺工作的性质、宗旨、功能、任务、使命和方向，提出文艺工作者要走与工农兵相结合的道路、文艺创作要为人民服务的文艺思想，这是马克思主义文艺思想与中国革命文艺的实际相结合的成果。《在延安文艺座谈会上的讲话》成了马克思主义文艺理论的一个新的经典。在《讲话》精神的指引下，我国无产阶级文艺工作者，走出机关，走向农村、工厂、战场，创作出了《李有才板话》《小二黑结婚》《王贵和李香香》等一大批反映人民群众战斗、工作和生活的文艺作品，从而形成了无产阶级文学事业的一次高潮，也形成了中国现代文艺史上的又一个创作的高潮。

在新闻宣传方面，有学者考证：“将新闻学的党性概念同文学的人民性概念二者巧妙而精致地融合在一起，是中国共产党的重大理论创新，也是中国共产党对马克思主义新闻学的重大贡献。1947 年 1 月 11 日，作为中国共产党机关报之一的《新华日报》发表编辑部文章，明确指出：‘由于中国共产党是一个人民的政党，它代表的是中国最广大人民的利益，它的一切政策是完全从人民的利益出发的，因此，新华日报也是完全站在人民的立场、从人民的利益出发。就是说，新华日报是一张党报，也就是一张人民的报。新华日报的党性，也就是它的人民性。新华日报的最高度的党性，就是它应该最大限度地反映人民的生活斗争，最大限度地反映人民的呼吸和感情、思想和行动。’这是中国共产党权威媒体首次公开申明党性就是人民性。”[②]这对无产阶级新闻事业党性和人民性是统一的、一致的，作了最为直接明了的阐发。

通过简要回顾人民性理论和实践的发展过程，我们可以发现：以 19 世纪俄罗斯文学领域为代表的有关人民性问题的理论探讨和创作实践，虽然最早提出了有关人民性的概念，并以“人民同情”的理念和姿态，对人民性进行了知行合一的诠释。但是由于他们站在资产阶级革命民主主义的立场上，以资产阶级人

① 马克思恩格斯全集：第 6 卷[M].北京：人民出版社，1995：257.

② 尹韵公.一个经典观念的逻辑起点和历史起点[N].北京日报，2013-09-30(17).

道主义的视角来体察人民性问题，这样，虽然别林斯基、杜波罗留波夫和民粹主义者对当时在沙皇俄国处于水深火热中的人民大众抱有最真诚和最深切的同情，但他们的阶级属性决定了他们的理论是空洞的，行动也是软弱的，人民性在他们那里是不纯粹的、不彻底的，因此也是不科学的。[①]

马克思主义对人民性概念作了辩证唯物主义和历史唯物主义的科学阐释。人民群众，在马克思主义的历史观中，不再是乞求统治阶级施舍怜悯的群氓和可怜虫，而是推动历史发展的真正动力。用马克思主义理论武装起来的工人阶级政党，以解放全人类，最后解放无产阶级自己的长远目光和博大胸怀，依靠和团结广大的人民群众，去为实现人类最伟大的理想——英特纳雄奈尔而奋斗。这样的政党，由于胸襟坦荡，目标明确，毫不隐瞒自己的政治观点，毫不隐瞒为广大的人民群众的根本利益而奋斗的党性原则，在人类历史上第一次将现代政党同广大的人民群众的根本利益结合起来，第一次将现代政党的党性和人民性统一起来，这就是无产阶级党性和资产阶级党性在本质上的区别，也是无产阶级所宣扬的人民性和资产阶级革命民主主义者所宣扬的人民性在本质上的区别。

三、何谓党性与人民性

社会主义新闻事业的党性原则是对无产阶级新闻事业党性原则的继承。在社会主义社会，以工人阶级为代表的广大人民群众已摆脱了被剥削、被压迫的地位，成为国家的主人。社会主义制度下的社会主要矛盾已不再是阶级矛盾，而是人民日益增长的物质文化需要同落后的社会生产之间的矛盾。人民群众也不再是受压迫、受剥削的阶级。人民这个概念在当前我国社会主义初期阶段，具有丰富的内涵，它包括各阶层人民群众，具有整体性和层次性。作为我们社会主义国家执政党的中国共产党，“是中国工人阶级的先锋队，同时是中国人

① “理论上的错误导致了民粹主义行动上的多次失败。民粹派内部开始分化瓦解。从20世纪80年代中期到90年代，以米哈伊洛夫斯基、尤沙柯夫、沃龙佐夫和丹尼尔逊为主要代表的自由民粹派占了上风。这个时期的民粹派已经失去了‘到民间去’的热情，他们并没有从刺杀沙皇亚历山大二世的事实中吸取必要的教训，相反，他们把全部希望寄托在知识分子同政府的斗争上，把个人恐怖活动作为自己的主要斗争手段。这就不能不使他们更加脱离人民，招致反动当局更加疯狂的镇压，使无数热情的革命青年死于沙皇政府的屠刀，最后使革命归于失败。”中共中央马克思、恩格斯、列宁、斯大林著作编译局国际共运史研究室.俄国民粹派文选[M].北京：人民出版社，1983：3-4.

民和中华民族的先锋队”“代表中国最广大人民的根本利益”。笔者认为：在社会主义初级阶段这个新的历史背景下，党性是政党所代表的根本利益的集中体现，以政党意志的形式加以表现。新闻事业的党性，是指政党领导的新闻事业在新闻活动中对本党意志的贯彻和体现。人民性是人民根本利益的集中体现，以人民的意志和愿望的形式得以体现。新闻事业的人民性，是新闻事业在新闻活动中对人民意志和愿望的贯彻和表达。

我们这样定义党性和人民性以及新闻事业的党性和新闻事业的人民性，表明党性和新闻事业的党性在无产阶级和社会主义新闻事业中与人民性在根本上具有一致性和统一性。我们之所以要使用人民性和党性这两个概念，是要表明人民性和党性并不是上位概念和下位概念的关系，它们指代的仅仅是社会主义新闻事业党性原则在两个不同维度中的属性。属性虽有差异，但本质是相同的。这样的阐释，不仅符合逻辑，更符合历史。

四、坚持党性和人民性之一致性和统一性的重要意义

坚持社会主义新闻事业党性和人民性的一致性和统一性对新闻实践具有非常重要的指导意义。

首先，坚持党性和人民性的统一，是对无产阶级政党在历史和现实中的性质和宗旨的正确认识。把党性和人民性割裂开来、对立起来的观点，是对无产阶级政党党性的误解或者歪曲。刘少奇在《论党》一文中指出：“中国无产阶级的利益与中国人民的利益，在各个时期都是一致的。我们党现在所进行的反帝反封建的新民主主义革命，不仅只是中国工人阶级的利益，而且是中国农民阶级、小资产阶级和资产阶级的利益，中国共产党只有当它是站在全体人民的利益上，而不仅是站在本阶级当前部分的利益上，只有当它是组织与团结整个民族与全体人民，而不仅是组织与团结本阶级来进行奋斗，它才能胜利。无产阶级如果不能解放全体人民，它自己也就不能得到解放。另一方面，只有中国工人阶级与全体劳动人民，才是中国民族的主体，只有他们的利益，才构成民族利益与人民利益的基础。中国共产党在目前为实现独立、自由、民主、统一与富强的新中国而奋斗，是代表中国工人阶级的利益，也是代表全体民族和全体人民的利益，在将来为实现社会主义与共产主义制度而奋斗，也同样是代表全体人

民的利益，因为社会主义与共产主义社会的实现，即是全人类的最后解放。”[①]历史事实证明：无产阶级政党如果违背了代表广大人民群众根本利益的宗旨，不仅会导致党的思想和组织的涣散，严重的话还会导致党的执政地位的丧失，苏联和东欧已经提供了惨痛的教训。另外，那种认为“人民性高于党性”的观点，同样在历史和逻辑上站不住脚。苏联和东欧的共产党丧失执政地位，不是党性低于人民性的结果，而是苏联、东欧共产党的一些主要领导人放弃了党的指导思想和宗旨，从根本上改变了党的性质而导致的结果。就像在逻辑上我们无法证明一个代表了无产阶级和广大人民群众根本利益的政党会遭到人民的唾弃和反对一样，在实践的历史过程中，我们也无法找出一个相同的例证。党性和人民性本来就是一致的、统一的。

其次，坚持党性和人民性的统一，对于社会主义新闻工作而言，就是要认识到新闻事业既是党的耳目喉舌，也是人民群众的耳目喉舌。党的新闻工作者，同时也是人民群众的新闻工作者。“必须坚持和人民在一起”，这不仅是中国共产党人的誓言，同时也是中国社会主义新闻工作者的誓言，更是中国共产党人和社会主义新闻工作者立足的根本。

（本文原载于《现代传播——中国传媒大学学报》2014 年第 12 期）

---

① 刘少奇.论党[M].北京：人民出版社，1953：23-24.

把握舆论工作规律 提高舆论引导能力

习近平总书记2016年2月19日主持召开党的新闻舆论工作座谈会并发表重要讲话，强调坚持正确舆论导向，提高舆论引导能力。而提高舆论引导的能力，就需要我们不断探索和研究舆论引导的规律。只有把握了舆论引导的规律，我们才可能具备驾驭舆论引导工作的能力。

首先，舆论引导工作是一门科学，必须按照规律办事。这里所提的"必须按照规律办事"，就是指必须按照舆论生成、扩散和发生影响的规律，去认识和掌握舆论引导工作的规律，以利于我们减少开展舆论引导工作的盲目性，提高舆论引导工作的科学性。舆论是社会的皮肤，在敏锐地感知社会症候的同时，又常常对社会的热点、焦点问题起着催化、升温，乃至扩张膨胀的作用。把握舆论的这个特性，有助于我们准确研判舆论急剧扩散前的"引爆点"何在，有助于我们在舆论扩散过程中开展推动或疏导工作，有助于我们设计舆论引导的方案、制定舆论引导的对策。对于如何掌握舆论引导的规律，习近平同志在讲话中指出，要抓住时机、把握节奏、讲究策略，从时度效着力，体现时度效要求。时度效是检验新闻舆论工作水平的标尺。不管是主题宣传、典型宣传、成就宣传，还是突发事件报道、热点引导、舆论监督，都要从时度效着力，体现时度效要求。

新媒体所具有的社交性、私密性、便捷性等特点，使得舆论发酵、生成、引爆、扩散，乃至产生巨大舆情效应的过程得以极大地缩短。新媒体所具有的自媒体特征，使得传统媒体"把关人"角色弱化，大V、水军等舆论和舆情推手，以传统媒体难以体认的方式发挥着较大的作用。另外，由于网络媒体具有即时传播等传播特点，国际新闻舆论和国内新闻舆论的界限越来越模糊，国际新闻国内化，国内新闻国际化的趋势越来越明显，舆情的"蝴蝶效应"在进一步地强化。

新媒体发展也为做好党的新闻舆论工作提供了机遇。要推动融合发展，主动借助新媒体传播优势，完善体制机制，打通并用好同群众信息交流的新渠道。要认真研究在新形势下，如何认识舆论引导要讲求时度效这个规律的新问题。比如说：新闻报道中的时效性、适宜性规律，如何运用到“两微一端”的新媒体传播中；舆论学上的“首发效应”，如何应用到互联网信息传播，尤其是突发性重大事件的传播上；如何把握网上宣传力度；如何掌握融媒体各个平台的区隔度；如何建立和健全媒体融合背景下新闻舆论传播，尤其是对外新闻舆论传播效果的监测机制；等等。具备这种问题意识是推动我们探讨新形势下舆论引导工作时度效的新特点的动力，在此基础上，我们才可能真正认识和把握新形势下舆论引导工作的规律，把实施正确的舆论引导工作纳入科学的轨道上来，推动党的新闻舆论引导工作由必然王国走向自由王国。

其次，舆论引导工作是一门艺术，因此，我们还必须遵循和把握舆论引导工作的艺术规律。习近平同志高度概括的党的新闻舆论工作的职责和使命的48个字中，有“成风化人、凝心聚力”。要坚持正确方向，创新方法手段，提高新闻舆论传播力引导力。杜甫的《春雨》诗句“好雨知时节，当春乃发生。随风潜入夜，润物细无声”之所以脍炙人口、千古传诵，于教育、传播，乃至为人处世、安身立命，都有极大的启迪，就在于这首诗用高超的艺术想象力和表现力，塑造了“春雨”这个具有强烈艺术魅力的具象，并且通过这个具象，揭示了中国传统文化中谦逊、朴实、大度、乐善好施的美德，让读者品味出“上善若水”的哲理和诗情画意。要把握新闻舆论工作艺术规律，创新舆论引导方法和手段，善于表达，学会讲故事，提高新闻舆论传播力、引导力。讲故事就是讲事实、讲形象、讲情感、讲道理，讲事实才能说服人，讲形象才能打动人，讲情感才能感染人，讲道理才能影响人。要组织各种精彩、精练的故事载体，将中国道路、中国理论、中国制度、中国精神、中国力量寓于其中。

（本文原载于《经济日报》2017年2月17日理论版）

扩大网上网下同心圆
凝聚新时代社会共识

习近平总书记在党的十九大报告中指出："高度重视传播手段建设和创新，提高新闻舆论传播力、引导力、影响力、公信力。加强互联网内容建设，建立网络综合治理体系，营造清朗的网络空间。"这一论述是习近平新时代中国特色社会主义新闻舆论思想的高度凝练，也是对以互联网为代表的新媒体在发展和治理两方面提出的科学理论指导，是我国新闻舆论工作的根本遵循和行动指南。

"提高新闻舆论引导能力，营造清朗的网络空间"需要对网络舆论的现状和发展趋势作出科学的判断。毋庸讳言，过去相当长一段时期，在我国的舆论空间中，存在着两个并不完全重叠的舆论场：一个是传统主流媒体着力营造的舆论场，一个是网络营造的舆论场。党的十八大以来，随着社会主义核心价值观传播的不断深入人心，随着对以互联网为代表的新兴媒体传播规律认识的不断深化，随着对互联网络综合治理水平的不断提高，以党报党刊、电台、电视台、通讯社为代表的主流媒体舆论场和以互联网为代表的新兴媒体舆论场这两个舆论场日渐融合。主流媒体营造的舆论场所产生的向心力愈来愈强大，网上网下同心圆的趋势愈来愈明显。2016 年 4 月 19 日，习近平总书记在网络安全和信息化工作座谈会上指出："凝聚共识工作不容易做，大家要共同努力。为了实现我们的目标，网上网下要形成同心圆。什么叫同心圆？就是在党的领导下，动员全国各族人民，调动各方面积极性，共同为实现中华民族伟大复兴的中国梦而奋斗。"网上网下同心圆是对我国社会舆论主体关系的新认识和新概括，是对近年来我国新闻舆论工作取得成果的肯定和对下一步工作的要求。从两个舆论场到网上网下同心圆的转变，反映了我国近年来主流媒体舆论和网络舆论的共识度不断上升，舆论场域逐渐融合共通的过程。党的十八大以来，以习近平同志为核心的党中央针对新闻舆论工作的新情况、新问题，探索新时代如何把握新闻舆论工作的新规律，形成了习近平新时代中国特色社会主义新闻舆论思想。这一思想强调“提高四个力”“加强互联网内容建设”“建立网络综合治理体系”，明确了巩固并不断扩大网上网下同心圆的策略和方法，为进一步增强社会共识在理念和行动层面指明了方向。

扩大网上网下同心圆，在思想上必须坚持以马克思主义为指导。马克思主义是中国共产党和社会主义事业的指导思想，习近平新时代中国特色社会主义思想是马克思主义思想中国化的最新理论成果，系统回答了“新时代坚持和发展什么样的中国特色社会主义”“怎样坚持和发展中国特色社会主义”的重大时代课题。习近平总书记指出：“必须推进马克思主义中国化时代化大众化，建设具有强大凝聚力和引领力的社会主义意识形态，使全体人民在理想信念、价值理念、道德观念上紧紧团结在一起。”进一步扩大网上网下同心圆，必须在中国特色社会主义建设中，以社会主义核心价值观这一全体人民共同的价值追求作为引领新闻舆论的基本共识，将富强、民主、文明、和谐作为国家层面的价值目标，将自由、平等、公正、法治作为社会层面的价值取向，将爱国、敬业、诚信、友善作为公民个人层面的价值准则，在新闻宣传和舆论引导工作中深入贯彻，促成社会主义核心价值观转化为人民的情感认同和行为习惯。进一步扩大网上网下同心圆，必须坚持习近平新时代中国特色社会主义思想，弘扬民族精神，凝聚中国力量，旗帜鲜明地反对和抵制各种错误观点，牢牢掌握意识形态工作领导权，不断巩固马克思主义在意识形态领域的指导地位，让中国特色社会主义和中国梦在网上网下更加深入人心。

扩大网上网下同心圆，在行动上必须坚持党的领导。习近平新时代中国特色社会主义新闻舆论思想，是中国共产党的新闻思想由新闻宣传思想转变为新闻舆论思想的一个显著标志。习近平总书记在党的新闻舆论工作座谈会上指出：“加强和改善党对新闻舆论工作的领导，是新闻舆论工作顺利健康发展的根本保证。”习近平新时代中国特色社会主义新闻舆论思想具有时代性、系统性、创新性和合规律性的本质特征。中国特色社会主义进入新时代，人民日益增长的美好生活需要和不平衡不充分发展之间的矛盾上升为社会主要矛盾，社会舆论环境和舆论引导格局发生了巨大的变化，新闻舆论工作面临着一定的压力，新闻舆论的积极健康成为社会舆论和谐稳定、凝心聚力的基础。只有保证党对新闻舆论的领导，坚持以人民为中心的工作导向，以党管媒体为新闻舆论的根本原则，从党的领导这一“圆心”出发，各类媒体才能坚持以人民为中心的正确政治方向、舆论导向和价值取向，从圆的中心不断辐射社会主义核心价值观，影响网上网下舆论生态，调动起全党全国各族人民的凝聚力和向心力，构筑网上舆论充沛释放正能量、网下舆论持续激发社会活力的新时代“同心圆”式舆论新格局，并通过网上网下形成的强大合力，在思想上政治上行动上不断扩大这个同心圆。

扩大网上网下同心圆，在方法上要提高四个关键力。新闻舆论对社会舆论具有强大的驱动作用，在当前网络新媒体发展态势下，正确引导网络舆论，提高网络执政能力，必然要求提高新闻舆论传播力、引导力、影响力和公信力，这是拉长网上网下同心圆共识半径的有效策略。要提高这四个力，一要重视传播手段的建设和创新，利用各类新兴媒介手段和技术打造坚实的主流舆论阵地；二要加强互联网内容建设，遵循正面宣传为主的基本方针，培育积极健康、向上向善的网络文化。只有通过传播手段、传播内容的共同作用，才能形成全方位多层次的主流舆论矩阵，提高主流媒体的正能量传播总量，拉长同心圆的传播半径，从而提高传播力；才能做强正面宣传，高举旗帜引领导向，拉长同心圆的引导半径，从而提高引导力；才能把握网络舆论发展的新趋势新特点，积极了解民意并接受监督，拉长同心圆的信任半径，从而提高公信力；才能对内贴近网民舆论行为模式实现共鸣共振，对外加大与境外舆论主体的对话沟通力度，拉长同心圆的影响半径，从而提高影响力。

扩大网上网下同心圆，在管理上要以法律为圆周边界。在依法治国的框架下，网上网下同心圆应以法律为圆周边界，一切新闻传播活动都不能脱离法律法规的约束。在全球传播背景下，促进社会舆论积极、健康传播，就必须建构起有效的互联网治理体系。一方面，必须按照“创新、协调、绿色、开放、共享”的新发展理念，不断促进网上网下互通交流；另一方面，必须保障网络安全和有序发展，构建起促进公平正义的互联网治理体系。近年来，我国在网络安全法治建设和网络综合治理能力方面取得了重要进展，《中华人民共和国网络安全法》《互联网域名管理办法》《互联网新闻信息服务管理规定》等一系列法律法规和管理办法的出台，对网上信息和舆论起到了有效的规范管理作用，让我国从网络大国到网络强国的战略实施有法可依，提升了我国在网络空间的国际话语权和规则制定权。2017年10月30日,《互联网新闻信息服务单位内容管理从业人员管理办法》和《互联网新闻信息服务新技术新应用安全评估管理规定》对网络信息服务单位和从业人员的责任和义务进行了规定,完善了网络综合治理体系,为进一步净化网络空间,弘扬主旋律,扩大网上网下同心圆保驾护航。

扩大网上网下同心圆,在效果上要凝聚起新的高度共识。高度的社会共识是新时代中国特色社会主义建设的思想保证,是新闻舆论工作在时、度、效方面获得实效的内在动因。凝聚共识需要党的新闻舆论发挥引领的力量,不断提高新闻舆论传播力、引导力、公信力、影响力这辩证统一的“四力”,增强舆论引导的效果和质量,使网络舆论理性传播成为常态,营造出清朗的网络空间,促使主流新闻舆论和网上舆论、网下舆论之间良性互动,形成正能量充沛的主流舆论阵地,精准有力地引导社会舆论走向。新闻舆论工作要承担高举旗帜、引领导向,围绕中心、服务大局,团结人民、鼓舞士气,成风化人、凝心聚力,澄清谬误、明辨是非,联接中外、沟通世界的职责和使命,在网上网下联动中凝聚起各族人民、各行各业的共同理想、共同目标、共同价值,并在这一动态过程中不断扩大网上网下同心圆,实现社会共识的高度凝聚,将观念和认识统一到党的领导和党的十九大精神上。

(本文由笔者与中国传媒大学薛宝琴博士合作撰写,原载于《中国广播电视学刊》2017年第11期)

习近平新闻舆论思想对马克思主义新闻观的新发展

马克思主义新闻观在当代中国的理论结晶，是中国特色社会主义新闻理论体系。习近平新闻舆论思想是中国特色社会主义新闻理论体系的一个极为重要的有机组成部分，展现了马克思主义新闻观在当代中国的新特质，是对马克思主义新闻观的新发展。习近平新闻舆论思想对马克思主义新闻观的发展是多方面的。

党的十八大以来，习近平主持新闻舆论工作座谈会，接见和慰问一线记者代表，作出了一系列高屋建瓴的重要讲话。其中，2013 年 8 月 19 日、2014 年 7 月 27 日、2014 年 8 月 18 日、2016 年 2 月 19 日和 2016 年 11 月 7 日这 5 次讲话，科学阐述了在新的历史条件下，党的新闻舆论工作的重要性、职责使命、党性原则，新闻工作的舆论导向，中国传媒国际话语权建设问题，等等，是对马克思主义新闻观的新贡献，是广大新闻舆论工作者的行动指南和基本遵循。囿于篇幅，本文仅就习近平新闻舆论思想在党性原则上对马克思主义新闻观作出的发展进行梳理论述。

一、党性原则是马克思主义新闻观的基本原则

党性原则是社会主义新闻工作的根本原则，是马克思主义新闻观的精髓。党性理论是中国特色社会主义新闻理论的基石。系统阐述新闻事业党性的是无产阶级革命的导师列宁。1894 年，列宁第一次在其著作中明确提出党性理论，他在批判国内敌对的民粹主义时说："唯物主义本身含有所谓党性，要求在

对事变作任何评价时都必须直率而公开地站在一定社会集团的立场上。”[①]在写于 1905 年 11 月的《党的组织和党的出版物》一文中，列宁系统全面地阐释了无产阶级政党报刊的党性原则内涵，并批判了资产阶级报刊标榜的“无党性”的虚伪性，列宁提出党的出版物的党性原则包括以下三个方面：

一是党的出版宣传事业是党的事业的有机组成部分。他指出：“党的出版物的这个原则是什么呢？……写作事业应当成为整个无产阶级事业的一部分，成为……社会民主主义机器的‘齿轮和螺丝钉’。”[②]

二是党的出版宣传事业要接受党的领导。列宁指出：“出版社和发行所，书店和阅览室，图书馆和各种书报营业所，都应当成为党的机构，向党报告工作情况。有组织的社会主义无产阶级，应该注视这一切工作，监督这一切工作。”[③]

三是党的出版宣传事业要为千千万万劳动人民服务。列宁指出，无产阶级报刊的写作，“将是自由的写作，因为它……是为千千万万劳动人民，为这些国家的精华、国家的力量、国家的未来服务”[④]。

列宁关于报刊党性原则的思想，不仅对俄国的无产阶级革命和苏联社会主义报刊事业有着巨大的指导作用，同时，对中国的无产阶级革命和社会主义报刊事业有着巨大的影响。中国共产党的历代领导人，基本上是遵循着列宁关于报刊出版事业的党性原则的理论，并结合当时中国革命和建设时期的实际情况，提出了具有中国特色的无产阶级和社会主义报刊事业的党性理论。这些党性理论，在毛泽东的新闻思想中，主要表述为“政治家办报”，在邓小平的新闻宣传思想中，主要表述为“报刊要成为安定团结思想上的中心”。胡耀邦任中共中央总书记期间，受政治局委托，于 1985 年春发表了《关于党的新闻工作的性质问题》的讲话，提出党的新闻事业的根本性质是“党、政府和人民的喉舌”。这些论述和观点，都是对新闻报刊事业的党性原则内涵的创新性表述。

1989 年，针对新闻工作出现的失误和新闻理论出现的一些片面乃至错误的观点，时任中共中央总书记的江泽民发表了《关于党的新闻工作的几个问题》的讲话，在这个重要的讲话里，江泽民针对一段时期新闻理论界关于党性和人民性问题的争论，系统阐述了在改革开放的新形势下必须坚持新闻事业的党性原

---

① 列宁全集：第 1 卷[M].北京：人民出版社，1978：363.

② 列宁全集：第 12 卷[M].北京：人民出版社，1987：93-94.

③ 列宁全集：第 12 卷[M].北京：人民出版社，1987：93-94.

④ 列宁全集：第 12 卷[M].北京：人民出版社，1987：93-94.

则的观点。他指出："我们的新闻工作是党的整个事业的一个重要组成部分。因此不言而喻，必须坚持党性原则。"[①]他还驳斥和批评了"人民性高于党性"的错误观点。"坚持党性原则，也就是坚持工人阶级和人民群众根本利益的原则，两者是完全一致的。提出'人民性'高于党性，实质就是要否定和摆脱党对新闻事业的领导。"江泽民提出了改革开放新时期党性原则的内涵："坚持党性原则，就要求新闻宣传在政治上必须同党中央保持一致。……坚持党性原则，就要求新闻工作者必须同人民群众保持最广泛最深刻的联系，从群众的实践中汲取智慧和力量。……坚持党性原则，就必须在新闻宣传中旗帜鲜明地坚持不懈地反对资产阶级自由化。"[②]

胡锦涛根据改革开放不断深化的新形势，与时俱进地提出了"以人为本"的科学发展观，对新闻事业党性原则的内涵作了进一步发展，在提出新闻工作要落实"三贴近"原则的基础上，强调报刊、广播、电视、网络要正确处理体现党的意志与反映人民心声的关系。他在党的十六届四中全会第一次全体会议上指出："我们坚持把体现党的意志同反映人民心声结合起来，加强和改进宣传思想工作，更好地体现时代性，把握规律性，富于创造性，不断增强社会影响力。"[③]

简要回顾从列宁到胡锦涛关于新闻工作党性原则的主要论述，我们可以看到，列宁是在俄国无产阶级建党初期首次提出报刊的党性原则的。"党报的党性概念，是列宁党报思想的核心概念，它的对立概念便是非党的小组习气和派别性，列宁创办《火星报》的缘由之一，便是要使俄国社会民主工党的成员克服小组习气，能够组织成为一个真正的党。"[④]列宁认识到报刊宣传在建党过程中所具有的类似于建筑工作中的"脚手架"的极其重要的功能和作用。列宁认为，为充分发挥报刊宣传在党建工作中的这种作用，就必须坚持和加强党的报刊的党性建设，具体说，就是要坚持和加强党对报刊宣传的领导。列宁要求党的报刊写作摆脱非党的小组习气和派别性，成为党的事业的一个部分，成为党的事业这一部机器上的"齿轮和螺丝钉"；要求党的报刊写作事业摆脱资产阶级报刊标榜的"超阶级""无党派"的虚伪性，不为"私利贪欲""名誉地位"服务，不为那些"饱食终日""百无聊赖""胖得发愁"的"贵妇人"和"上层分子"服务，要为党的

① 十三大以来重要文献选编：中册[M].北京：人民出版社，1991：770-772.

② 十三大以来重要文献选编：中册[M].北京：人民出版社，1991：770-772.

③ 郑保卫.中国共产党新闻思想史[M].福州：福建人民出版社，2004：511.

④ 陈力丹.列宁论党报的党性[J].湖南大众传媒职业技术学院学报，2002(4).

事业服务，为党所代表的千千万万劳动人民服务。列宁在建党初期这一历史背景下提出的党报的党性原则，为当时的革命斗争提供了具有针对性的理论指导，也为后来的社会主义新闻事业奠定了坚实的理论基础。但是，由于列宁领导布尔什维克取得政权后，在社会主义建设事业刚刚开始不久即辞世，这在客观上造成了列宁对于社会主义建设时期的报刊实践经验认识不足，对于社会主义新闻工作的党性原则的论述不多、不深入，这是时代造成的客观性局限。

以毛泽东为代表的几代中国共产党领导人，在继承和发扬列宁在领导无产阶级夺取政权的战争期间所提出的无产阶级报刊的党性思想的同时，结合中国革命，特别是中国社会主义初级阶段的实际情况，创造性地发展了列宁的党报党刊的党性原则。毛泽东提出的“全党办报、群众办报”的“双办方针”，“政治家办报”的思想，是对战争年代和建设时期党的新闻工作遵循党性原则高度抽象的概括。进入改革开放时期，邓小平、江泽民、胡锦涛根据国际国内形势的变化，特别是针对新闻工作的实践经验和教训，对社会主义新闻工作党性原则的内涵、特征、要求作了新的阐释，进一步发展了社会主义新闻工作的党性原则。

二、习近平新闻舆论思想坚持党性和人民性的统一

中国特色社会主义进入新时代，以习近平同志为核心的党中央集全党之智慧，在总结中国特色社会主义建设事业中丰富多彩的实践活动的基础上，创造性地发展了中国特色社会主义理论，形成了习近平新时代中国特色社会主义思想。作为其中的一个有机组成部分，习近平新闻舆论思想以与时俱进的理论品质，创造性地发展了马克思主义新闻观。习近平审时度势，提出了关于党性与人民性的关系问题，深刻阐释了人民性这个新闻理论中的重要概念的科学和丰富的内涵。

习近平在 2013 年 8 月 19 日的全国宣传思想工作会议上的讲话指出：“党性和人民性从来都是一致的、统一的。坚持党性，核心就是坚持正确的政治方向，站稳政治立场，坚定宣传党的理论和路线方针政策，坚定宣传中央重大工作部署，坚定宣传中央关于形势的重大分析判断，坚决同党中央保持高度一致，坚决维护中央权威。所有宣传思想部门和单位，所有宣传思想战线上的党员、干部都要旗帜鲜明坚持党性原则。坚持人民性，就是要把实现好、维护好、发展好

最广大人民根本利益作为出发点和落脚点，坚持以民为本、以人为本。要树立以人民为中心的工作导向，把服务群众同教育引导群众结合起来，把满足要求同提高素养结合起来，多宣传报道人民群众的伟大奋斗和火热生活，多宣传报道人民群众中涌现出来的先进典型和感人事迹，丰富人民精神世界，增强人民精神力量，满足人民精神需求。”[①]3 年后，习近平于 2016 年 2 月 19 日在党的新闻舆论工作座谈会上的讲话中强调：“党的新闻舆论工作坚持党性原则，最根本的是坚持党对新闻舆论工作的领导，党和政府主办的媒体是党和政府的宣传阵地，必须姓党。党的新闻舆论媒体的所有工作，都要体现党的意志，反映党的主张，维护党中央权威，维护党的团结，做到爱党、护党、为党；都要增强看齐意识，在思想上政治上行动上同党中央保持高度一致；都要坚持党性和人民性相统一，把党的理论和路线方针政策变成人民群众的自觉行动，及时把人民群众创造的经验和面临的实际情况反映出来，丰富人民精神世界，增强人民精神力量”。这说明，习近平关于党性与人民性统一的思想是系统性、一以贯之的，也是不断发展、丰富和深化的，它所具有的理论与实践意义具体表现为：

其一，正面提出了无产阶级和社会主义新闻事业“党性与人民性从来都是一致的、统一的”重大命题，深刻阐释了党性和人民性的内涵和意义，对党性与人民性关系问题，给予了正面回答，展示了理论创新的巨大勇气。

其二，揭示了党性与人民性丰富的内涵和时代特征，这为丰富社会主义新闻工作的党性原则的内涵，提供了科学、完整的解答，发展了无产阶级和社会主义新闻工作党性理论。

其三，指明了新时代中国特色社会主义新闻舆论工作应遵循的基本原则，揭示了无产阶级和社会主义新闻事业与资本主义新闻事业的根本区别，“人民立场是中国共产党的根本政治立场，是马克思主义政党区别于其他政党的显著标志”[②]。

以人民为中心的工作导向，既是新时代中国特色社会主义新闻工作的出发点和落脚点，也是中国共产党全心全意为人民服务的宗旨在新闻工作实践中的具体体现。“全党同志要把人民放在心中最高位置，坚持全心全意为人民服务

---

① 习近平谈治国理政[M].北京：外文出版社，2014.

② 习近平谈治国理政：第 2 卷[M].北京：外文出版社，2017：40.

的根本宗旨，实现好、维护好、发展好最广大人民根本利益。”①树立以人民为中心的工作导向，要求党的新闻舆论工作者德为民所立、情为民所系、智为民所谋、才为民所用；要求党的新闻舆论工作者不忘初心，牢记使命，坚持正确的舆论导向，以高尚的职业道德情操和精湛的职业技能，为广大人民群众提供丰富多彩的新闻信息和文化精神产品，以满足人民群众不断增长的精神文化需求。

三、习近平新闻舆论思想回答了新时代我国面临的重大课题

回顾历史，放眼未来。目前我国正处在实现中华民族伟大复兴的新时代，党的十九大吹响了决胜全面建成小康社会，开启全面建设社会主义现代化国家新征程的集结号。伟大的实践需要科学的理论作为指导，“理论在一个国家实现的程度，总是决定于理论满足这个国家的需要的程度”②。党的十八大以来，国内外形势变化和我国各项事业发展都给我们提出了一个重大时代课题，这就是必须从理论和实践结合上系统回答新时代坚持和发展什么样的中国特色社会主义，怎样坚持和发展中国特色社会主义。以习近平同志为核心的党中央，集全党智慧和广大人民群众伟大的实践经验，创立了习近平新时代中国特色社会主义思想，其中的新闻舆论思想，回答了新时代我国面临的一个重大课题，那就是新时代中国特色社会主义新闻舆论工作要不要坚持党性原则，如何坚持和发展党性原则。习近平强调：“新闻的党性原则，是发展社会主义新闻事业的根本原则。”③“党性与人民性从来都是一致的、统一的。”这从正面回答了上述重大问题。习近平关于新时代中国特色社会主义新闻工作党性原则的论述，是对无产阶级新闻事业和社会主义新闻事业党性原则和党性理论的继承和创新，是马克思主义新闻观在认识党性原则问题上的新发展，具有理论创新和实践指导意义，具有深远的历史意义和强大的现实指导作用。

（本文由笔者与深圳广播电视台编导张馨方合作撰写，原载于《青年记者》2018 年第 7 期）

① 习近平谈治国理政：第 2 卷[M].北京：外文出版社，2017：40.

② 马克思恩格斯文集：第 1 卷[M].北京：人民出版社，2009：12.

③ 习近平.在浙江省委新闻宣传工作座谈会上的讲话[M]//习近平.干在实处 走在前列——推进浙江新发展的思考与实践.北京：中共中央党校出版社，2006.

实践是马克思主义新闻观的理论来源与发展动力

马克思主义哲学是实践哲学，实践不仅构成了马克思主义认识论的基础，也是历史唯物主义世界观和方法论的依据。马克思在《关于费尔巴哈的提纲》一文中指出："全部社会生活在本质上是实践的。凡是把理论引向神秘主义的神秘东西，都能在人的实践中以及对这种实践的理解中得到合理的解决。"①正是因为马克思把实践引入对旧唯物主义思想体系的改造中，这样，旧唯物主义所具有的"自然主义"世界观和历史观这些陈旧的哲学形态遭到了清算，而新的唯物主义哲学形态——历史唯物主义，则以唯物辩证法和能动的实践观的完美结合，完成了人类哲学史上的革命，也完成了人类认识史的一次飞跃。为此，马克思向全世界豪迈地宣示了马克思主义哲学的本质特征和历史使命：历来的"哲学家们只是用不同的方式解释世界，问题在于改变世界"②。

在纪念马克思诞辰200周年的时候，学习和研究马克思主义哲学的历史意义和当代价值，学习和研究实践在马克思主义哲学中的地位、作用和意义，对于中国特色社会主义新闻理论建设，对于马克思主义新闻观在当代中国的继承和发展无疑具有重大的理论价值和现实意义。

马克思主义哲学是实践的哲学，当我们运用实践的观点来考察马克思主义新闻观的来源和发展，我们可以发现：实践的观点就像一根红线，贯穿马克思主义新闻观从起源到发展过程的始终，实践是马克思主义新闻观的理论源泉，实践还是马克思主义新闻观发展的动力。

① 马克思恩格斯文集：第1卷[M].北京：人民出版社，2009：501-502.

② 马克思恩格斯文集：第1卷[M].北京：人民出版社，2009：501-502.

一、实践是马克思主义新闻观的理论来源

“实践的观点是马克思主义哲学首要的、基本的观点。”唯物主义正确地解答了意识和存在谁是第一性的问题后，留下的联系意识和存在的中介是什么的问题，就成为马克思主义哲学面临的一个需要回答的首要的、基本的问题。和德国古典哲学的唯心主义和旧的唯物主义不同，马克思把实践纳入唯物主义的思想体系中，创立了实践的唯物主义新体系。从此，实践在马克思主义哲学中具有了基础性的地位和意义。在马克思主义实践观里，实践可分为物质性的实践和观念性的实践。这里，物质性的实践是基础，观念性的实践是对物质性的实践的认识和反映。根据马克思主义哲学关于实践的原理，来考察马克思主义新闻观的理论来源，我们会发现这两种类型的实践，共同构成了马克思主义新闻观的理论来源。

马克思主义新闻观起源于马克思主义的创始人——马克思和恩格斯丰富的新闻实践。马克思、恩格斯的新闻实践，既包括物质性的新闻实践，即马克思、恩格斯亲身参加的新闻报刊实践；也包括观念性的新闻实践，即马克思和恩格斯长期观察、研究新闻传播活动和现象的实践。正是在这两种既有联系，又有区别的新闻报刊实践中，马克思和恩格斯逐步形成了对新闻、报刊的理性认识，这些理性认识涉及新闻的真实性、新闻的时效性、新闻出版自由、新闻报道的客观性、报刊的人民性、无产阶级政党报刊的党性等方面，对这些理性认识加以总结升华，就形成了马克思恩格斯新闻报刊思想。据此，我们可以看到，马克思恩格斯的新闻报刊思想是对新闻报刊，特别是无产阶级政党报刊实践活动的理性认识与科学总结，是对新闻报刊活动和现象进行观察和研究的实践总结。总之，新闻报刊实践，尤其是无产阶级政党报刊的实践，是马克思主义新闻观的理论来源。以下结合具体的观点和事例来论证说明。

（一）关于新闻的真实性原则

马克思提出要“根据事实描写事实”[①]，恩格斯更是确定了新闻报道的真实性原则就是“完全立足于事实，只引用事实和直接以事实为根据的判断，由这样

① 马克思恩格斯全集：第1卷[M].北京：人民出版社，1956：191.

的判断进一步得出的结论本身仍然是明显的事实”[①]。

1842年底,《莱茵报》上两篇由记者采写的摩泽尔河沿岸农民悲惨生活状态的通讯被莱茵省总督冯·萨倍尔指责为报道不实。马克思撰写了一篇为该报记者辩论的反驳文章《摩泽尔记者的辩护》,旨在强调报刊有其自身的内在规律:记者在遵循新闻时效性和真实性的原则基础上,以一定的侧重点或角度呈现事实真相,即使会出现事实片面或者事实偏差,后面的跟进报道也会自行对前面的部分进行及时纠错。因此,“在有机的报纸运动下,全部事实就会完整地被揭示出来”[②]。马克思以“有机的报纸运动”描绘报纸传播新闻的特点。“如同生活一样,报刊总是常变常新,永远也不会老成持重。……今天它所报道的事实或所发表的见解中的错误之处,明天它自己就会推翻。”[③]对马克思和恩格斯关于新闻真实性的认识进行分析,我们可以发现:物质性的新闻实践是形成马克思恩格斯新闻真实性认识的理论来源。

(二)关于新闻的时效性

马克思恩格斯所处的时代,铁路、远洋轮船、电报等的出现逐渐使物流及信息传播打破了以往的空间和时间的局限,实现了“用时间消灭空间”的“交往革命”。因此,时间的紧迫性也在新闻传播过程中凸显出来。马克思经常用“报刊的闪电”形容新闻传播的速度,恩格斯在1842年所写的《7月7日的妥协辩论》一文中,将英国《泰晤士报》与普鲁士政府机关报《国家通报》在报道议会新闻的时效性上作对比,提出《国家通报》必须改变缓慢的工作效率以保证时效性。对马克思和恩格斯关于新闻时效性的认识进行分析,我们可以发现:观念性的新闻实践是形成马克思恩格斯新闻时效性认识的理论来源。

二、实践推动了马克思主义新闻观的创新和发展

马克思主义新闻观作为一种与时俱进的科学理论体系,在新闻实践中得以不断创新和发展。列宁以及苏联无产阶级新闻报刊实践和中国共产党领导的

---

① 马克思恩格斯全集:第43卷[M].北京:人民出版社,1982:186.

② 马克思恩格斯全集:第1卷[M].北京:人民出版社,1956:211.

③ 马克思恩格斯全集:第1卷[M].北京:人民出版社,1995:352.

无产阶级和社会主义新闻实践，推动了马克思主义新闻观的不断发展，丰富了马克思主义新闻观的科学内涵。当代中国特色社会主义的伟大新闻实践，将马克思主义新闻观的中国化推向了新时代的新境界。马克思主义新闻观中国化的新境界，呈现出以下三个方面的鲜明特征：

（一）马克思主义新闻观在中国特色社会主义新闻实践中的发展，遵循主体和客体辩证统一规律

如何理解主体和客体的关系问题，是哲学史上一个古老的命题。马克思主义诞生之前的哲学，往往采取“主客两分”的二元论来强调主体和客体的分离和对立。马克思主义哲学将“实践”引入认识论，产生了辩证唯物主义认识论即能动的、革命的反映论，马克思主义将这种能动的、革命的反映论引入历史的领域，就科学地“说明了社会生活在本质上是实践的，人类的实践是社会的实践，是历史地发展着的实践，生产劳动是人类最基本的实践活动和认识的最基本的来源，人民群众是实践的主体也是认识的主体”[①]。按照唯物辩证法对立统一规律，主体和客体是辩证统一的一对范畴和关系。作为社会实践意义上的主体和客体的辩证统一，是建立在主体对客体的认识和改造的实践基础之上的。主体和客体的辩证统一，是历史的、有条件的。当年马克思从政治经济学的角度，分析解剖资本主义生产关系中工人和自己劳动对象的关系时，发现工人作为劳动的主体和自己的劳动对象的客体发生了尖锐的冲突和对立，这就产生了资本主义生产关系中工人劳动的“异化”现象。马克思在《1844 年经济学哲学手稿》中写道：“工人生产的财富越多，他的生产的影响和规模越大，他就越贫穷。”“这一事实无非是表明：劳动所生产的对象，及劳动的产品，作为一种异己的存在物，作为不依赖于生产者的力量，同劳动相对立。”[②]那么是什么原因造成了这种“异化”现象呢？马克思发现了剩余价值的秘密，他在剩余价值学说中，揭示了资本主义生产方式中的基本矛盾，即生产的社会化与生产资料的私人占有之间的矛盾。至此，我们可以看到，工人阶级作为资本主义现代工业生产活动中的主体，是和自己的生产对象（客体）尖锐对立的。同样，资本主义生产方式的基本矛盾，也存在于新闻信息生产和传播领域。资本主义大众传媒制度的基本矛盾

---

① 肖前，李秀林，汪永祥.历史唯物主义原理：修订本[M].北京：人民出版社，1991：29.

② 马克思恩格斯文集：第1卷[M].北京：人民出版社，2009：156.

是：信息传播的大众化与信息生产、传播资料的私人占有之间的矛盾。这种信息生产和传播资料的私人占有，发展到今天，早已走向了传媒寡头的垄断。这个基本矛盾，决定了在资本主义制度下，所谓的“新闻自由”，是少数掌握了信息生产和传播资料的人所享有的自由。而新闻信息传播所追求的受众的最大化，恰恰和这种由私人掌握着新闻信息生产和传播资料的生产方式，发生了巨大的矛盾冲突。而这种矛盾冲突是以剥夺和牺牲以工人阶级为主体的广大受众在新闻信息传播活动中的主体性而历史地、阶段性地得以弥合和缓解。

社会主义制度的建立，打破了资本主义的生产方式，社会主义的公有制，在理论和实践两方面，为消除资本主义制度的基本矛盾，提供了物质和观念上的条件和根据，也为消除资本主义新闻信息生产和传播制度所存在的基本矛盾提供了条件和根据。毛泽东在概括社会主义新闻事业的性质时，有一个经典的论断，他指出：“在社会主义国家，报纸是社会主义经济即在公有制基础上的计划经济通过新闻手段的反映，和资本主义国家报纸是无政府状态的和集团竞争的经济通过新闻手段的反映不相同。”在社会主义公有制的生产关系中，新闻信息生产资料国有，理论上是属于全体人民。这从制度上保证了人民大众在新闻信息生产和传播活动中的主体地位。这个具有中国社会主义特色的新闻事业观，是以毛泽东为代表的中国共产党人对马克思主义新闻观的作出的理论贡献。改革开放后，以邓小平、江泽民、胡锦涛、习近平为代表的中国共产党人，带领全国人民以经济建设为中心，坚持四项基本原则，坚持改革开放的基本路线，成功地探索出一条适合中国国情的社会主义道路——中国特色社会主义道路。在新时代中国特色社会主义实践中诞生的习近平新时代中国特色社会主义思想，是“以人民为中心”的思想。在这个思想体系中，人民群众在中国特色社会主义建设事业中的主体地位得到进一步确认和巩固。中国共产党作为代表广大中国人民执政的政党，其“初心和使命就是为中国人民谋幸福、为中华民族谋复兴”[①]。在习近平新时代中国特色社会主义新闻舆论思想体系中，贯穿着一条以中国特色社会主义新闻事业的伟大实践为理论源泉，以这个伟大的实践为马克思主义新闻观中国化的发展动力的主线。在习近平新时代中国特色社会主义新闻舆论思想体系中，具有统领意义的思想，是“党性与人民性统一”的思想。

① 习近平.决胜全面建成小康社会 夺取新时代中国特色社会主义伟大胜利——在中国共产党第十九次全国代表大会上的报告[R].北京：人民出版社，2017.

习近平不仅正面、科学地解答了党性与人民性的关系问题，而且还深刻地阐释了人民性这个重要概念的科学和丰富的内涵。他指出："坚持人民性，就是要把实现好、维护好、发展好最广大人民根本利益作为出发点和落脚点，坚持以民为本，以人为本。要树立以人民为中心的工作导向，把服务群众同教育引导群众结合起来，把满足要求同提高素养结合起来，多宣传报道人民群众的伟大奋斗和火热生活，多宣传报道人民群众中涌现出来的先进典型和感人事迹，丰富人民精神世界，增强人民精神力量，满足人民精神需求。"[①]通过考察中国特色社会主义新闻传播实践和从这些实践中产生出来的中国特色社会主义新闻思想，我们可以发现：人民群众作为新闻传播活动主体的同时，他们所从事的伟大实践活动，又成为新闻传播活动的对象（客体），这样人民群众作为从事新闻传播活动的主体和客体，就辩证地统一于中国特色社会主义新闻实践之中，也辩证地统一于马克思主义新闻观的中国化进程中。

（二）马克思主义新闻观在中国特色社会主义新闻实践中的发展，遵循合规律性和合目的性辩证统一规律

马克思主义唯物史观认为，社会历史过程是合目的与合规律的辩证统一。合目的与合规律的辩证统一其实就是主体与客体的统一，就是人的追求与社会发展规律的统一，这是由人类社会历史发展规律决定的，是中国特色社会主义事业发展的必然选择，也是马克思主义新闻观中国化通过新闻实践发展的必然选择。

中国特色社会主义新闻事业，是中国特色社会主义事业的一个重要组成部分，实行"为人民服务""为社会主义服务"的基本方针，担负着正确引导舆论的重要使命。"二为方向"和"正确舆论导向"，规定了中国特色社会主义新闻事业的总目标，也揭示了在这个总目标规定下的当前新闻事业要达到的目的。这个目的，习近平在党的新闻舆论工作座谈会上的讲话作了具体阐释："要坚持以正确舆论引导人，做到所有工作都有利于坚持中国共产党领导和我国社会主义制度，有利于推动改革发展，有利于增进全国各族人民团结，有利于维护社会和谐稳定。"[②]

---

① 习近平谈治国理政[M].北京：外文出版社，2014.

② 习近平谈治国理政：第 2 卷[M].北京：外文出版社，2017：331.

新闻事业在服务于长远目标和近期目的过程中，担负着工具和手段的功能和职责。这是在当前我国社会主义初期阶段，我们把新闻事业的性质、功能、作用，比喻为“喉舌”“耳目”的缘由。

但是，在把新闻事业当作实现某个目标或目的的手段时，我们是否要承认和尊重新闻事业作为新闻信息产品生产和传播的主体，其自身内部所具有的规律性？另外，我们是否也要承认和尊重新闻事业在为实现特定目标、达到特定目的而开展的新闻舆论宣传活动所具有的被这些特定目标和目的赋予的外部规定性？回顾我国社会主义新闻事业实践历史，我们会发现问题很复杂。“大跃进”时期的浮夸风、瞎指挥，和当时的报纸、广播的跟风和领跑，有着密切的关系。刘少奇在总结教训时尖锐地批评：“中央要负一半责任，《人民日报》要负一半责任。”即使在当下，不尊重新闻传播规律的现象还时常发生。个别党员干部，面对媒体批评监督，竟然说出“你是替党说话，还是替老百姓说话”这样的话。在总结社会主义新闻工作实践历史和现实经验教训的基础上，胡锦涛、习近平反复强调要遵循新闻传播规律。胡锦涛指出：“要坚持用时代要求审视新闻宣传工作，按照新闻传播规律办事。”①习近平在党的新闻舆论工作座谈会上指出：“做好党的新闻舆论工作，要遵循新闻传播规律，创新方法手段，不断提高能力和水平。”“党的新闻舆论工作是一门科学，必须按照规律办事。”②“尊重新闻舆论传播规律，探索和揭示新闻舆论传播规律，按照新闻舆论传播规律开展舆论引导工作，这是习近平新闻舆论观的又一个鲜明特征。如果说时代性、系统性和创新性是构成习近平新闻舆论观总体特征的基础，那么，合规律性则是构成其总体特征的核心。”③综上所述，新时代中国特色社会主义新闻实践的理论结晶——习近平新时代中国特色社会主义新闻舆论思想对马克思主义的发展，遵循合规律性和合目的性辩证统一规律。

(三)马克思主义新闻观在中国特色社会主义新闻实践中的发展，遵循真善美辩证统一规律

中国特色社会主义新闻实践，遵循真善美辩证统一规律，是遵循主体与客

① 胡锦涛.在人民日报社考察工作时的讲话[N].人民日报.2000-6-21(1).

② 习近平谈治国理政：第2卷[M].北京：外文出版社，2017：331.

③ 雷跃捷.习近平新闻舆论观的四个基本特征[J].现代传播——中国传媒大学学报，2017(10).

体、合规律性与合目的性辩证统一规律的承续和延伸。在马克思主义哲学中，人的实践是能动的。人认识世界和改造世界的过程，是人的本质力量对象化的过程。这种对象化的过程，也是主体与客体辩证统一的过程。人的能动性的实践，使人具备了区别于动物本能的创造性。“动物只是按照它所属的那个种的尺度和需要来构造，而人却懂得按照任何一个种的尺度来进行生产，并且懂得处处都把固有的尺度运用于对象；因此，人也按照美的规律来构造。”[①]这里，美可以被理解为合规律性和合目的性的辩证统一。

中国特色社会主义新闻实践，遵循真善美辩证统一规律，在开展“传真、传善、传美”的职业活动的同时，也坚持“真传、善传、美传”的职业伦理和专业操守。所谓“传真”，是指新闻报道严格遵守真实性原则，传播真理、揭示真相、弘扬诚信。所谓“传善”，是指新闻报道传播平等、公正、法治、友善的核心价值观，以追求社会的公平正义为新闻传播的使命和价值。所谓“传美”，是指新闻报道传播富强、民主、文明、和谐、自由等这些为人民群众向往的理想以及人民群众为实现这些理想而正在开展的丰富多彩的壮丽事业。所谓“真传”，是指新闻传播恪守职业道德和专业操守，不做假传和谣传。所谓“善传”，一是指坚持“为人民服务，为社会主义服务”的基本方针，树立“以人民为中心的工作导向”的新闻传播理念，担当起社会责任；二是指善于运用新闻传播规律来开展新闻传播实践。所谓“美传”，是指新闻报道讲求传播的艺术，提高新闻传播的能力。

中国特色社会主义新闻实践遵循真善美辩证统一规律，在不断的实践探索中，获得了理论观念的创新成果。江泽民提出中国特色社会主义新闻工作要“以科学的理论武装人，以正确的舆论引导人，以高尚的精神塑造人，以优秀的作品鼓舞人”。习近平强调要“用中国理论阐释中国实践，用中国实践升华中国理论，更加鲜明地展现中国思想”[②]。这些理论观点，进一步丰富了马克思主义新闻观中国化的内涵，推动了马克思主义新闻观的中国化向前发展。

结 语

马克思主义新闻观是中国特色社会主义新闻工作的定盘星。开展马克思

---

① 马克思恩格斯文集：第 1 卷[M].北京：人民出版社，2009：163.

② 习近平谈治国理政：第 2 卷[M].北京：外文出版社，2017：333.

主义新闻观研究和教育，对于做好党的新闻舆论工作，对于中国特色社会主义新闻理论建设，有着重要的意义。本文将实践的观念引入马克思主义新闻观的认识中，目的是为了回答马克思主义新闻观的来源和发展这些涉及本体论、认识论和方法论的重大规律性问题。本文认为：对马克思主义新闻观在新闻实践的基础上来加以认识和发展，不仅有益于人们形成对马克思主义新闻观的科学认识，而且也有益于为马克思主义新闻观的中国化，开辟一条正确且宽广的道路。

（本文原载于《中国广播电视学刊》2018 年第 4 期）

认识把握时代性这个显著特征

习近平新闻思想是对马克思主义新闻思想的继承和发展，是马克思主义新闻观在新时代的新表达。时代性是习近平新闻思想的显著特征。

时代性体现在以人民为中心的发展思想上。习近平同志提出坚持以人民为中心的发展思想，为"为人民服务"注入新时代的思想内涵；提出"党性和人民性从来都是一致的、统一的"，明确了宣传思想工作"要树立以人民为中心的工作导向"。这既是新时代新闻舆论工作坚持党性原则的出发点和落脚点，也是以人民为中心的发展思想在新闻舆论工作中的具体体现。

时代性体现在习近平同志关于舆论引导的重要论述上。习近平同志指出，要抓住时机、把握节奏、讲究策略，从时度效着力，体现时度效要求。时，是指新闻舆论传播的时机、时效和时宜；度，是指新闻舆论传播的角度、态度和力度；效，是指新闻舆论传播的效果、效应和效益。时度效是检验新闻舆论工作水平的标尺。把握好舆论引导的时度效，就能在舆论形成和扩散过程中实现对正面舆论的推动、对负面舆情的疏导，从而做到坚持正确舆论导向、坚持正面宣传为主。

时代性体现在习近平同志关于互联网治理的重要论述上。习近平同志关于互联网治理的重要论述内涵丰富，包括网络空间命运共同体、网络主权、网络安全、网络法治与伦理、网络空间治理等内容，既与我国互联网发展实践紧密联系，又体现了面向全球互联网发展趋势的时代特征。习近平同志关于坚持互联网发展和治理并重的思想，关于正确处理安全和发展关系的论述，是辩证唯物主义在互联网发展领域的生动展现，是指导我国互联网工作的根本遵循。

时代性体现在习近平同志关于国际传播的重要论述上。习近平同志指出：

"推进国际传播能力建设,讲好中国故事,展现真实、立体、全面的中国,提高国家文化软实力。"推进国际传播能力建设,首先要讲好中国故事,展现真实、立体、全面的中国。广大新闻舆论工作者要掌握讲故事的叙事技巧,以细节展现当代中国开阔舒展的气象,以真实、接地气的叙事打动受众。其次要善于运用互联网、大数据、人工智能等新技术,打造高品质的国际传播媒介产品。最后要培养造就一支对党的新闻事业高度忠诚、熟悉新闻传播规律、兼具开阔国际视野和精深专业素养的专业新闻传播人才队伍。

(本文原载于《人民日报》2018 年 6 月 15 日第 7 版理论版,《青年记者》2018 年第 19 期转载)

运用战略思维推动媒体融合向纵深发展

2019年1月21日，习近平总书记在“省部级主要领导干部坚持底线思维着力防范化解重大风险专题研讨班开班式”上强调，为“防范化解政治、意识形态、经济、科技、社会、外部环境、党的建设等领域重大风险”，必须“提高战略思维、历史思维、辩证思维、创新思维、法治思维、底线思维能力”。其中，战略思维占据首要位置。战略思维也是习近平总书记反复强调的重要思维方法。时隔4天后，中共中央政治局就全媒体时代和媒体融合发展举行第十二次集体学习。习近平总书记在主持学习时强调，“推动媒体融合发展、建设全媒体成为我们面临的一项紧迫课题”①。联系习近平总书记关于党的新闻舆论工作、网络安全与信息化、大力推动媒体融合发展等一系列重要论述，可以发现，习近平总书记是从党和国家的大局来谋划新闻舆论工作和媒体融合发展，是以战略思维来指导推动媒体融合发展。

一、从治国理政、定国安邦的战略高度认识和推动媒体融合发展

互联网极大地改变了传媒业的生态。面对这场变革，一些国家、行业、组织甚至普通公民都受到了不同程度的影响，同时也作出了不同的反应。在我国，最初的反应是把这场变革局限在经济建设的领域，局限在传媒业自身如何应对的认识上。随着国际国内局势的变化，党和政府开始重视舆论引导问题，立足党和国家工作的大局，运用战略思维认识和思考传统媒体和新兴媒体的关系问

① 习近平.推动媒体融合向纵深发展 巩固全党全国人民共同思想基础[N].人民日报，2019-01-26(1).

题，思考由新媒体引发的舆论格局和机制改变带来的政治文化安全和社会稳定等事关大局的问题。党的十八大以来，随着党对传统媒体和新兴媒体融合发展重要性认识的不断深化，习近平总书记站在时代发展的前沿，站在保持党和国家长治久安的战略高度，以战略思维审时度势，提出能否认识和掌握互联网发展规律，是对于党的执政能力的严峻考验。他指出："各级党委和政府要坚决贯彻总体国家安全观，落实党中央关于维护政治安全的各项要求，确保我国政治安全。要持续巩固壮大主流舆论强势，加大舆论引导力度，加快建立网络综合治理体系，推进依法治网。"在中共中央政治局举行的第十二次集体学习会上，他强调："要运用信息革命成果，推动媒体融合向纵深发展，做大做强主流舆论，巩固全党全国人民团结奋斗的共同思想基础，为实现'两个一百年'奋斗目标、实现中华民族伟大复兴的中国梦提供强大精神力量和舆论支持。"①他还提出要通过媒体融合发展，"着力打造一批形态多样、手段先进、具有竞争力的新型主流媒体，建成几家拥有强大实力和传播力、公信力、影响力的新型媒体集团，形成立体多样、融合发展的现代传播体系"②。习近平总书记的这一系列重要论述，体现了他对新闻舆论工作新环境、新任务、新动向和新规律的深刻洞察，也是对党的新闻事业发展作出的战略部署。大力推动媒体融合发展，形成网上网下的"同心圆"，为党和国家的工作大局服务，就需要我们增强政治意识、大局意识、核心意识、看齐意识，站在时代发展的前沿，立足党和国家长治久安大局，学会运用战略思维，因势而谋、应势而动、顺势而为，把媒体融合发展纳入为党和国家工作大局服务的健康、快速、安全的轨道上来。

二、从推进国家治理体系和治理能力现代化的战略高度认识和推动媒体融合发展

党的十八届三中全会提出"推进国家治理体系和治理能力现代化"，把国家治理提升到国家发展战略的高度。推进国家治理体系和治理能力现代化，首要的是制度体系的建设，在各方面形成一整套更加成熟更加定型的制度，把制度

---

① 习近平.推动媒体融合向纵深发展 巩固全党全国人民共同思想基础[N].人民日报，2019-01-26(1).

② 中共中央文献研究室.习近平关于全面建成小康社会论述摘编[M].北京：中央文献出版社，2016：118.

优势转化为治理效能，以达到治理能力的现代化。

“自觉进行制度创新和制度文明建设，使法治成为治国理政的基本方式。推进国家治理体系和治理能力现代化，强调依法治国、依法执政、依法行政，共同推进法治国家、法治政府、法治社会一体建设，这是推进国家治理现代化的题中应有之义。”[①]推动以互联网新媒体为先导的媒体融合发展，要遵循“依法治网、依法办网、依法上网”[②]的法治原则，“使全媒体传播在法治轨道上运行”[③]。这些年来，我国为了保障网络安全、加快信息化发展，加大了法制建设力度。据不完全统计，截至 2018 年底，我国网信领域现有法律法规、部门规章、规范性文件等 140 余项，包括《中华人民共和国网络安全法》《中华人民共和国电子商务法》《全国人大常委会关于维护互联网安全的决定》《互联网信息服务管理办法》等，这些法律、法规对保障网络安全，加快信息化发展，起到了重要作用。

推进国家治理体系和治理能力现代化，信息传播手段的现代化是极为重要的因素之一。习近平总书记指出：“我们提出推进国家治理体系和治理能力现代化，信息是国家治理的重要依据，要发挥其在这个进程中的重要作用。要以信息化推进国家治理体系和治理能力现代化，统筹发展电子政务，构建一体化在线服务平台，分级分类推进新型智慧城市建设，打通信息壁垒，构建全国信息资源共享体系，更好用信息化手段感知社会态势、畅通沟通渠道、辅助科学决策。”[④]随着经济、社会的快速发展和新媒体时代的来临，政务微博、政务微信在社会治理中扮演了越来越重要的角色。2018 年 12 月，国务院办公厅发布《关于推进政务新媒体健康有序发展的意见》，指出“政务新媒体是移动互联网时代党和政府联系群众、服务群众、凝聚群众的重要渠道，是加快转变政府职能、建设服务型政府的重要手段，是引导网上舆论、构建清朗网络空间的重要阵地，是探索社会治理新模式、提高社会治理能力的重要途径”[⑤]。微信公众平台作为政务新媒体的重要阵地，在近几年的发展中，不断开拓创新，构建出移动互联网时代社会治理的新模式。例如，2018 年，为了响应国家减费降税政策，有关部门出台

---

① 赖怡静，张艳涛.关于国家治理体系和治理能力现代化的哲学思考[J].中共福建省委党校学报，2016(6).

② 习近平.在第二届世界互联网大会开幕式上的讲话[N].人民日报，2015-12-17(02).

③ 习近平.推动媒体融合向纵深发展 巩固全党全国人民共同思想基础[N].人民日报，2019-01-26(1).

④ 习近平.在全国网络安全和信息化工作会议上的讲话[N].人民日报，2018-04-22(1).

⑤ 国务院办公厅关于推进政务新媒体健康有序发展的意见：国办发〔2018〕123 号[EB/OL].(2018-12-27).http://www.gov.cn/zhengce/content/2018-12/27/content_5352666.htm.

了个人所得税新政，微信公众号“国家税务总局”在临近年尾推出了一系列解读新政的文章，《重磅干货！个税 6 项专项附加扣除纳税人常见疑问 50 答》《快讯！个人所得税法修改后有关优惠政策衔接问题明确》等政策解读文章均获得了 10 万＋的阅读量，并且有不少读者点赞和收藏。

随着 5G 技术即将投入商用，移动互联网发展的势头将会更加强劲，预测不久的将来，会有类似或超越政务微博、微信传播形式的新方式、新形式出现。习近平总书记指出：“要坚持移动优先策略，让主流媒体借助移动传播，牢牢占据舆论引导、思想引领、文化传承、服务人民的传播制高点。”①这个制高点，综合起来看，就是实现国家治理现代化的战略制高点。

推进国家治理体系和治理能力现代化，还包括国家各级政权和组织在职权范围内对经济发展环境和社会秩序治理的现代化。我国幅员辽阔，人口众多，地区之间自然资源禀赋、经济社会发展水平差异大，这是我国的国情。在中国这样一个世界最大的发展中国家搞现代化建设，离不开中央和省、市、县四级政权和组织的治理体系和治理能力的现代化。在四级政权和组织的治理体系中，县级政权和组织处于基层，也是处于治理难度最大的环节。司马迁在《史记》中说：“县集而郡，郡集而天下，郡县治，天下无不治。”②习近平总书记将这句话概括为“郡县治，天下安”③。从巩固党和政府的基层组织、加快推进基层政权和组织的治理体系和治理能力现代化的战略考虑出发，习近平总书记提出“要扎实抓好县级融媒体中心建设，更好引导群众、服务群众”④。面对意识形态领域日益错综复杂的形势，牢牢坚守和不断巩固基层组织的主流意识形态阵地，是市县两级主流媒体的基本职责。因此，市县两级整合资源，充分利用互联网，实行传统媒体和新兴媒体的融合，打通党和政府与人民群众信息沟通的“最后一公里”，既是媒体融合的发展战略，也是党和政府基层政权和组织建设的发展战略。

当前，作为移动互联网最重要的终端之一的手机，已经得以普及，全国超过 10 亿部手机的拥有量，为城乡的信息互联互通打下了坚实的硬件基础。为此，我们要吸收党和政府在长期的基层组织建设中充分发挥宣传舆论作用的宝贵

---

① 习近平.推动媒体融合向纵深发展 巩固全党全国人民共同思想基础[N].人民日报，2019-01-26(1).

② 荀悦.前汉纪·前汉孝惠皇帝纪：第 5 卷[M].上海：上海书店，1989.

③ 习近平.在会见全国优秀县委书记时的讲话[N].人民日报，2015-09-21(2).

④ 习近平.在全国宣传思想工作会议上的讲话[N].人民日报，2018-08-23(1).

经验，发扬党和政府在宣传事业建设中艰苦奋斗的优良传统，站在巩固和加强党和政府的基层政权和组织建设、推进国家治理体系和治理能力现代化的战略高度，来谋划县级融媒体中心建设，真正做到习近平总书记要求的“让党的声音传得更开、传得更广、传得更深入”①。

三、从不断满足人民群众日益增长的美好生活需要的战略高度认识和推动媒体融合发展

习近平总书记在党的十九大报告中，对新时代我国面临的主要矛盾作了阐述：“新时代我国社会主要矛盾是人民日益增长的美好生活需要和不平衡不充分的发展之间的矛盾。”②这个表述，充分体现了习近平总书记“以人民为中心”的思想。不断满足人民群众日益增长的美好生活需要，这是新时代党的全部工作的出发点和落脚点。媒体融合发展，也必须遵循习近平总书记提出的“以人民为中心”的思想，“把增进人民福祉作为信息化发展的出发点和落脚点，让人民群众在信息化发展中有更多获得感、幸福感、安全感”③。媒体融合是在数字技术和互联网技术导引下的一场深刻的传媒业再造过程，它提供了重要的融合传播平台，产生了诸多新的传播方式和传媒形态。要鼓励这些新型的融合媒体，向基层拓展，向人民群众靠近，为人民群众提供更多更好的文化和信息服务，让党报党刊这些传统主流媒体通过媒体融合的创新性锻造，形成离人民群众更近、更亲切、更可触摸和使用的新型的、服务型的传播平台，为人民群众提供高品质的信息文化服务，不断满足人民群众在信息时代对高品质的信息和文化的需求。

四、从加强国际传播能力建设的战略高度认识和推动媒体融合发展

中国特色社会主义的成功实践，为发展中国家走向现代化道路提供了可资

① 习近平.推动媒体融合向纵深发展 巩固全党全国人民共同思想基础[N].人民日报，2019-01-26(1).

② 习近平.决胜全面建设小康社会 夺取新时代中国特色社会主义伟大胜利——在中国共产党第十九次全国代表大会上的报告[M].北京：人民出版社，2017.

③ 习近平.在全国网络安全和信息化工作会议上的讲话[N].人民日报，2018-04-22(1).

借鉴的中国经验和中国模式。中国对世界的影响与日俱增，中国日益走近世界舞台中央。新时代的中国需要更好地了解世界，世界也需要更好地了解新时代的中国。加强国际传播能力建设，讲好中国故事，展现真实、立体、全面的中国，成为统筹国内和国际新闻宣传两个大局的题中之义。加强国际传播能力建设，需要打造国际一流的媒体。习近平总书记在致新华社建社 85 周年的贺信中，要求新华社“加快融合发展”“加快建设国际一流的新型世界性通讯社”[①]。新华社将建设新型世界性通讯社的重点放在推进媒体融合发展战略上。近年来，新华社把加强海外社交媒体传播作为国际传播能力建设的重要突破口，坚持以融合发展为方向，以内容创新为根本，积极探索议题设置、组织架构、生产模式、受众服务等方面的创新，走出一条有特色的创新发展之路。新华社于 2015 年成立了海外社交媒体运行指挥中心，通过项目制方式实现扁平化管理，跨部门、跨地区、跨媒体整合人力和信息资源，实现了策划、采访、编辑、播发、反馈等全流程一体化管理。海外社交媒体运行指挥中心从总社 9 个部门和 7 个驻外总分社抽调数百名业务骨干组成采编团队，每天通过视频系统召开协调会，总社与驻外总分社一起，通报报道情况，分析舆情热点，策划重点选题，评估传播效果。指挥中心设立运维小组，及时发现问题，并与粉丝实时互动。指挥中心还建立了微信组织指挥群，全天候进行业务交流、线索分析和选题策划。通过这个指挥中心，新华社在做大做强海外社交媒体账号集群的过程中，注重结合国际社会对中国事务的关切，讲好中国故事，传播好中国声音，展现真实、立体、全面的中国。新华社于“一带一路”国际合作高峰论坛和金砖国家领导人厦门会晤期间推出的多语种融媒体产品《大道之行》《金砖之光》，总浏览互动量超过 3 600 万次。《全球街采 ：外国百姓眼中的中国经济》等多媒体报道，回击西方对中国经济的唱衰之词，展现国际社会对中国经济转型的关注和期盼，唱响“中国经济光明论”。围绕首次海域可燃冰试采成功、国产大型客机 C919 首飞等推出的直播报道，则向海外展示了中国的重大科技创新成果，直观反映了中国的发展进步。在加强事实传播同时，新华社还注重加强观点传播，组织策划评论报道，在重大问题上发出中国声音：围绕中国重大新闻和国际热点事件，持续推出 Spark（火花）英文短评系列视频，以脱口秀的方式主动发声、阐释立场，被《纽约时报》《金融时报》《赫芬顿邮报》、路透社、BBC、CNBC 等国际主流媒体转引，有效影

---

① 习近平.致新华社建社 85 周年的贺信[N].人民日报，2016-11-06(1).

响了国际舆论。[①] 在全媒体时代，国际一流的媒体，必定是新型的融合媒体。2016 年底，习近平总书记在致中国国际电视台（中国环球电视网）开播的贺信中要求："坚定文化自信，坚持新闻立台，全面贴近受众，实施融合传播，以丰富的信息资讯、鲜明的中国视角、广阔的世界眼光，讲好中国故事、传播好中国声音。"[②]

以加强国际传播能力建设的战略思维认识和推进媒体融合发展，需要"坚持一体化发展方向，通过流程优化、平台再造，实现各种媒介资源、生产要素有效整合，实现信息内容、技术应用、平台终端、管理手段共融互通，催化融合质变，放大一体效能，打造一批具有强大影响力、竞争力的新型主流媒体"[③]。习近平总书记提出的这种"新型主流媒体"，当然也包括新型的国际传播主流媒体。建设一批具有强大传播力、引导力、影响力、公信力的新型国际传播主流媒体，将弥补以往我国和西方国家相比在传播能力方面的不足，从而实现"弯道超车"，改变西强我弱的国际传播格局。

五、从加强新闻舆论工作队伍建设的战略高度认识和推动媒体融合发展

媒体融合，是一场巨大的媒体变革，能否实现这一变革，真正做到习近平总书记提出的"形成立体多样、融合发展的现代传播体系"[④]，关键还是在人。"媒体竞争关键是人才竞争，媒体优势核心是人才优势。"[⑤]大力培养适应和引领媒体融合的新闻传播人才，加强新时代新闻舆论工作队伍的建设，是推动媒体融合发展的战略核心任务。培养能够适应和引领媒体融合发展的新闻舆论工作者，既需要开展媒体融合所需要的专业技能训练，更需要落实习近平总书记提出的"四向四做"的希望，这四项希望中，"一要坚持正确政治方向，同党中央保持高度一致，坚持马克思主义新闻观，坚守党和人民立场，坚持中国特色社会主

① 冯冰，曾繁娟，等.新华社海外社交媒体融合发展创新经验[J].国际传播，2018(3).

② 习近平.致中国国际电视台（中国环球电视网）开播的贺信[N].人民日报，2017-01-01(1).

③ 习近平.推动媒体融合向纵深发展 巩固全党全国人民共同思想基础[N].人民日报，2019-01-26(1).

④ 习近平.在中央全面深化改革领导小组第四次会议上的讲话[N].人民日报，2014-08-19(1).

⑤ 习近平.在党的新闻舆论工作座谈会上的讲话[N].人民日报，2016-02-20(1).

义，做政治坚定的新闻工作者”[①]，这是四项希望中最重要的一项。新闻院校担负培养新闻舆论工作后备队伍的重任，要在新闻教育中加强马克思主义新闻观的教育。近年来，在中央的统一部署下，我国大部分新闻院校开展了马克思主义新闻观的教育和研究工作。2018 年，教育部、中共中央宣传部颁布了《关于提高高校新闻传播人才培养能力 实施卓越新闻传播人才教育培养计划 2.0 的意见》(以下简称《意见》)。《意见》提出的“加强马克思主义新闻观课程建设，深入推进习近平总书记关于新闻舆论工作的重要论述进教材进课堂进头脑”“建设一批马克思主义新闻观教育的国家级一流精品课程，推动教师以言传身教带动学生树立正确新闻观，为新时代新闻传播人才打牢思想基础”[②]的要求，得到了全国新闻院校的积极响应。中国传媒大学新闻传播学部，组织科研教学力量，开展对习近平总书记关于新闻工作重要论述的研究和教学工作，成功申报了一批有关这方面的国家社会科学基金项目、教育部哲学社会科学基金项目课题，在开展研究攻关取得了一系列成果的基础上，在新闻传播学专业的博士研究生、硕士研究生的培养计划中，增加了习近平总书记关于新闻工作重要论述研究课程。该课程的主旨是“研究习近平总书记关于新闻工作重要论述，研究马克思主义新闻观的继承和创新，培养学生运用马克思主义新闻观开展新闻传播学术研究和新闻实践的自觉意识，为新时代新闻传播人才打牢思想基础”。课程一共分为十讲，分别是：“习近平关于新闻工作重要论述的时代背景与本质特征”“习近平关于新闻工作重要论述与马克思主义新闻观”“习近平关于新闻工作重要论述中的舆论引导观”“习近平关于新闻工作重要论述中的媒体融合观”“习近平关于新闻工作重要论述中的网络空间观”“习近平关于新闻工作重要论述中的国际传播观”“习近平关于新闻工作重要论述中的传播策略观”“习近平关于新闻工作重要论述中的人才队伍观”“习近平新时代中国特色社会主义思想的对外传播”“习近平新时代中国特色社会主义思想在当代中国的新闻实践”。课程聘请了校内外一批具有较高理论造诣和丰富的新闻实践经验的教师和新闻工作者授课，授课注意讲解原文，理论联系实际，获得学生们的好评。以

① 习近平.在会见中国记协第九届理事会全体代表和中国新闻奖、长江韬奋奖获奖者代表时的讲话[N].人民日报，2016-11-08(1).

② 教育部，中共中央宣传部.关于提高高校新闻传播人才培养能力 实施卓越新闻传播人才教育培养计划 2.0 的意见：教高〔2018〕7 号[EB/OL].(2018-09-17). http://www.moe.gov.cn/srcsite/A08/s7056/201810/t20181017_351893.html.

这门课程为核心课程，该学部在不同专业中，还开设了马克思主义新闻学原理、中国特色社会主义新闻学理论等课程。由中国传媒大学新闻传播学部学部长高晓虹教授领衔的实践中的马克思主义新闻观课程，于 2019 年 1 月获得了教育部国家级教学成果一等奖。中国人民大学新闻学院、复旦大学新闻学院、武汉大学新闻与传播学院、清华大学新闻与传播学院、暨南大学新闻与传播学院、广西大学新闻与传播学院等一大批著名新闻院系，以不同方式和形式，开展马克思主义新闻观教育，在推动习近平新时代中国特色社会主义思想进教材、进课堂方面，探索了有益的经验，获得了丰富的教学和科研成果。

结　语

所谓战略思维，是指思维主体对关系事物全局的、长远的、根本性的重大问题开展谋划的思维过程。运用战略思维推动媒体融合向纵深发展，是一个时代的大命题，需要从宏观的角度，以宏阔的视野和敏锐的判断力，来审视媒体融合在国内外新形势下所处的时代方位和担负的历史使命。本文对此只进行了初步的探索，期盼有更多的研究成果问世。

（本文原载于《中国新闻传播研究》2019 年第 1 期）

习近平总书记关于新闻工作重要论述的时代特征*

党的新闻舆论工作事关党和国家前途命运，是党和国家事业极为重要的组成部分。党的十八大以来，习近平总书记以总揽党和国家工作全局的视野，详细论述了党的新闻舆论工作的一系列根本性、战略性问题，提出了具有体系性、创见性的新思想和新观点，为做好新形势下党的新闻舆论工作提供了理论指导和实践指南。要想准确理解和掌握习近平总书记关于新闻工作重要论述的精髓要义，需要认识和理解其蕴含的四个鲜明的时代特征。

一、与时俱进的理论品格

习近平总书记关于新闻工作重要论述是对马克思主义新闻观的继承，也是马克思主义新闻观发展的最新成果，不仅继承了马克思主义新闻观的优良传统品质，还发扬了马克思主义新闻观与时俱进的理论品格。这种理论品格主要表现在：

习近平准确把握新闻舆论工作面临的新形势，针对新形势下新闻舆论工作出现的新问题，提出了一系列有关党的新闻舆论工作的新思想。历经70年的艰苦奋斗和40年的改革开放，我国的经济建设和社会发展取得了巨大的成就，在我国成为世界第二大经济体之后，我国面临的国内外形势更加复杂，我国的政治安全和意识形态安全问题日益凸显，形势变化致使党的新闻舆论工作面临巨大的困难和压力。习近平总书记审时度势，从世情、国情、党情的新变化审视党的新闻舆论工作面临的新问题，从媒体格局和舆论生态的新变化分析了党的

* 本文是国家社科基金项目“习近平新闻舆论思想研究”前期成果，项目编号：18BXW003。

新闻舆论工作面对的新态势，立足时代的前沿，提出了有关党的新闻舆论工作的一系列新方略、新举措。

习近平总书记以鲜明的问题导向意识提出一系列有关党的新闻舆论工作的新思想。针对互联网快速发展带来的汹涌复杂的舆情，他强调“要把网上舆论工作作为宣传思想工作的重中之重来抓”①；针对我国在国际传播中存在的“逆差”“反差”“落差”现象，他强调“要加强国际传播能力建设，增强国际话语权，集中讲好中国故事，同时优化战略布局，着力打造具有较强国际影响的外宣旗舰媒体”②；针对传播技术发展和媒体格局调整，他强调“要因势而谋、应势而动、顺势而为，加快推动媒体融合发展”③；等等。习近平总书记关于新闻工作的诸多论述都是针对当前我国新闻舆论工作中存在的新问题提出来的，并且是对这些新问题的新解答。在此基础上，形成了他对党的新闻舆论工作的一系列新观点、新思想。

二、“人民至上”的主体意识

“人民对美好生活的向往就是我们的奋斗目标。”④“人民至上”是习近平新时代中国特色社会主义思想的核心理念。党的十九大报告强调“中国共产党人的初心和使命，就是为中国人民谋幸福，为中华民族谋复兴”⑤，并号召“全党同志一定要永远与人民同呼吸、共命运、心连心，永远把人民对美好生活的向往作为奋斗目标”⑥，充分体现了中国共产党“以人民为中心”的原则立场和“人民至上”的主体意识。作为中国特色社会主义思想的重要组成部分，习近平总书记关于新闻工作的重要论述也蕴含着“人民至上”的主体意识。

习近平总书记关于新闻工作的重要论述中，多次强调新闻工作要坚持以人民为中心。人民既是新闻报道的主体，又是新闻报道的客体，人民既是新闻媒体的所有者、新闻舆论的引领者和新闻报道的传播者，又是新闻活动的受传者、

① 中共中央文献研究室.习近平关于全面深化改革论述摘编[M].北京：中央文献出版社，2014：83.

② 习近平.在党的新闻舆论工作座谈会上的讲话[N].人民日报，2016-02-20(01).

③ 习近平.推动媒体融合向纵深发展 巩固全党全国人民共同思想基础[N].人民日报，2019-01-26(1).

④ 习近平.在十八届中共中央政治局常委同中外记者见面时的讲话[N].人民日报，2012-11-16(4).

⑤ 习近平.在中国共产党第十九次全国代表大会上的报告[N].人民日报，2017-10-28(2).

⑥ 习近平.在中国共产党第十九次全国代表大会上的报告[N].人民日报，2017-10-28(2).

新闻传播的报道对象和新闻报道的服务对象。人民作为新闻传播活动主体的同时，他们所从事的伟大实践活动，又成为新闻传播活动的对象(客体)，这样人民作为从事新闻传播活动的主体和客体，辩证地统一于中国特色社会主义新闻实践之中。因此，坚持"人民至上"的主体意识，是辩证唯物主义和历史唯物主义的基本原理在党的新闻工作中的生动体现。为了将"人民至上"的主体意识落实到新闻工作的实处，习近平总书记在2013年8月19日全国宣传思想工作会议上的讲话中，明确提出"要树立以人民为中心的新闻工作导向"①。新闻舆论工作的根基在人民。习近平总书记在2016年2月19日党的新闻舆论工作座谈会上的讲话中再次强调："要树立以人民为中心的工作导向，把服务群众同教育引导群众结合起来，把满足需求同提高素养结合起来，多宣传报道人民群众的伟大奋斗和火热生活，多宣传报道人民群众中涌现出来的先进典型和感人事迹，丰富人民精神世界，增强人民精神力量，满足人民精神需求。"②具体来说，坚持以人民为中心，就是要坚持以人民为新闻报道的主体和服务对象，把满足人民的需求作为新闻报道的出发点和落脚点，满怀深情地讴歌人民群众的伟大创造，反映人民群众对美好生活的追求，充分报道人民群众的意见、愿望、要求和呼声。要大兴调查研究之风，深入到人民群众中，想人民之所想，急人民之所急，增强服务意识，提高服务质量，满足人民群众日益增长的新闻信息需求。

三、治国理政的时代要求

习近平总书记明确指出，"党的新闻舆论工作是党的一项重要工作，是治国理政、定国安邦的大事"③，"做好党的新闻舆论工作，事关旗帜和道路，事关贯彻落实党的理论和路线方针政策，事关顺利推进党和国家各项事业，事关全党全国各族人民凝聚力和向心力，事关党和国家前途命运"④。实现新时代中国共产党治国理政目标，不仅有赖于党和人民的共同努力，也需要新闻舆论的保驾护航。

治国理政，安邦定国，工作千头万绪，没有良好舆论环境，什么事情都会举

① 习近平.在全国宣传思想工作会议上的讲话[N].人民日报，2013-08-21(1).

② 习近平.在全国宣传思想工作会议上的讲话[N].人民日报，2013-08-21(1).

③ 习近平.在党的新闻舆论工作座谈会上的讲话[N].人民日报，2016-02-20(1).

④ 习近平.在党的新闻舆论工作座谈会上的讲话[N].人民日报，2016-02-20(1).

步维艰，什么工作都难以开展。新闻舆论工作是专门营造舆论环境的工作，与治国理政、安邦定国各项工作息息相关。作为党的事业的重要组成部分，新闻舆论工作必须牢固树立“四个意识”，在政治立场、政治方向、政治原则、政治道路上同以习近平同志为核心的党中央保持高度一致，自觉维护以习近平同志为核心的党中央权威和集中统一领导，坚定自觉地把以习近平同志为核心的党中央决策部署落到实处，在根本上为治国理政提供强有力的舆论支持，努力营造积极向上的舆论环境。

治国理政，定国安邦，需要推进国家治理体系和治理能力的现代化。国家治理体系和治理能力的现代化事关党和国家长治久安。实现国家治理现代化，关键是要在各方面形成一整套更加成熟更加定型的制度，把制度优势转化为治理效能。进入21世纪以来，面对互联网这个“最大变量”，习近平总书记明确指出，“我们党过不了互联网这一关，就过不了长期执政这一关”[①]。要解决好治国理政的诸多问题，就必须提高网络社会治理能力和水平。而提高治理水平是一个上下沟通、官民互动、协商共治的过程。这个过程需要发挥新闻舆论传递政策、反映民意、沟通协商的作用。在中央政治局第三十六次集体学习时，习近平总书记指出：“随着互联网特别是移动互联网发展，社会治理模式正在从单向管理转向双向互动，从线下转向线上线下融合，从单纯的政府监管向更加注重社会协同治理转变。”[②]“网上网下要同心聚力、齐抓共管，形成共同防范社会风险、共同构筑同心圆的良好局面。”[③]

面对由互联网、大数据等新技术带来的传媒生态和版图的深刻变革，以习近平同志为核心的党中央立足大局，着眼新媒体引发的舆论格局和机制改变，运用战略思维思考传统媒体和新兴媒体的关系问题，不断深化对传统媒体和新兴媒体融合发展的理论认识，提出“要运用信息革命成果，推动媒体融合向纵深发展，做大做强主流舆论，巩固全党全国人民团结奋斗的共同思想基础”[④]，并强调“着力打造一批形态多样、手段先进、具有竞争力的新型主流媒体，建成几家拥有强大实力和传播力、公信力、影响力的新型媒体集团，形成立体多样、融合

---

① 中央网信办理论学习中心组.深入贯彻习近平总书记网络强国战略思想 扎实推进网络安全和信息化工作[J].求是，2017(18).

② 习近平.在中共中央政治局第三十六次集体学习时的讲话[N].人民日报，2016-10-10(1).

③ 习近平.在中共中央政治局第三十六次集体学习时的讲话[N].人民日报，2016-10-10(1).

④ 习近平.推动媒体融合向纵深发展 巩固全党全国人民共同思想基础[N].人民日报，2019-01-26(1).

发展的现代传播体系”[①]。这就从构建体系、完善制度、推进国家治理现代化的高度，为大力推动媒体融合的发展，持续巩固壮大主流舆论强势，形成网上网下的“同心圆”指明了方向。

四、“四个自信”的精神气质

习近平总书记指出：“当今世界，要说哪个政党、哪个国家、哪个民族能够自信的话，那中国共产党、中华人民共和国、中华民族是最有理由自信的。”[②]我们之所以最有理由自信，归根结底是因为中国共产党领导中国人民开辟了中国特色社会主义道路，形成了新时代中国特色社会主义理论，确立了中国特色社会主义制度，发展了中国特色社会主义文化。“四个自信”既丰富了新时代中国特色社会主义思想的理论内涵，也为我们建设新时代中国特色社会主义提供了强大的精神动力。

自信是一个国家、民族、政党、组织、个人对自身具有的禀赋和追求的目标的高度认同与肯定。自信来自坚定的理想信念，表现为一种鲜明的精神气质。习近平总书记明确指出：“全党要更加自觉地增强道路自信、理论自信、制度自信、文化自信。”[③]“四个自信”是以习近平同志为核心的党中央治国理政的理论底气，是习近平新时代中国特色社会主义思想的精神气质，这种精神气质也体现在习近平关于新闻工作的重要论述之中。在“举什么旗”“走什么路”大是大非问题面前，习近平总书记坚定地回答：我们“既不走封闭僵化的老路，也不走改旗易帜的邪路，保持政治定力，坚持实干兴邦，始终坚持和发展中国特色社会主义”[④]。只有社会主义能够救中国，只有社会主义能够发展中国，只有走中国特色社会主义道路，才能够实现中华民族伟大复兴的中国梦，这是以毛泽东同志为代表的几代中国共产党人在艰难摸索救国救民道路过程中获得的真理性认识。在新时代，以习近平同志为代表的中国共产党人以强大的自信，坚持走中国特色社会主义道路，坚持中国特色社会主义理论创新，坚持中国特色社会

① 习近平.在主持召开中央全面深化改革领导小组第四次会议时的讲话[N].人民日报，2014-08-19(1).
② 习近平.在庆祝中国共产党成立95周年大会上的讲话[N].人民日报，2016-07-02(2).
③ 习近平.在中国共产党第十九次全国代表大会上的报告[N].人民日报，2017-10-28(2).
④ 习近平.在中国共产党第十九次全国代表大会上的报告[N].人民日报，2017-10-28(2).

主义基本政治制度，坚持发展中国特色社会主义的先进文化，体现了当代中国共产党人的政治担当和文化自觉。党的新闻舆论宣传工作，担负着舆论支持、保驾护航的历史使命，因此，“要做好做强马克思主义宣传教育工作，特别是要在学懂弄通做实新时代中国特色社会主义思想上下功夫。要把坚定‘四个自信’作为建设社会主义意识形态的关键”[①]。“坚持党对意识形态工作的领导权，坚持思想工作‘两个巩固’的根本任务，坚持用新时代中国特色社会主义思想武装全党、教育人民，坚持培育和践行社会主义核心价值观，坚持文化自信是更基础、更广泛、更深厚的自信，是更基本、更深沉、更持久的力量，坚持提高新闻舆论传播力、引导力、影响力、公信力，坚持以人民为中心的创作导向，坚持营造风清气正的网络空间，坚持讲好中国故事、传播好中国声音。”[②]习近平总书记用“九个坚持”来概括当前党的新闻舆论宣传工作的职责、使命、任务，这是源于他对“四个自信”的深刻把握，是“四个自信”在党的新闻舆论宣传工作中的具体体现。

（本文由笔者与吉首大学人文与新闻学院副教授彭广林合作撰写，原载于《中国编辑》2019 年第 11 期）

---

① 习近平.在全国宣传思想工作会议上的讲话[N].人民日报，2018-08-23(1).

② 习近平.在全国宣传思想工作会议上的讲话[N].人民日报，2018-08-23(1).

中篇 / 应用舆论学

论如何建立健全舆论引导工作格局和工作机制

党的十六大以来，党和政府在新闻管理方面有许多新的政策调整和改革举措，使得近年来我们的新闻宣传工作取得了不小的成绩及经验。但同时，新闻宣传工作也存在着一些需要研究解决的问题，如对一些重大事件的报道，主流媒体的舆论引导作用有待进一步加强。

舆论导向正确对党和人民事业具有重大意义。确保正确的舆论导向，是我国新闻管理至关重要的工作目标之一。要确保正确的舆论导向，需要从各个方面努力。如何进一步建立健全舆论引导的工作格局和工作机制，是值得深入探讨的问题。

一、建立健全舆论引导的工作格局和工作机制的重要性

我们党历来重视舆论引导工作，党的几代领导人都对舆论引导的重要性作过一系列的论述。毛泽东同志指出："一张省报，对于全省工作、全体人民，有极大的组织、鼓舞、激励、批判、推动的作用。"①邓小平同志指出："作用最广泛的是写文章登在报纸上，出小册子，再就是写好稿子到广播电台去广播。出报纸、办广播、出刊物和小册子，比其他领导方式更有效、更广泛，作用大得多。"②江泽民同志指出："党的新闻事业与党休戚与共，是党的生命的一部分。可以说，舆论工作就是思想政治工作，是党和国家的前途和命运所系的工作。历史经验反复

① 毛泽东新闻工作文选[M].北京：新华出版社，1983：202.

② 邓小平文选：第1卷[M].北京：人民出版社，1994：145.

证明，舆论导向正确，是党和人民之福；舆论导向错误，是党和人民之祸。”①2003年12月5日，胡锦涛同志在全国宣传思想工作会议上指出：“新闻工作要牢牢把握正确的舆论导向，坚持团结稳定鼓劲、正面宣传为主的方针，唱响时代主旋律，在全社会形成和发展积极健康的主流舆论。”

除了党的几代领导人对舆论引导的重要性进行强调外，党和政府有关新闻宣传工作的会议、文件，对舆论引导工作也极其重视。

在新形势下，如何通过一些行之有效的措施确保舆论导向的正确，如何将正确的舆论导向具体落实在新闻宣传工作实践中，是值得深入思考的问题。可以说，舆论引导工作成效如何、舆论导向是否正确，已经成为判断我国新闻宣传工作是否有成绩、是否与时俱进的一个极其重要的指标。但较为遗憾的是，目前我们对舆论引导工作，主要还是从宏观层面重视和强调，如何确保舆论导向的正确，尤其是在新闻宣传工作实践中如何具体落实，有待进一步思考和探讨。

我们认为，进一步建立健全舆论引导的工作格局和工作机制，为正确舆论导向提供组织保障和制度保障，是具体落实正确舆论导向的一个重要环节。如果没有规划合理、机构健全的工作格局，舆论引导工作就失去了组织保障，难以切实落实；如果没有科学高效、权责明确的工作机制，舆论引导工作就失去了制度保障，难以取得舆论引导的成效。

二、建立健全以党政主管机关为主导、以行业自律为基础、以专业监督和社会监督为辅助的舆论引导工作格局，为正确舆论导向提供组织保障

（一）充分发挥党政主管机关在舆论引导工作中的主导作用

在我国，中央及地方各级宣传、新闻出版、广播影视党政主管机关是我国新闻管理工作的主体，也同时承担着舆论引导工作的职责。其中，中宣部还专门成立了舆情局，在我国舆论引导的宏观管理中担负着重要角色。这些党政主管机关在舆论引导工作中担负着主导角色，应该发挥主导作用。党政主管机关在

① 江泽民文选：第1卷[M].北京：人民出版社，2006：564.

舆论引导工作中的作用有待进一步加强，其主导角色体现得还不够明显。由于这些主管机关工作任务繁重，其管理对象和内容有所交叉，舆论引导工作缺乏明确的行政定位或职责界定等原因，舆论引导工作存在着宏观上备受重视和强调，在微观上却较难落实等问题。

由于舆论引导问题几乎涉及所有媒体的报道内容，中央及地方各级宣传、新闻出版、广播影视主管机关都有责任管理各自领域媒体的舆论引导工作，但由于目前尚没有对舆论引导工作作出更为明确的行政定位或职责界定，对舆论引导工作的管理较难作为这些主管机关一种常态下的工作内容。就算对一些舆论热点事件的舆论引导出现了问题，也难以明确追究哪个主管机关的责任。

因此，我们建议，中央及地方各级（尤其是中央）宣传、新闻出版、广播影视主管机关应该加强三方协调，形成长效的舆论引导工作协调沟通机制，条件成熟时最好成立协调领导机构或联署办公机构，由专人负责舆论引导工作，对舆论引导工作进行严格的行政监管，对全国媒体的舆论引导工作实施奖惩制度。

（二）充分发挥行业自律在舆论引导工作中的基础作用

全国各级各类媒体是具体承担舆论引导工作的生力军，媒体的日常采编活动是舆论引导工作的主战场。因此，媒体行业的自律在舆论引导工作中具有十分重要的基础性的作用。

要充分发挥行业自律在舆论引导工作中的基础作用，就应该进一步增强媒体重视舆论引导工作的积极性、自觉性、主观能动性，增强每一个新闻工作者的导向意识，这样就可将舆论引导工作与媒体的日常采编活动紧密结合，使得舆论引导工作常态化。

（三）充分发挥专业监督、社会监督在舆论引导工作中的辅助作用

应该积极支持成立新闻评议会和媒介批评组织，它们可以发挥普通群众监督所不能起到的专业监督的作用。新闻评议会和媒介批评组织工作的有效开展，可以对舆论引导工作中存在的一些问题从专业角度进行批评和反思。

同时，舆论引导工作要有成效，并能够取得长效，还应该健全社会监督体系，强化社会监督机制，使错误的舆论导向行为受到批评和谴责。这需要完善举报投诉制度，建立特约监察员队伍，形成全社会关注舆论引导工作的局面。

尽管专业监督、社会监督在舆论引导工作中没有强制力，而只有一定的辅助作用，但它们也很重要，可以对错误的舆论导向行为产生强大的舆论压力和监督氛围，对一些有争议的舆论导向行为进行探讨和辨析，促进其完善。

三、建立健全舆论引导工作机制，为正确舆论导向提供制度保障

（一）从工作流程上，建立健全以舆论调控为核心、涵盖舆论发展全过程的工作机制

从工作流程上看，舆论引导不应该只是在出现舆论热点事件后才被提上议事日程。当新闻事件已经成为舆论热点时才考虑如何引导，已经比较滞后和被动，引导的努力往往也是事倍功半。舆论引导工作应该涵盖意见酝酿、意见表达、形成多数、达成共识形成舆论、舆论消退等舆论发展全过程，并有针对性地建立健全舆情收集、舆情分析、舆论调控、舆情总结制度，其中舆论调控阶段是核心。

1.建立健全舆情收集制度

舆情就是舆论的实际情况，又称为社情民意，是公众的意愿和态度，包括公众对各种政治和社会现象及问题的认识或看法，是一个时期一定范围内人们对政治和社会现实的主观反映，是群众性心理、情绪、意见、要求和思想的综合表现。不同形态、不同层次的舆情共同营造的舆论氛围，就是舆论环境，舆论环境是社情民意的综合反映。要确保正确的舆论导向，首先要了解真实客观的舆论环境。

舆情收集，也就是进行舆情调查，应该组织专人或委托专门机构进行。舆情收集可以分日常舆情收集和突发事件舆情收集。舆情收集的渠道主要包括市井民巷走访、网络论坛、重点访谈、问卷调查等。舆情收集的内容除了调查已经形成的“显舆论”外，也应该调查处在意见酝酿、意见表达、形成多数等阶段的“潜舆论”“准舆论”。

2.建立健全舆情分析制度

对调查获取的舆情，应该组织专人或委托专门机构进行分析。舆情分析的

重点是分析舆情发展的未来态势，包括舆论发展的方向、强烈程度，以及对社会政治、经济、文化等的影响（尤其是对社会稳定是否存在着潜在威胁）等。对一些重大突发事件所引发的热点舆论进行分析，是舆论引导工作中的重要任务。

应及时将舆情分析报告送交有关决策和主管机关以及媒体机构，以便领导和相关负责人决策。舆情分析报告应该注意保密。

3.建立健全舆论调控制度

舆论引导工作的核心，就是在舆情分析的基础上，进行及时、正确的舆论调控。舆论调控并非只在舆论形成后才开始，意见酝酿、意见表达、形成多数、达成共识形成舆论、舆论消退等舆论发展的不同时期，舆论调控都是不可缺少的。如果有了正确的舆情分析，在意见表达和形成多数阶段便提前进行舆论调控，往往会取得事半功倍的效果。

4.建立健全舆情总结制度

舆情总结可以分为两种：一是一段时间的舆情回顾总结；二是对某一个热点舆论的个案总结。舆情总结的目的主要是为了给有关决策和主管机关以及媒体机构领导和相关负责人提供参考。

舆论总会有消退的时期，包括舆论自然消退和经调控后热点舆论逐步降温消退两种情况，舆情总结更多的是针对后一种情况。舆情总结中应该表明舆论调控手段在舆论发展过程中的作用及反馈情况等。

(二)从工作主体上，建立健全科学高效、权责明确的舆论引导工作机制

从工作主体上看，舆论引导工作应充分发挥新闻战线全体人员的积极性，在建立健全舆论引导工作格局、完善组织保障的基础上，形成科学高效、权责明确的舆论引导工作的完善的制度保障。上述舆情收集、舆情分析、舆论调控、舆情总结制度的建立健全，都需要组织专人或委托专门机构来实施，都以建立规划合理、机构健全的舆论引导工作格局为前提。

1.科学制定舆论引导工作的总体规划

舆论引导工作涉及新闻管理的方方面面，内容繁多，要确保正确的舆论导向，一定要科学规划，明确各主管机关以及媒体机构的管理职责，形成舆论引导

的工作网络；同时，要讲究工作方法，做到“点”“面”结合。

从“面”上来说，舆论引导工作应覆盖整个媒体行业，不能留下舆论引导的“死角”，要充分发挥主管机关的监管、指导作用，做到新闻管理工作延伸到哪里，舆论导向工作就开展到哪里。要力争在现有的新闻管理工作体系中建立舆论引导的协调领导机构或联署办公机构，由专人负责舆论引导工作，对舆论引导工作进行严格的行政监管。

从“点”上来说，舆论引导工作的重心在新闻报道上，尤其是对一些重大突发事件的报道，要事先谋划，提出切实有效的引导策略。

2.建立健全舆论引导工作领导问责制度

舆论引导工作要取得长期成效，必须加强领导，力争在我国新闻管理中贯彻落实舆论引导工作领导问责制，坚持“管新闻必须管导向”“谁主管谁负责”的原则，将舆论引导工作的成效与主管机关以及媒体机构领导和相关负责人的工作考核挂钩。

3.建立健全舆论引导工作奖惩制度

应将媒体舆论引导的成效如何，作为对媒体工作考核的重要指标，条件成熟时可以考虑成立专门的舆论引导工作奖惩机构，或在中国新闻奖评选中增设舆论引导工作单项奖。

4.建立健全舆论引导工作通联制度

从制度设计上说，建立健全舆论引导工作通联制度，组织专人编辑出版《新闻阅评》《舆情通报》《广电节目监听监看通报》等内部参考资料，并在适当的范围内发行，是增强舆论引导工作成效的有效途径之一，也是值得肯定的。当然，在具体实施上，应该讲求方式方法，多与媒体交流沟通，多吸纳社会各界专家意见，以免引起媒体的反感和抵触。

5.发挥学术机构对舆论引导工作的支持作用

要充分发挥新闻院校、科研机构对舆论引导工作的智力支持作用，舆情收集、舆情分析、舆论调控、舆情总结等制度的建立健全，都可以吸引学界积极参与，广泛吸纳学者智慧，从而使舆论引导工作更符合新闻规律和舆论规律，增强舆论引导工作的科学性、规范性，尽量避免随意性。

四、加强研究，促进舆论管理工作从以行政手段为主向以法律手段为主转变，探索建立舆论引导工作管理的长效机制

在新时期，飞速发展的传媒科技已使我们进入网络时代，而目前新闻宣传工作（包括舆论管理工作）的管理模式、策略、方法等，主要还是沿袭几十年前所形成的传统和所积累的经验，主要还是以行政手段为主，这已与当今实际情况有一定脱节，有些滞后于时代发展。行政手段有其历史功绩，但它存在着一定的随意性，而且容易因为行政领导人的调整而导致管理上的变化。

因此，新闻宣传工作的管理迫切需要与时俱进，从总体上看，应该在依法行政、科学管理上努力。应该加强研究，促进舆论管理工作从以行政手段为主向以法律手段为主转变，加强舆论管理工作的法律和制度建设，要"用制度来管舆论"，增强舆论管理的权威性、科学性和稳定性。在此基础上，再逐步探索建立舆论引导管理的长效机制，使舆论引导工作逐步走上科学化、制度化和规范化的轨道。

（本文由笔者与中国传媒大学唐远清博士合作撰写，原载于《现代传播——中国传媒大学学报》2007年第2期）

从汶川地震的舆论引导看如何改进常规性新闻报道

“5·12”汶川大地震发生以后，新闻媒体迅速、及时、准确发布相关报道，坚持正确的舆论导向，牢牢把握舆论引导的主动权，有力地引导了国际和国内舆论，为抗震救灾营造了良好的舆论环境。中央、地方各级各类媒体的出色表现赢得了党、政府和人民群众的高度赞扬，同时也引起了国际社会的正面关注以及国际新闻界同行的尊重。清华大学媒介调查实验室所作的《汶川地震救灾报道满意度调研报告》显示，93%的受访者对媒体抗震救灾报道表示“非常满意”和“满意”，7%的受访者表示一般或不清楚，没有受访者表示“不满意”。对汶川大地震这一重大突发事件的报道，有很多成功的经验值得总结和借鉴。

一、“5·12”汶川地震舆论引导的有益经验

首先，迅速、准确、及时、透明，第一时间发布权威信息，牢牢把握舆论引导的主动权。5月12日14时28分汶川地区发生地震，中央各大主流媒体第一时间向全世界发布关于地震的权威消息，牢牢把握了舆论引导的主动权，避免了谣言、流言和谎言的传播，为稳定人心、稳定社会以及抗震救灾工作的顺利开展提供了良好的国际和国内舆论环境。日本共同社对中国媒体的快速反应感到惊讶，美国《华尔街日报》称赞新华社英文报道反应迅速，敢于冒险，有人情味，专业性强。

另外，“5·12”汶川大地震报道中信息透明度和公开度之高是前所未有的。信息公开主要体现在三个方面：第一，政府主动公开信息。地震、余震、人员伤亡、财产损失、救援进展、灾民安置、救灾物资、款项使用情况等信息，都在第一

时间通过新闻媒体向社会公开和通报，用权威信息占领舆论制高点，不给谣言以任何可乘之机。第二，信息向国内媒体和记者开放。中央、地方各级各类媒体先后向灾区派出数以千计的记者进行全方位、多角度、立体化的采访报道，改变了过去由新华社统一发布信息，使用通稿的传统做法。第三，信息向境外媒体和记者开放。灾情发生后，大量境外媒体记者涌入灾区进行采访。中央、地方各级政府及相关部门积极、主动配合，并为采访提供便利条件。这种开放的姿态充分显示了政府的自信和责任感，避免了境外媒体的猜测和臆断，赢得了国际舆论引导的主动权。

其次，中央、地方各级各类媒体相互融合，形成联动，增强舆论引导的针对性和实效性。地震发生第二天即 5 月 13 日，《人民日报》抗震救灾的版面占了总版数的 40%，14 日为 60%，15 日为 80%。[①] 中央人民广播电台中国之声、中华之声、华夏之声等 9 套节目并机播出 24 小时不间断特别节目《汶川特别救援》。中央人民广播电台与全国 140 家广播电台联合组成的"全国奥运广播联盟"第一时间报道地震灾区的最新情况和救灾行动。中央电视台综合频道、新闻频道全天并机直播《抗震救灾 众志成城》特别节目。陕西、云南、河南、河北、山东等 13 家电视台上星频道全部转播或部分转播中央电视台抗震救灾节目。北京、辽宁、贵州、湖南、广东、浙江等 11 家电视台开办了抗震救灾专题节目。四川、重庆、北京、上海、陕西、深圳 6 家电视台上星频道开办了抗震救灾直播节目。《爱的奉献》抗震救灾大型募捐活动由中央电视台现场直播，全国 43 家地方上星频道和 437 个地市级城市电视台及各大新闻网站进行了同步转播，观众达 7.3 亿人。[②] 各种类型的网站几乎都开辟了专门的区域或频道对抗震救灾进行报道。至 6 月 1 日各大网站共发布抗震救灾新闻报道 22 万余条，点击 200 亿次，网民跟帖达 2 000 多万条。[③]

最后，尊重新闻规律，改进报道方式，提高舆论引导的吸引力和感染力。对新闻规律的尊重不仅体现在迅速、准确、及时、透明，第一时间发布权威信息上，更重要的是体现在对事实的尊重上。新闻报道要用事实说话，要"根据事实来描写事实"。从"5·12"汶川大地震的报道中，人们看到了一幕幕从新闻现场发

---

① 刘振生.使命·感动·敬意——四川汶川大地震中央媒体报道纪实[J].新闻与写作，2008(6).

② 王太华.与党同心 与国同行 与民同在[J].新闻战线，2008(7).

③ 王晨.坚持对外开放方针 做好舆论引导工作[J].新闻战线，2008(7).

回来的生动、亲切、感人的细节，这些细节产生了一种震撼人心的力量，让全世界看到了中华民族在灾难面前表现出来的勇敢、坚毅、顽强、不屈不挠、守望相助、众志成城的伟大民族精神。

二、正确认识和处理重大突发性事件报道和常规性新闻宣传报道的关系

“5·12”汶川大地震这一重大突发性事件报道为进一步加强和改进常规性新闻宣传报道，提高舆论引导能力，提供了一些可资借鉴的成功经验和做法。但是在借鉴这些经验和做法时，首先有必要正确认识和处理重大突发性事件报道和常规性新闻宣传报道的关系。这两种报道的主要区别在于报道对象不同。一个是重大突发事件，一个是日常社会生活中比较常见的、一般性的各种事物、现象、问题等。前者的最大特点就在于意义重大、影响深远、突然发生、不可预测、难以把握，如自然灾害、疾病疫情、安全事故、恐怖袭击等。“5·12”汶川大地震发生后，每一秒钟都可能有余震发生，每时每刻都可能有生还者被发现，抗震救灾工作的每一步进展都牵动着全党、全国各族人民的心。因此，这类事件本身的性质和特点决定了对其进行报道时必须采取24小时不间断现场直播、媒体融合、媒体联动等非常规的报道方式和手段，以便迅速、准确、完整地提供关于事件进展的最新消息。事实也证明，这些手段有力地把握了舆论引导的主动权，提高了舆论引导的针对性和实效性，吸引力和感染力。但对于常规性新闻宣传报道而言，每天或经常使用这些非常规性的报道方式和手段是不可能的，也是不必要的。

对于重大突发性事件舆论引导的经验和做法，必须结合常规性新闻宣传报道的实际有选择地借鉴和吸收。如重大突发性事件报道中的非常规报道方式和手段，应该根据日常新闻宣传工作需要，具体问题具体分析，审慎地决定是否采用或者在多大程度上采用。对于重大突发性事件报道中体现出来的主动公开信息、第一时间报道最新消息、挖掘感人细节等带有一定创新性、突破性的新闻报道思维方式、报道理念及报道方法等，应当认真研究和总结。这些可以为常规性新闻宣传报道理念、报道方式的改革与创新提供重要的参考和借鉴。另一方面，在重视重大突发性事件报道，总结和借鉴这类报道舆论引导的成功经

验和做法时，不能忽视常规性新闻宣传报道在整个新闻事业中的地位和重要性。由于具有突发性、重大性、不可预测性等特点，重大突发性事件本身就能引起社会广泛关注，再加上对这类事件采取 24 小时不间断现场直播以及各媒体融合互动、合力报道等非常规的报道手段和方法，在一个较长时期内，这类事件的报道几乎占据了各媒体的绝大部分版面空间和节目时间，使得常规性新闻宣传报道被淹没。“5·12”汶川大地震后将近一个月时间里，报纸、广播、电视、互联网等各种媒体上几乎都是关于抗震救灾的内容，相比之下，其他常规性新闻宣传报道无论在数量上、版面位置显著性上还是节目时间长度上都显得微乎其微、无足轻重。笔者并不是反对突出重大突发性事件报道，但过分强调这类报道而忽视甚至放弃常规性新闻宣传报道，可能会产生至少两个方面的负面效应。一是长此以往可能给受众形成这样的感觉，即常规性新闻宣传报道是微不足道、可有可无的；二是受众甚至一些媒体可能把重大突发性事件作为新闻选择的重要或唯一标准，甚至片面追求反常性、刺激性和猎奇。这个问题处理不好，可能会导致以下结果：越是强调或突出重大突发性事件报道，人们便越是忽视常规性新闻宣传报道；重大突发性事件报道越是成功，人们便越是觉得常规性新闻宣传报道可有可无。这不利于加强和改进新闻宣传报道工作，提高舆论引导能力。重大突发性事件报道固然重要，其成功经验和做法也可以借鉴，但任何时候都不能以牺牲常规性新闻宣传报道为代价换取媒体一时的注意力和影响力。

三、借鉴重大突发性事件报道舆论引导的成功经验，进一步改进常规性新闻宣传报道

新闻媒体是党和政府以及人民群众的耳目喉舌，除了报道信息之外，承担着宣传党的路线、方针、政策，反映人民群众意见、要求、愿望和呼声，正确引导社会舆论，为人民、为社会主义、为全党全国工作大局服务的重要功能和职责。“5·12”汶川大地震这一重大突发性事件的成功报道充分实现了这些功能和职责。但从整个社会发展趋势看，这类重大突发性事件发生的概率不是很大，同常规性新闻宣传报道相比，这类报道的数量毕竟较少。新闻媒体上述功能和职责主要通过常规性新闻宣传报道得以实现。因此，借鉴重大突发性事件报道舆

论引导的成功经验，进一步提高新闻宣传艺术，改进常规性新闻宣传报道，应当是新闻媒体恒久的主题。

加强和改进常规性新闻宣传报道最迫切的任务是进一步尊重新闻规律，不断改革创新。胡锦涛在人民日报社考察工作时指出："要坚持用时代要求审视新闻宣传工作，按照新闻传播规律办事，创新观念、创新内容、创新形式、创新方法、创新手段，努力使新闻宣传工作体现时代性、把握规律性、富于创造性，不断提高舆论引导的权威性、公信力、影响力。"①观念创新是根本，内容、形式、方法和手段的创新是归依，是新闻报道创新与改革重要而直接的体现。常规性新闻宣传报道中一直都存在着报道形式单一、报道方法陈旧等问题，以及概念化、口号式、文件型报道时常见诸媒体，典型报道只见典型不见人，政策宣传只见宣传不见新闻等违背新闻规律的做法。这些问题在很大程度上影响了常规性新闻宣传报道的效果。当前，进一步加强和改进常规性新闻宣传报道，要努力实现宣传工作新闻化、新闻报道事件化、事件报道细节化、细节报道人情化。

宣传工作新闻化是尊重新闻规律的重要体现。新闻宣传工作主要通过新闻媒体来完成，但不能把新闻媒体当作单纯的宣传工具来使用。实际工作中应当充分发挥媒体本身所具有的报道新闻、引导舆论的基本功能，用符合新闻规律、有利于媒体自身功能发挥的手段进行宣传报道。只有把宣传工作新闻化，才能使宣传更容易被接受，进而取得良好的效果。

新闻报道事件化要求突出事件在新闻报道中的重要作用。新闻的基本要素包括何时（When）、何地（Where）、何事（What）、何人（Who）、何因（Why），即常说的 5 个 W。其中最重要的要素是何时、何事、何人，事件又是其中的核心要素，是新闻的必要条件，舍此新闻则不成其为新闻。因此，实际工作中要注重以生活中的具体事实、具体事件为依据进行新闻报道，避免堆砌口号、罗列概念、空洞说教。

事件报道细节化是增强新闻宣传报道吸引力和感染力的重要手段。日常生活中的事件种类众多、纷繁复杂、千头万绪，加上版面空间、节目时间有限，新闻媒体不可能事无巨细地报道所有事件或事件的全部内容和方面。因此，只有根据贴近实际、贴近生活、贴近群众的原则，通过发掘感人的细节以小见大、以点带面、以局部反映整体来强调和烘托报道主题，才能进一步提高新闻宣传报

① 胡锦涛在人民日报社考察工作时的讲话[N].人民日报，2008-06-21(4).

道的吸引力和感染力。

细节报道人情化是“以人为本”的理念在新闻宣传工作中的具体体现。人是新闻宣传报道诸因素中最积极、最活跃的因素。人的活动、思想、情感总是能够引起广泛关注。因此，在新闻宣传工作中要本着“以人为本”的理念，注重选择反映人的活动、思想、情感的细节，用这些细节吸引人、打动人、影响人、鼓舞人。

宣传工作新闻化、新闻报道事件化、事件报道细节化、细节报道人情化是新时期进一步加强和改进常规性新闻宣传报道的基本思路和重要途径。只有努力实现这些要求，才能进一步加强和改进常规性新闻宣传报道，进一步提高舆论引导的针对性和实效性，吸引力和感染力。

（本文由笔者与中国传媒大学高永亮副教授合作撰写，原载于《中国广播电视学刊》2009 年第 1 期）

媒体融合时代
舆论引导方式变革的新动向

——基于微信朋友圈“人贩子一律死刑”言论的舆情分析

2014年年底，我国手机网络用户首次超过PC端网络用户。据我国工业和信息化部统计，2015年5月，移动互联网用户数达8.97亿户，同比增长4.6%，手机上网的用户数达8.53亿户，对移动电话用户的渗透率达到66%。① 移动互联终端的攀升应用，使得以手机新媒体为代表的移动舆论场迅速壮大，新媒体移动舆论场与传统媒体舆论场相互交织，重塑了舆论引导格局，对已有的舆论引导机制也带来影响。

本文结合2015年6月的舆情热点之一——“人贩子一律死刑”这一典型案例，分析媒体融合对当下舆论引导方式带来变革的新动向。

6月17日，一则“建议国家改变贩卖儿童的法律条款，拐卖儿童判死刑！买孩子的判无期！”的帖子在微信朋友圈中被刷屏。截至6月18日上午9时，新浪网民调显示，81%的网友支持判处人贩子死刑，呈压倒性态势。与此同时，权威媒体纷纷发声。后来，理性看待此事的观点逐渐占据上风，舆论渐渐回落。

一、从“人贩子一律死刑”案例看媒体融合中的舆论传播新特点

从6月17日到6月19日，短短三天时间里，传统媒体舆论场与新媒体移动舆论场交织共振，官方舆论场和民间舆论场互动融合，掀起了一场舆论高潮。舆情从初现端倪，到发酵引爆，再到回落的过程，具有速度快、变化多、周期短等

① 工业和信息化部.2015年5月份通信业经济运行情况[EB/OL].[2015-06-20].http://www.Miit.gov.cn/n11293472/n11293832/n11294132/n12858447/16657255.html.

特点。以两微一端为代表的社交媒体和人民网、央视等主流媒体快速引导舆论占位布局，灵活掌控舆论的关注聚焦，使得舆情发展呈现出一些新特点：

（一）舆情的引爆点更加隐蔽，引爆舆情的动机更为复杂和多元

关于舆情引爆的源头，主要有两种说法。一说来自传统媒体，中央电视台社会与法频道播出的纪录片《关爱成长呵护未来》第一集《丢失的孩子》是一个重要的引爆点。另一说是某婚恋网站出于商业营销目的有意为之。后经查实，确实是某网站的营销行为，由于其营销手法十分巧妙和隐蔽，网友和手机用户被颇具冲击力的图片所吸引，未能判断这是相关网站的商业炒作。这表明，引爆舆情的动机更多是出于商业目的。

（二）舆情发酵迅速，推动舆情发展的方式和方法更加隐蔽和多样

以往的舆情酝酿多以传统媒体为主导，酝酿和发酵一个重大舆情往往要经历一个较长的铺垫时期。而媒体融合时代，新媒体的介入，尤其是微博和微信的运用，使得舆情酝酿和发酵的时间越来越短。自媒体为公众参与提供了非常有效的工具。另外，自媒体的运营方所使用的运营手段和方法，符合传播学中的最优化的传播方式，即“人际传播＋组织传播＋大众传播”的传播方法。在“人贩子一律死刑”的舆情传播中，运营者所设计的“承诺”和“转发”机制，对微信用户进行了身份认证和道德评判的绑架。“承诺”即身份认证，如“我是来自北京的承诺者”“我是来自湖南的承诺者”；“转发”是道义上的评判，支持人贩子判死刑，一时间迅速占据了道德高地，成为引导用户转发的道义指向，如“是中国人就转”“是妈妈就转”，这种看似褒赞，实则隐含着诅咒的“转发”动员令，绑架了用户的理智评判，对推高舆情起到了煽情的效果。

（三）引发舆情的直接责任主体不明，舆情更容易以病毒式传播的方式被引爆

与以往重要舆情不同的是，在“人贩子一律死刑”的汹涌舆情中，众口一词都指向了对人贩子的声讨，虽然也有一些声音指出政府主管部门在相关事件中的失职和不作为，但总体而言，政府部门并未成为被攻击和指责的明确责任主体。人贩子贩卖儿童，固然有缺乏有效管理和监督等多种原因，但最明显、最主

要、最直接的原因，还是利益驱动，政府主管部门并不需要作为直接责任主体来担责，这就使得官方舆论场和民间舆论场可以摆脱以往微妙的对峙状态，跳出固定的话语表述窠臼，达成共识，共同聚焦于对贩卖儿童犯罪事实本身的讨论上。这就形成了合力，促成舆情以病毒式传播的方式被引爆。

二、“人贩子一律死刑”案例从客观上给舆论引导带来的积极效应

从该案例来看，由社交媒体发起，传统媒体跟进而形成的媒体融合式的舆论传播，重塑了当下舆论引导的格局，推动舆论朝着多元、纵深方向发展，也为舆论引导机制的重构提供了现实依托。具体来说，该案例给舆论引导带来的积极效应有以下几点：

（一）缩短了舆论引导的进程，凸显了公共舆论价值

关于“人贩子一律死刑”的讨论，只是民意的聚焦和发酵，而不是严肃的法学研讨。“满屏杀”的喧闹，在未经理性思考的情况下，与其说是表达观点，毋宁说是宣泄情绪。对人贩子愤恨情绪的发泄，也是促使公众转发信息、参与讨论的驱动力之一。一定程度上，由于公众缺乏参与公共决策的渠道和途径，不得不选择简单的媒介互动，以表达对社会现实的不满。“满屏杀”中显然缺少逻辑和理性，但通过夸张的标题、刺激的话语和叙述，积聚的民意得以宣泄，并成功吸引公共决策机构的关注，可以说是一种非常朴素的现实表达策略。正如光明网评论员所认为的：“这是一种原始朴素的民声，和其他渠道有限的民意表达比起来，这种表达更纯粹也更有信息量。它当然会遇到质疑、辩驳，就像过去一周在舆论场上的遭遇一样，但它并不可能也没有义务展现出无可辩驳的‘正确’和‘理性’。”[①]这种朴素的民意，经过媒介的发酵，以惊人的速度在舆论场中传播，能迅速吸引公共决策机构的关注，最后实现公共政策的合理导向，这其实是近年来诸多公共舆论事件被引爆的幕后重要推动力。

事实上，“人贩子一律死刑”刷屏一周后，6 月 24 日，媒体报道全国人大常委

① 从“人贩子死刑”到“收买儿童被追刑责”[EB/OL].(2015-06-25).http://guancha.gmw.cn/2015-06/25/content_16081923.html.

会再次审议《中华人民共和国刑法修正案(九)(草案)》,将收买儿童满足一定条件可免于刑责的规定,改为满足一定条件可从轻处罚。在一定意义上,媒介融合大大缩短了舆论引导的进程,推动了公共舆论和公共决策快速、良性互动,凸显了公共舆论的价值。

(二)接力公共议题讨论,激发社会人文关怀

“人贩子一律死刑”在舆论场的引爆,虽然突如其来,但细究议题本身,其与社会关注的诸多青少年问题一脉相承。在“人贩子一律死刑”刷屏之前,2015年6月,贵州毕节留守儿童自杀事件轰动社会;之后,浙江庆元虐童事件震惊全国。就拐卖儿童问题本身而言,近年来,“宝贝回家”亲子网在全国掀起大规模寻亲活动,电影《亲爱的》《失孤》都以寻找拐卖儿童为题材,引发热议。一系列媒介事件的背后,折射出我国针对儿童和青少年的社会保护机制严重缺失,他们的合法权益未能得到有效保障的社会问题。“人贩子一律死刑”的传播,配以刺眼的图片、煽情的话语,以情感介入的方式,吸引公众眼球,并通过社交媒体的转发,从强关系网络向弱关系网络大量传播,引发溢出效应,再次强化了公众对拐卖儿童问题的关注,以接力讨论的形式,不断将儿童相关议题推向舆论高点。与儿童相关的议题持续出现在公众视野中,必然会推动公众对儿童乃至青少年安全成长环境等议题的持续聚焦,激发全社会的深层人文关怀,从而促进问题的现实解决。

(三)构建舆论讨论平台,促进普法教育深入

“人贩子一律死刑”在舆论场中出现,最初是被汹涌的民意推到高点。当“满屏杀”刷屏后,理性讨论的声音开始出现,并逐渐占据上风。据人民网官方微信统计,微信朋友圈转发以“一律死刑!买卖一律死刑”为主,微博转发中,则夹杂有“一律死刑太过,应该倡导买方入刑”“一律死刑太过,应该倡导买卖同罪”“一律死刑太过,应该倡导加重对拐卖收买妇女儿童行为的处罚”等不同声音,舆情呈现轻微分散。[①] 与网友相比,法学专家表现得更为专业、理性,从死刑对犯罪行为威慑有限、一律死刑会刺激人贩子铤而走险、一律死刑有违罪刑法

---

① 李北北.“满屏杀”!“贩卖儿童判死刑”舆情分析[EB/OL].(2015-06-18).人民网舆情监测室微信公众号.

定和罪刑相适应原则等多个角度进行了专业解读。法学专家或专业人士的意见,最初多由主流媒体网站或者门户网站首发,然后被自媒体迅速转发。如腾讯网《大家》专栏在6月18日刊发《呼吁"人贩子一律死刑"暴露民众焦虑》(又名《除了骂群众不理性,关于打拐还该做点什么?》),阅读量为38万;18日刊发《"一律死刑"与"坚决废死"带来的恐慌》,阅读量为9.5万;19日刊发《法律为什么总是在保护坏人?》,阅读量为45万。[①] 这三篇专业文章,在朋友圈中被频繁转发,形成复合传播效果。媒体融合营造了多重舆论平台,推出、转发意见领袖观点,无形中进行了一次公众大规模参与的普法教育,对于提升公众法律意识,推动"依法治国"观念被全社会深入接受,有着具体的示范效果和一定的正面意义。

三、"人贩子一律死刑"案例给舆论引导带来的负面影响

"满屏杀"在传播和发酵的过程中,也产生了一些新现象,反映出若干新问题,折射了舆论场中多股复杂力量的博弈,呈现出一些负面影响,不利于舆论引导机制发挥正向引导作用,这些现象亟待关注和反思。

(一)信息碎片化与新闻真实性产生矛盾

传统媒体时代,媒体工作者充当了"把关人",肩负着核实新闻真实性的重要职责。与传统媒体不同,社交媒体的特点,在于个人可以对周围事件进行即时报道。换言之,大大小小的碎片化事件都能成为被播报对象,这些事件因而也具备了"类新闻"的性质。[②] 然而,社交媒体的便捷,也带来了难以追溯新闻源、对新闻事实难以查实的困难,社交网络的匿名性,让用户可以毫无顾忌地肆意转发,虚假新闻从而得以厕身其间。为了提高时效,降低成本,传统新闻媒体也纷纷从社交媒体中寻找新闻线索,间接加速了虚假新闻的扩散。尤其当热点舆论事件的信息呈碎片化快速扩散时,囿于时效和人力,新闻媒体更难以做到逐一查实,这往往导致不实信息加速流通,影响新闻的真实性和权威性。如"人贩子一律死刑"报道中,就有不明身份人士以家长口吻自述,女儿幼年被拐,历

① 统计时间截至2015年6月30日。
② 罗世宏.如何在社交媒体时代做好新闻查证基本功[EB/OL].(2015-06-28).腾讯网"大家"专栏.

经艰难曲折后寻回,女儿却因备受摧残伤势过重而死。这种凄惨的叙事,会激起公众内心深处对于儿童可能遭受折磨的恐惧、同情,并激发极大愤慨。但报道中对事件源头和出处无任何说明,一旦被证实为假新闻,毫无疑义会影响公众对传媒的信任,并引发公众对媒体专业性和权威性的质疑。可见,媒体融合促使社交媒体和传统媒体相互借鉴相互转发,已经悄然动摇了传统媒体新闻把关人的地位,把关人的缺位反映了信息碎片化和新闻真实性之间的矛盾。

(二)舆情娱乐化倾向导致正面传播效果递减

媒体融合的一个显著特点,是分散于多种媒介形态中的信息,得以整合到共同的平台上发布,而媒介信息的爆炸式传播,建构了当代受众的集体场域。在这一场域中,受众共享信息,并通过媒介符号,分享彼此的感受、体验、记忆等心理情绪。这些媒介符号,经过多次传播,已经负载了受众丰富的情感认同,当它们再次被重复使用于新的媒介语境中时,往往能召唤起受众熟悉感与陌生感并存的复杂体验,从而形成特殊的传播效果。如知名运动员刘翔婚变舆论中,"婚变导火索源于一块红烧肉"的说法被媒体反复报道,显然是借用了热播电视剧《双面胶》中的剧情和房产大亨王石爱做红烧肉的段子。这些类似于插科打诨的段子,以往多见于娱乐传播中,目前逐渐呈现向其他新闻类型浸入的态势,社会新闻、民生新闻中已经屡见不鲜。在"人贩子一律死刑"的舆情传播中,也有类似的娱乐化现象,众声喧哗中不乏调侃的声音。"接力一下,我在北京。我坚持建议国家制定行为准则。我坚持!! 老发语音微信的直接判无期!! 咸豆花死刑!!! 带豆沙的粽子死刑!!! 凉皮放黄瓜丝的死刑!!! 羊肉泡馍放鸡蛋的死刑!!! 水煮鱼铺豆芽的死刑!!! 不求点赞!!! 只求扩散!!!"表面上,传播者是借用咸豆花、豆沙粽子等为网友所熟知的网络段子进行搞笑,事实上,通过这种暗示手法,传播者表达的是对"一律死刑"呼吁背后荒唐逻辑的讽刺。舆情传播的娱乐化,犹如一柄双刃剑,一方面,以熟悉的段子为噱头调侃,能调动受众轻松愉快的接受体验,有利于不同观点的传播接受;另一方面,在重要的新闻舆论传播中,夹杂娱乐段子,会削弱舆论的针砭性,导致正面传播效果的递减。

（三）舆情商业化助推不良情绪泛滥，并且有损媒体的公信力和社会诚信体系

微信朋友圈热议“人贩子一律死刑”时，有网友发现，部分微信页面上，有某婚恋网站的链接，有搭车炒作的嫌疑。6 月 18 日下午，该网站发表声明称，链接系部分员工的个人行为，网站已处理涉事员工并向社会致歉。有专家指出，该网站的营销活动，既违反广告法的相关规定，又违背传播伦理，是一种不健康不道德的公关行为，网友需对此有清醒认识。[①] 更值得深思的是，自新媒体勃兴以来，以往在传统媒体中一直不乏受众推崇的心灵鸡汤式的文风也转移到社交媒体阵地上，一些心灵鸡汤文章通过人际传播＋大众传播的方式，以浅显的道理、煽情的话语、醒目的图片，煽动着受众的情绪。受众或用户情绪被调动，会带来高转发，也为资本留下了运作空间。商业资本逐利而来，在诸多鸡汤文或段子中，植入或隐或显的广告，已经成为常见的营销手段。但此次商家将营销广告植入公益性事件中，是一个相当恶劣的开端。有专家评论此次事件时，特意指出还有相关营销在搭车炒作，正是这种不良风气所诱发。[②]

商业资本刻意营造公益事件热点，或者结合公益事件植入广告，以低成本转发、点击方式诱使用户参与，会助推不良情绪泛滥，让用户沉浸于心理情绪营造的自我形象“高大”“公正”“正直”的暗示中，从而只关注现象的表层，忽略了对事物本质的理性思考。另外，一旦公众对这种商业炒作手法越来越熟悉，被欺骗的感受将催生疏离感和厌倦感，导致公众对媒体，尤其是新媒体的不信任，并有可能会逐渐冷淡公益事件，客观上造成公众与社会现实之间的冷漠隔离。这不利于培育媒体，尤其是新媒体的公信力，也不利于培养具有独立思考能力的公民受众，更无益于解决社会实际问题。

四、对重构当下舆论引导格局和机制的建议

从“人贩子一律死刑”的舆论传播中，能看到政府、市场、公众三方在舆论场中的介入和博弈。政府主管下的主流媒体，依然担负着正面引导舆论，弘扬正

---

① 钱桂林.珍爱网借“判死人贩”搞营销是自作聪明[EB/OL].(2015-06-19).长江网.

② 张幂.珍爱网借“贩童一律死”营销是损人不利己[EB/OL].(2015-06-19).独家网.

能量的重任，此外，主流媒体与部分门户网站、社交媒体等，还共同面临着恪守媒体职责，坚守媒体专业精神的压力。商业资本的无孔不入，让市场力量在舆论场中寻找一切逐利的机会，而公众一方面承受着诸多力量有意无意的牵引、控制，另一方面也以传播主体的身份介入传播活动，以实际参与来重构舆论引导格局，影响舆论进程。

由此看来，在媒体融合的作用下，当下的舆论引导格局，已经形成多元主体参与，多种利益诉求并存的局面。媒体要满足引导舆论、实现商业利润、弘扬公益等多种要求，同时仍然保持自身的客观性、专业性，面临的挑战，可谓不小。然而，挑战即机遇，传统主流媒体曾经作为议程设置机构和把关人，牢牢把控着新闻内容的生产，这一权威地位随着自媒体的兴起逐步被打破。如何在媒体融合的变局中，寻找突围之道，已经成为摆在传统媒体面前的紧迫问题。从“人贩子一律死刑”转发事件中能看到，传统主流媒体依然以其专业性、权威性、严谨性打造了开阔的用户平台，对用户有着强大的公信力和影响力，而这“两力”甚至可以通过新媒体的附着和黏合，协同合作，辐射得更广泛。而要更好地发挥“两力”，重新掌控议程设置的主动性、机动性，媒体亟须重新建构适应现实的、灵活运作的舆论引导机制，主要包括：

辟谣机制。把关人的缺位容易导致虚假舆论泛滥，需建立相应的纠错、辟谣机制，确保新闻的真实性。

预警机制。媒体融合极大地加快了舆论传播进程，应建立预警机制，对于负面影响明显的舆情，监控传播节点，避免舆情引爆。

自净机制。社交媒体，尤其是移动媒体已经成为重要的舆论接入端口，亟须建立自净机制，自我净化，从内部把控不良舆情信息的传播。

监督机制。如上提到的三种机制，依然是从主管机构和媒体本身角度出发来加强舆论引导，但媒体融合意味着信息呈爆炸式的加速度传播，事实上，任何一个部门或者传媒机构，本身已经难以胜任这一任务。必须引入专家评价、公众反馈等多方意见，运用媒介批评方法，汇聚多种力量，建构完善的监督机制。

（本文由笔者与中国传媒大学李汇群副教授合作撰写，原载于《新闻记者》2015年第8期）

发挥好网络意见领袖的社会政治作用

2016 年 4 月 19 日，习近平总书记在主持召开网络安全和信息化工作座谈会时指出，“网民来自老百姓，老百姓上了网，民意也就上了网。群众在哪儿，我们的领导干部就要到哪儿去。各级党政机关和领导干部要学会通过网络走群众路线，经常上网看看，了解群众所思所愿”。在了解网民意见时，网络意见领袖的作用不可忽视。正如习近平总书记在 2015 年 5 月中央统战工作会议上强调的，“要加强和改善对新媒体中的代表性人士的工作，建立经常性联系渠道，加强线上互动、线下沟通，让他们在净化网络空间、弘扬主旋律等方面展现正能量”。如何更好地发挥网络意见领袖的社会政治作用，成为当今中国面临的一大舆论课题。

一、网络意见领袖的舆论动员和引导机制

随着计算机网络技术的迅猛发展，尤其是随着 Web2.0 的兴起，互联网已深入到当今中国社会生活的方方面面，人们无时无刻不在感受着网络的强烈冲击和深刻影响。一个突出的现象是，越来越多的网民通过网络这个平台，发表对于国家政治经济事件和社会公共事务的看法。在当下中国，网络论坛尤其是网络时政论坛已经成为网民意见传播渠道，聚集着他们的情绪、意愿、态度和意见。网络论坛上活跃着一些掌握了一定经济、文化和社会资本，思维敏锐而表达欲望强烈，对公共性议题积极关注和参与的人，他们就是所谓的“网络意见领袖”，包括活跃在“强国论坛”“新华网评”“天涯杂谈”“人民时评”等知名网络平台、享有盛名的网络名人。

应该承认，在任何时候，互联网上言论相对活跃的网民总是占少数，与之并存的是大量的“沉默网民”，即“沉默的大多数”。围绕众多网络热点事件或议题，大量的网络用户（网民）可能关注并思考着相关问题，但并不会就此发表言论。有数据显示，真正活跃在网络上、具有影响力的微博意见领袖是介于32岁到51岁之间的男性精英群体（其职业身份为学者、媒体人、企业管理者以及律师等），草根网民、普通公众少之又少。基于此，网络意见领袖的舆论动员力和引导力可以诉诸“沉默的螺旋”的从众效应。“沉默的螺旋”理论创建者诺依曼认为：大众传媒通过营造“意见气候”来影响和制约舆论，舆论的形成不完全是社会公众自由、平等、理性讨论的结果，而是“意见气候”的压力作用于人们惧怕孤立的心理，促使人们对优势意见采取趋同行为的结果。而这种“意见气候”，就是由意见领袖所持的优势意见营造的。

二、网络意见领袖的社会政治作用

大众传播媒介直接作用于受众的效果是有限的，其传播效果需要经由意见领袖的中介作用而得到加强。而且，从宏观社会的角度讲，伴随着公民社会的不断培育和发展，中国正处在社会从国家中逐步分化出来的社会结构转型期。在现代国家—社会二元结构中，作为社会传播的中介性因素，基于其强大的社会舆论动员力和引导力，意见领袖成为政治（国家）系统与社会（公众）系统之间的一个缓冲地带，以及两大系统沟通的桥梁和纽带。因而，意见领袖的“缺席”或“失灵”就意味着社会政治传播中介链条的断裂，必然导致社会政治体系的低效运转乃至于瘫痪。

在网络时代，意见领袖尤其是那些来自底层和民间的网络知识分子，在代表基层诉求、反映民间呼声方面具有某种“接地气”的得天独厚的优势。一方面，他们深知民间疾苦，同时有热情、也有时间关心时事和关切公益，有一种以天下为己任、“治国平天下”的传统知识分子情怀；另一方面，如同现代公共知识分子，他们有着良好的参政议政和参与公众活动的能力，眼光犀利、观点独到、语言表达能力强。通过他们，可以建立起政府和社会上层与草根阶层沟通协商的渠道，并召唤和引导广大民众参与政治和社会公共事务，从而促进协商民主或参与式民主的发展，达到化解官民矛盾、弥合阶层鸿沟和构建和谐社会的目的。与此同时，属于社会范畴的网络意见领袖，大都处在“体制”之外，有着广泛的民众基础，因而敢于直言批评官员的贪污腐化行为，由此成为当代中国通过民主监督来健全社会肌体的生力军。网络意见领袖可以通过其强大的舆论动员力和舆论引导力，促成积极正面的舆论共识，从而有利于夯实治国理政的民意基础，推动政治的社会化进程，进而提高政府对全社会的公共治理能力和效率。

三、网络意见领袖如何发挥好社会政治作用

基于一般性信息传播和舆论生成机制，以及当代中国社会的政治发展进程，意见领袖可以也应该发挥其重要的社会政治作用。然而在当今中国，意见领袖尤其是网络意见领袖在信息和价值传播方面发挥独特正能量的同时，也正遭受着信任危机和被污名化的危险。

因此，网络意见领袖要发挥应有的社会政治作用，就必须不断提升自身的品质修养和媒介素养，树立起担当社会重任的责任感。首先，不同于现实中的意见领袖，网络意见领袖流动性大，其地位频繁更替，大量的意见领袖处在动荡的状态下，甚至昙花一现。作为舆论动员者和引导人，网络意见领袖稳固其领袖地位的关键因素，无疑是自身的人格魅力。只有不断地加强道德、法律、政治和艺术修养，提高人生境界，网络意见领袖才能保持住并扩充其人格化魅力，从而增进其在群体受众中的信任感，稳定其声望值。

其次，“内容为王”是网络时代的制胜之道。在一个充斥“充足的悖论”的信息爆炸时代，赢得注意力的关键不再是信息的数量，而是信息的质量。作为媒介内容制造者的网络意见领袖，不仅要保证言论（如 ID 发帖）的数量，更要追求言论的质量。为此，网络意见领袖必须不断加强媒介素养，对自己的言论始终秉持认真负责的态度，讲究言之有物、言之有据和言之有理，确保论证的严密性和政治立场的正确性。总之，勇于担当社会重任，善用和慎用话语权，是网络意见领袖在当代中国充分有效地发挥其社会政治作用的关键所在。

（本文由笔者与中国传媒大学李智教授合作撰写，原载于《人民论坛》2016年第15期）

强化从业者责任意识 构筑互联网治理体系

——《互联网新闻信息服务单位内容管理从业人员管理办法》解读

2017年10月30日，国家互联网信息办公室公布《互联网新闻信息服务单位内容管理从业人员管理办法》(以下简称“《办法》”)。《办法》对互联网新闻信息服务单位的义务、内容管理从业人员(以下简称“从业人员”)的行为规范等作了规定。《办法》的出台，体现了新时代我国管理部门对互联网新闻传播规律的准确把握和深刻认识，为传播网络正能量、净化网络空间、改善网络生态环境、形成习近平总书记所提倡的“风清气正的网络空间”提供了法律政策保障。

一、从关键环节指导和规范互联网新闻信息传播

互联网新闻信息服务单位有两种基本类型。一类是由传统媒体演变而成的互联网新闻信息服务单位，这一类型仍然延续传统媒体的把关机制。另一类是原生的网络媒体，原生的网络媒体有别于过去的传统媒体，“把关人”的机制没有建立起来或者还不健全。

《办法》对互联网新闻信息服务单位从业人员的行为进行规范，明确了互联网新闻信息服务单位“把关人”的职责。《办法》抓住了互联网新闻信息传播活动中的关键环节，要求从业人员“认真核实新闻信息来源”“杜绝编发虚假互联网新闻信息”，以确保信息的真实性和安全性。《办法》的出台，对于增强互联网新闻信息服务单位及其从业人员的守法意识、安全意识、阵地意识，有着重要意义，也为落实习近平总书记新闻舆论观、网络强国战略提供了法律制度保障。

二、明确了互联网新闻信息从业人员的社会责任和行为规范

《办法》对从业人员的行为提出了多方面的要求：从业人员应当遵守宪法、法律和行政法规，坚持正确政治方向和舆论导向；应当坚持马克思主义新闻观，坚持社会主义核心价值观，坚持以人民为中心的工作导向；应当恪守新闻职业道德，坚持新闻真实性原则；不得从事有偿新闻活动；等等。这些要求是新时代的互联网新闻信息服务单位内容管理从业人员做好网络舆论引导工作、传播正能量、构筑网上网下同心圆的保障。

在《办法》提出的要求中，“维护国家利益和公共利益”和“推动构建风清气正的网络空间”是从业人员开展互联网新闻信息传播应承担的社会责任。习近平总书记指出：“只有积极承担社会责任的企业才是最有竞争力和生命力的企业。”同样，只有积极承担社会责任的从业人员才是最有竞争力和活力的从业人员。从业人员不能一味地追求点击率，饮水思源、回报社会、造福人民，是互联网新闻信息从业人员的社会责任。

三、构建了三位一体的社会协同治理体系

党的十八大报告提出“加强网络社会管理”；十九大报告提出“建立网络综合治理体系”；“十三五”规划要求“强化运营主体的社会责任”。2016 年 10 月 9 日，习近平总书记在主持中共中央政治局第三十六次集体学习时指出，随着互联网特别是移动互联网发展，社会治理模式正“从单纯的政府监管向更加注重社会协同治理转变”。2016 年 4 月 19 日，习近平总书记在网络安全和信息化工作座谈会上再次强调：“网上信息管理，网站应负主体责任，政府行政管理部门要加强监管。主管部门、企业要建立密切协作协调的关系，……走出一条齐抓共管、良性互动的新路。”如何把讲话精神落到实处？互联网社会协同治理体系如何构建？《办法》给出了明确回答——互联网新闻信息服务单位和国家、地方互联网信息办公室分工合作，并与社会、司法部门联动，共同管理从业人员的网络新闻传播行为。

《办法》明确了各自的管理责任。它规定从业人员管理的主体是互联网新闻信息服务单位。它们要建立健全从业人员劳动人事制度，加强从业人员管理，“定期报送从业人员有关信息”，对违反规定的从业人员，要“加强管理和教育培训”，并给予警示、处分直至解聘处理。各级网信办的职责是“指导”和“督促”，指导互联网新闻信息服务单位建立健全从业人员准入、奖惩、考评、退出等制度，负责对互联网新闻信息服务单位进行约谈，督促该单位对有关人员加强管理和教育培训。

国家和地方互联网信息办公室的职责按照“分级管理、属地管理”的原则进行划分：国家互联网信息办公室建立从业人员统一的管理信息系统、信用档案和黑名单；地方互联网信息办公室负责属地从业人员的相关管理工作，并负责上报数据和信息。

《办法》还把社会监督纳入了管理体系，要求“互联网新闻信息服务单位应当建立举报制度，畅通社会公众监督举报的渠道”，让从业人员自觉接受社会监督。

这种三位一体的社会协同治理体系，对形成清朗的网络空间将发挥积极作用。

四、提升从业人员职业素养，为依法履职赋能

新闻舆论工作具有鲜明的意识形态属性，要保证这种属性不被弱化，离不开从业人员的把关。从业人员是互联网新闻信息传播流程中非常重要的一个环节，他们处于整个流程的前端，他们的素养和工作能力，决定了互联网上传播出去的新闻产品的质量，也左右着网络空间的风气。他们的工作要把考量新闻信息传播产生的社会效应放在首位，以确保新闻产品的正确导向。

在利益多元化的当下，从业人员如果政治素养不高，“把关”稍有不慎，就会使国内的局部问题，经过互联网媒体的“放大”，在国际上产生“蝴蝶效应”，造成社会不稳定。要预防此类事件的发生，就需要从业人员既担负经济责任、法律责任，又担负社会责任、道德责任。一些互联网新闻信息服务单位的基层党组织建设薄弱，从业人员政治素养参差不齐，很难承担网络舆论引导的大任，因此适当的教育培训就显得非常必要。应加强对从业人员的教育培训，以增强他们

的政治自觉性，使其互联网新闻传播行为更符合国家的需要。

《办法》正是基于这样的考量，构建了一套以惩处为基础，以赋能和预防为目的，以网信部门为主导，以互联网新闻信息服务单位为主体，全国统一的互联网新闻信息服务单位从业人员教育培训体系。该体系既规定了对从业人员的违规违法行为的处罚方式，还通过教育培训的方式为从业人员赋能，提升从业人员的工作水平，预防或者减少不良传播行为的出现。《办法》详细地阐释了从业人员教育培训的组织部门、管理职责、培训制度、工作流程、培训学时等。第十二条还特别规定，教育培训的内容"应当包括马克思主义新闻观，党和国家关于网络安全和信息化、新闻舆论等工作的重要决策部署、政策措施和相关法律法规，从业人员职业道德规范等"。这些规定意在从政治意识、法治精神、专业能力和伦理自觉四个维度为从业人员赋能，强化从业人员的网络舆论引导能力，使其依法履职，做到正能量充沛、主旋律高昂，营造风清气正的网络空间。

结　语

网络空间是亿万民众共同的精神家园，天朗气清、生态良好，既是网络社会治理的追求，也符合人民的利益。《办法》的出台，既是从业人员做好互联网新闻信息传播工作的依据和保证，也加强了我国互联网信息内容管理制度建设，使网信部门在履行互联网治理职责时有了更加具体的依据，加快了我国网络信息法治建设的步伐，从法律和政策层面为我国构建生态良好的网络空间提供了制度保障。

（本文由笔者与赣南师范大学副教授龙鸿祥合作撰写，原载于《青年记者》2017 年第 34 期）

网上正能量概念指标体系的建构及测试

——以2016年“五个一百”网络正能量精品评选活动入选作品为例

网上正能量是指互联网平台传播的积极、健康的信息，表达的正确观点和乐观、向上的情绪。从网络传播的过程来看，由传播主体发出的信息内容被网友接受后，网友可以感受到积极、乐观的情绪和健康、正确的价值观念。

在传播主体、信息内容和受传者三个环节中，最终由受传者感受到的情绪和价值反映出正能量的性质和程度。从逻辑和现实情况来分析，如果以受传者的感受作为依据进行倒推，理论上可以判断和测试出信息内容及其传播主体的正能量情况。

一、网上正能量概念指标体系建构

框架理论用以描述“个人组织事件的心理原则与主观过程”[①]，框架理论有三个核心概念：框架、框架化和框架效果。框架理论的分析对象涵盖话语、话语的建构和话语的接收三大范畴，对应新闻传播研究三大领域：媒介内容（框架是什么）、新闻生产（框架如何被建构）和媒介效果（受众如何接收和处理媒介信息）。[②] 框架通过凸显现实中的某些方面，使之在传播文本中更加突出，用这样的方式促成一个特定问题的界定、因果解释、道德评价以及如何处理的忠告。[③] 因此，“框架理论凸显了社会价值的可塑性，其核心在于框架的意义建构与相互竞争，暗示各种社

① 臧国仁.新闻媒体与消息来源——媒介框架与真实建构之论述[M].台北：台北三民书局，1999：32-44.

② SCHEUFELE D, TEWKSBURY D. Framing, agenda setting, and priming: the evolution of three media effects models[J]. Journal of communication, 2007, 57(1): 9-20.

③ ENTMAN R M. Framing: toward clarification of afractured paradigm[J]. Journal of communication, 1993, 43:4.

会主流框架，均可以通过语言或符号的论述再现，予以改造或转变”[①]。网上的信息传播通过多种形式（文字、声音、图像等）的文本进行意义的建构，从而形成反映创作者主观倾向的特定内容，并在传播效果层面对受众形成认知、情感、态度及价值观念的影响。

本研究以框架理论为指导，将网上正能量信息和观点视为一个具有框架效果的范畴，尝试建构一套网上正能量概念指标体系，以应用于网络正能量实践的测量和评估。遵循尽可能全面、不重叠和易于取得的原则，[②]本研究将“正能量”这一较为抽象的研究对象按照其本质属性和特征，分解为多层次且相互联系的统计指标，并根据具体指标所在的层级，对指标体系中每个指标赋予相应权重。

指标体系的建构可分为两个过程。其一是根据既有的政策、理论和相关研究，对“正能量”这一抽象概念进行降维，将其分为多层级、多维度的概念体系，以较为完整地反映和概括正能量的本质特征与内涵，这是一个从理论和抽象概念出发的“正向过程”。其二是将理论研究成果与有关专家、研究者和普通受众的认知与感受相结合，建立最后一级的、可操作的指标体系，用尽可能准确、全面、易于理解的情感和价值概念，作为指标体系在实际操作中应用的题项，这是一个将理论和受众情感相连接的“双向过程”。

网上正能量来源于优秀的网络文化的传播。本研究认为，网上正能量表现为网上传播的中华优秀传统文化、革命文化、社会主义先进文化和世界优秀文化。为了使概念指标体系结构清晰，便于应用，本研究构建了三级正能量指标体系。一级指标指中华优秀传统文化、革命文化、社会主义先进文化、世界优秀文化四个文化大类指标。二级指标分为核心价值、现代价值和传统价值三个类属指标。三级指标包括 61 个具体指标，其中核心价值概念下的 12 个指标来自社会主义核心价值观，现代价值概念下和传统价值概念下分别有 28 个和 21 个认可度高、易于理解、较为全面的三级指标（见表 1）。

① 杨松.大众传播建构理论和框架理论研究综述[J].理论界，2010(8).

② 邵强，李友俊，等.综合评价指标体系建构方法[J].大庆石油学院学报，2004(3)：74.

表 1　网上正能量概念指标体系

一级指标	二级指标	三级指标
中华优秀传统文化 革命文化 社会主义先进文化 世界优秀文化	核心价值概念（12 个）	国家层面：富强、民主、文明、和谐
		社会层面：自由、平等、公正、法治
		个人层面：爱国、敬业、诚信、友善
	现代价值概念（28 个）	现代、人道、美丽、健康、积极、乐观、公德、责任、自信、科学、理性、团结、进取、改革、创新、协调、绿色、开放、共享、和平、合作、发展、安全、真诚、互利、尊重、友好、共赢
	传统价值概念（21 个）	孝悌、仁爱、廉洁、节俭、智慧、温良、恭敬、礼貌、忠诚、勤奋、勇敢、奉献、自强、自尊、包容、求是、谦逊、弘毅、克制、淳朴、好学

同时，本研究以三级指标体系的重要程度为依据，给每一个概念赋值。其中，核心价值概念的权重系数为 5，体现社会共识的现代价值概念的权重系数为 2.5，体现个人修养的传统价值概念的权重系数为 2.5。

需要说明的是，本研究所建立的指标体系，主要以网络上的传播主体、传播的信息内容为评价对象。严格来说，对传播主体与对信息内容的判断指标应有所区别，但在网络传播环境下，传播主体带给受者的感受主要是通过各种信息内容实现的，对传播主体的评判一定程度上等价于对其传播的信息内容的评判，所以指标体系并不将传播主体与信息内容进行区分。

综上，这套网上正能量概念指标体系综合考虑了主流价值观，传播主体和受众等多种因素。

二、网上正能量概念指标体系的实验测试和检验

在对网上正能量的基本概念进行了界定并建构了一套网上正能量的概念指标体系之后，本研究还对指标体系进行了评估。在评估方案的设计上，我们借鉴了教育学中的“元评估”概念。

对某种评估系统或评估工具本身的评估，在教育学中被称为“元评估”，由

美国学者 Micheal Scriven 提出。[1] 本研究借鉴了美国"教育评估标准联合委员会"在《教育项目、计划和材料的评价标准》中提出的 4 项标准：实用性，指评估工具可以帮助使用者了解信息、获得实际效果和影响；可行性，指评估工具有应用于实践的可操作性；正当性，指评估工具不会伤害到被评价者的权利，尤其是不违反法律和伦理；准确性，指评估工具有正确的技术保证。

基于以上标准，本研究使用指标体系对"五个一百"网络正能量精品评选活动入选作品进行了测试，并基于测试进行 4 个方面的评估：以测试过程分析作为可行性和正当性的评估，以测试结果分析作为实用性的评估，以信效度分析[2]作为准确性的评估。

（一）研究案例和操作方法

本研究以 2016 年"五个一百"网络正能量精品评选活动[3]为案例，根据网上正能量概念指标体系三级指标中的具体指标，对"五个一百"网络正能量系列作品"百名网络正能量榜样""百篇网络正能量文字作品""百幅网络正能量图片""百部网络正能量动漫音视频作品""百项网络正能量专题活动"共 500 件（组）作品进行编号分组分析。

操作中，4 名经过培训、了解指标内涵与编码规则的硕士研究生作为编码员（信度检验测得编码员间信度为 0.74）。编码员对"五个一百"作品进行内容和文本分析，对作品中包含的正能量概念价值的指标数量进行人工判断、计量，对照指标体系，将通过作品感受到的概念价值编码为 1，未感受到的编码为 0，利用加法原则分别计算出作品的核心价值概念得分、现代价值概念得分和传统价值概念得分，最后按照正能量价值概念体系的加权系数计算加权平均数，作为作品的正能量得分。

---

① STUFFLEBEAM D L. The meta evaluation imperative[J].American journal of evaluation，2001，22.

② 研究者采用信效度检验的依据：柯慧新在《传播研究方法》中指出，信效度分析可以从技术上评价量表的质量，"不经过进一步信度和效度的分析评价，一个量表就是粗糙的。……一般而言，评价量表能否得到可靠、准确的测量数据，通常要从两个方面进行测量，即信度和效度"。指标体系是与量表类似的测量工具，故而信效度检验可以对准确性进行评估。

③ "五个一百"网络正能量精品评选活动由国家互联网信息办公室指导，中国互联网发展基金会主办，人民网、央视网、中国新闻网、中国青年网、环球网五家中央重点新闻网站承办。该评选活动包括"百名网络正能量榜样""百篇网络正能量文字作品""百幅网络正能量图片""百部网络正能量动漫音视频作品""百项网络正能量专题活动"五个评选项目。

最终,本研究利用上述方法计算出480部“五个一百”正能量作品的数据及正能量得分(500个样本中,因作品失效等原因缺失20个)。本研究通过观察分数的大体分布范围来测试其与正能量概念指标体系的吻合程度,从而判断作品的正能量内容涵盖情况。对于那些分数过高或者过低的作品,分析其得分成因,并选取典型案例进行研究。

(二)信效度分析

在具体分析测试结果前,本研究首先利用测试所得数据对指标体系的信效度进行检验,以验证指标体系作为测量工具的有效性、测量结果的可信性。

1.效度检验

效度指的是调查量表或指标体系等测量工具能测出其所要测量概念的有效性,包括内容效度、效标效度和结构效度。考虑到本次指标体系的形式特点,本研究选择内容效度进行检验。内容效度指测量目标和测量内容之间的适合性或相符性,即判断量表或指标体系包含的题项,能否代表想要测量的内容和主题。本研究使用的检验方法为“单项与总和相关效度”,基本原理是:分别计算每一个题项的得分与总分的相关系数,确定在数据中,某一指标的得分与其所代表的概念总得分是否存在共同变化的相关关系。如果某一题项的相关系数不显著,表示该题项与所测内容关联性较低,应该剔除。如果所有题项与总和的相关系数都达到显著,就意味着测量工具的内容效度较高。

操作中,本研究将核心价值概念(见表2)、现代价值概念(见表3)及传统价值概念(见表4)视作三个量表,分别将其对应的第三级指标相加,得出三个概念的总分。然后利用软件求出各单项得分与其对应的二级指标总分的相关系数,判断其内容效度。

表2 核心价值概念指标体系的内容效度分析

	富强	民主	文明	和谐	自由	平等	公正	法治	爱国	敬业	诚信	友善
相关系数	0.48	0.62	0.54	0.53	0.28	0.54	0.52	0.34	0.36	0.27	0.41	0.51
显著性程度	**	**	**	**	**	**	**	**	**	**	**	**

(*代表sig值小于0.05,**代表sig值小于0.01)

根据结果可知,核心价值概念对应的12个指标得分与核心价值得分全部呈现正相关，且相关关系全部达到了统计上非常显著的水平（即 sig 值小于 0.01），说明本研究有很大的把握认定所求出的相关关系是具有统计学上的意义的（结论错误的概率小于 1%），说明核心价值概念的内容效度很高。

表 3　现代价值概念指标体系的内容效度分析

	现代	人道	美丽	健康	积极	乐观	公德	责任	自信	科学	理性	团结	进取	改革
相关系数	0.5	0.22	0.36	0.38	0.38	0.33	0.12	0.19	0.43	0.38	0.14	0.48	0.46	0.58
显著性程度	**	**	**	**	**	**	**	**	**	**	**	**	**	**
	创新	协调	绿色	开放	共享	和平	合作	发展	安全	真诚	互利	尊重	友好	共赢
相关系数	0.58	0.55	0.48	0.51	0.58	0.37	0.57	0.58	0.21	0.31	0.53	0.33	0.39	0.55
显著性程度	**	**	**	**	**	**	**	**	**	**	**	**	**	**

（* 代表 sig 值小于 0.05，** 代表 sig 值小于 0.01）

根据结果可知，现代价值概念中的 28 个指标得分与现代价值得分全部呈现正相关，且相关关系全部达到了统计上非常显著的水平（即 sig 值小于 0.01），说明本研究有很大的把握认定所求出的相关关系是具有统计学上的意义的（结论错误的概率小于 1%），说明现代价值概念的内容效度很高。

表 4　传统价值概念指标体系的内容效度分析

	包容	淳朴	奉献	恭敬	好学	弘毅	节俭
相关系数	0.34	0.58	0.59	0.40	0.44	0.58	0.40
显著性水平	**	**	**	**	**	**	**
	克制	礼貌	廉洁	谦逊	勤奋	求是	仁爱
相关系数	0.50	0.35	0.39	0.53	0.54	0.28	0.49
显著性程度	**	**	**	**	**	**	**
	温良	孝悌	勇敢	智慧	忠诚	自强	自尊
	0.41	0.26	0.52	0.25	0.56	0.51	0.53
	**	**	**	**	**	**	**

（* 代表 sig 值小于 0.05，** 代表 sig 值小于 0.01）

根据结果可知，传统价值概念中的 21 个指标得分与传统价值得分全部呈现正相关，且相关关系全部达到了统计上非常显著的水平（即 sig 值小于 0.01），说明本研究有很大的把握认定所求出的相关关系是具有统计学上的意义的（结论错误的概率小于1%),说明传统价值概念的内容效度很高。

效度检验结果说明,该指标体系对于核心价值概念、现代价值概念和传统价值概念的测量是有效的。

2.信度分析

信度指测量数据的可靠程度。信度检验是指对调查量表或指标体系等测量工具进行的一致性检验,反映测量工具重复测量相同事物时,测量结果一致性的程度,包括稳定性、内在一致性和等价性三方面。本研究利用alpha信度系数、折半信度和编码员间信度分别对测量结果的信度进行检验。

一是等价性检验。为了印证实验数据的等价性,本研究在正式编码前进行了编码员间信度检验,即考核不同编码员使用同一套测量工具对同一对象进行测量时,结果的一致性程度。本研究在"五个一百"网络正能量作品中抽取了100个作品(五个类别各随机抽取20个),由4名编码员分别利用指标体系单独编码,各得到有效编码单位5 673个,其中一致的编码数为4 201个,利用霍斯提公式计算:

编码员间信度=4 * 4 201/(5 673+5 673+5 673+5 673)=0.74

根据编码员间信度的概念可知,其数值越接近于1,说明不同编码员利用测量工具测量相同对象的结果的一致程度越高,本研究所求出的两组编码员间信度为0.74,达到了较高水平,说明4名编码员间信度较高,等价性较强。

二是内在一致性检验。内在一致性指量表或指标体系中各个题项的一致性,如果这些题项对于所要测量的概念而言是等价的或同质的,说明其具有内在一致性。本研究利用Alpha信度和折半法分别进行检验。通常认为Alpha信度系数不超过0.6,则内部一致信度不足,达到0.7—0.8时表示量表具有相当的信度,达0.8—0.9时说明量表信度非常好。本次检验的Alpha信度系数为0.893,说明指标体系内部的信度非常好(见表5)。

表5 Alpha信度检验

克隆巴赫Alpha	基于标准化项的克隆巴赫Alpha	项数
0.893	0.899	61

除了测量Alpha信度系数,本研究还测量了折半信度,即将问卷拆成相等

的两部分，然后计算两部分的总得分之间的相关性，依此来反映问卷内部的一致性。

本研究将问卷拆成 31 个指标和 30 个指标两部分，进行折半信度检验后，最终算出的格特曼折半系数为 0.804（该指标的取值范围为 0 到 1，越接近 1 说明信度越高），同样可以说明该指标体系具有很好的内部一致性（见表 6）。

表 6　折半信度检验

<table>
<tr><td rowspan="5">克隆巴赫 Alpha</td><td rowspan="2">第一部分</td><td>值</td><td>0.809</td></tr>
<tr><td>项数</td><td>31[a]</td></tr>
<tr><td rowspan="2">第二部分</td><td>值</td><td>0.839</td></tr>
<tr><td>项数</td><td>30[b]</td></tr>
<tr><td colspan="2">总项数</td><td>61</td></tr>
<tr><td colspan="3">形态之间的相关性</td><td>0.672</td></tr>
<tr><td rowspan="2">斯皮尔曼・布朗系数</td><td colspan="2">等长</td><td>0.804</td></tr>
<tr><td colspan="2">不等长</td><td>0.804</td></tr>
<tr><td colspan="3">格特曼折半系数</td><td>0.804</td></tr>
</table>

a：富强，民主，文明，和谐，自由，平等，公正，法治，爱国，敬业，诚信，友善，现代，人道，美丽，健康，积极，乐观，公德，责任，自信，科学，理性，团结，进取，改革，创新，协调，绿色，开放，共享。

b：和平，合作，发展，安全，真诚，互利，尊重，友好，共赢，孝悌，仁爱，廉洁，节俭，智慧，温良，恭敬，礼貌，忠诚，勤奋，勇敢，奉献，自强，自尊，包容，求是，谦逊，弘毅，克制，淳朴，好学。

综上，本指标体系拥有较高的信效度，对于正能量概念的测量是有效的、可信的，可以用于对具体案例的分析与研究。

三、"五个一百"网络正能量作品得分情况分析

（一）"百名网络正能量榜样"得分情况分析

本研究通过对"百名网络正能量榜样"开展正能量概念三级指标体系的判断和测量，并对测量对象进行加权平均值计算，获得了所有测量对象的正能量综合得分（见图 1）。

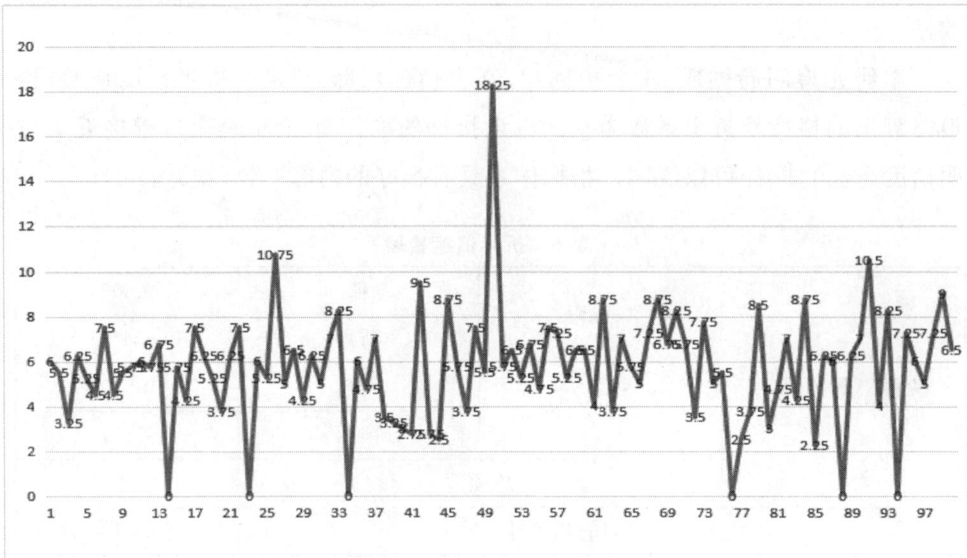

图 1 “百名网络正能量榜样”得分情况

(横坐标为作品序号,纵坐标为根据正能量指标计分得到的加权平均值得分)

在有效的 94 个样本①中,通过加权平均数计算后,最高值为 18.25,对应的是第 50 号榜样“@学习大军”,作品《学习大军‘微’言大梦网页》。这个网页是一个专题,每天紧跟习近平总书记的执政轨迹,挖掘习近平见诸媒体的报道,撰写评论和故事,创作古诗词和书法作品,通过微博、微信等微平台传播习近平新时代中国特色社会主义思想。61 个三级正能量概念指标全部涵盖。有效最低值为 2.25,对应的是第 85 号榜样“@瓜尔佳”,作品《拯救 110!》。该作品梳理了 110 的发展概况以及当下面临的问题,呈现的主题较为单一,内容表达仅符合 61 个三级正能量概念指标中的 8 个指标,其中,核心价值层面的指标 1 个、现代价值层面的指标 5 个、传统价值层面的指标 2 个,所以整体分值较低。

大部分的数值集中在 3.5 到 7.75 之间。作品缺乏好的主题,题材单一,且内容质量不高。有的作品呈现方式是微博,微博呈现的内容实时更新快,且内容、主题、形式杂乱,导致作品不集中,正能量指向不明确。

在 94 名人物榜样与其作品中,不考虑分值并列的情况,核心价值的分值比

---

① 2016 年度“五个一百”之“百名网络正能量榜样”有 6 个链接因为技术原因无法打开,分别对应的是 14 号、23 号、34 号、76 号、88 号、94 号作品。所以实际有效样本为 94 个。

重最大的有 6 幅作品，现代价值的分值比重最大的有 54 幅作品，传统价值的分值比重最大的有 18 幅作品。

分值并列的情况下，核心价值和现代价值的分值并列的作品有 3 幅，现代价值和传统价值的分值并列的作品有 8 幅，核心价值和传统价值的分值并列的作品有 1 幅，三者分值并列的作品有 2 幅。

在有效的 94 个样本中，正能量概念二级指标现代价值所占比重最大，为 58.7%，而核心价值所占比重最小，为 6.52%，传统价值所占比重为 19.57%。从数据中可以得到的结论为：网络正能量榜样的评选侧重于正能量概念体系中的现代价值。

(二)“百幅网络正能量图片”得分情况分析

本研究通过对“百幅网络正能量图片”开展三级指标体系测量，并对所有研究对象进行加权平均值计算，获得了所有研究对象的正能量综合得分(见图 2)。

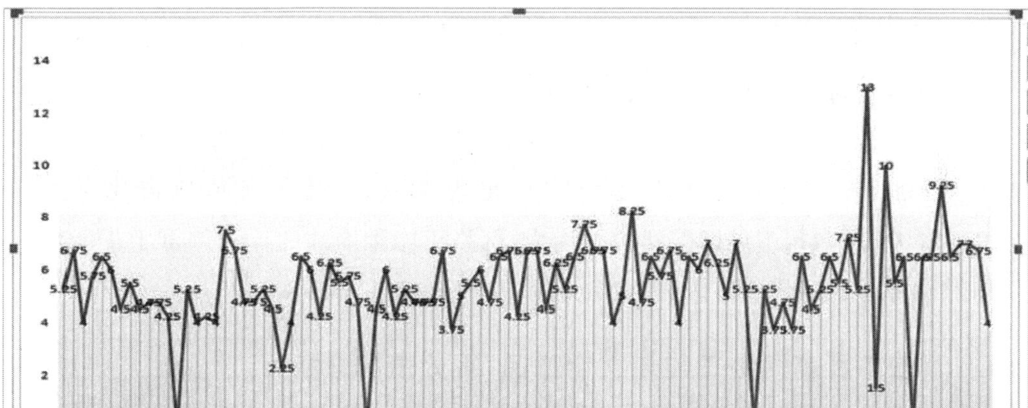

图 2 “百幅网络正能量图片”得分情况

(横坐标为作品序号，纵坐标为根据正能量指标计分得到的加权平均值得分)

在有效的 96 个样本[①]中，通过加权平均数计算后，最高值为 13，对应的是 86 号作品《党员电子连环画“和你在一起”》。该作品介绍了不同党员坚守基层，

① 2016 年度“五个一百”之“百幅网络正能量图片”中 33 号、74 号、91 号作品因为技术原因无法打开，13 号作品所呈现的审美价值与正能量主题不太吻合不予打分分析。所以实际有效样本为 96 个。

为人民服务的事迹，内容丰富，正能量概念指标涵盖较为全面，该作品共包含41个。在核心价值层面，该作品共包含除“自由”以外的11个正能量概念指标。在现代价值和传统价值层面，该作品各包含15个正能量概念指标。

有效最低值为1.5，对应的是87号作品《漂洋过海来看你之台州马桶盖版》。该作品采用了漫画的形式，借助一对浙江夫妇在日本偷马桶盖的新闻热点，对台州马桶盖进行了宣传，在整体观感上更像是对台州马桶盖的广告宣传，与正能量宣传有差距。61个三级正能量概念指标，该作品仅包含核心价值层面的“富强”“文明”、现代价值层面的“公德”、传统价值层面的“自强”4个正能量概念指标。

从折线图可以看出大部分的数值集中在3.5到7.75之间。这一组数值与最高值13相比还有较大差距，反映出百幅网络正能量图片在质量上良莠不齐，大部分作品不能给人留下深刻的印象，在一定程度上影响到传播效果。

在96幅作品中，不考虑分值并列的情况，核心价值的分值比重最大的有7幅，现代价值的分值比重最大的有62幅，传统价值的分值比重最大的有21幅。

分值并列的情况下，核心价值和现代价值的分值并列的作品有2幅，现代价值和传统价值的分值并列的作品有4幅。

在有效的96幅正能量图片中，正能量概念二级指标现代价值所占比重最大，达到64.58%，而核心价值所占比重为7.29%，传统价值所占比重为21.86%。从数据中可以得到的结论为：网络正能量照片的评选侧重于正能量概念体系中的现代价值。

（三）“百篇网络正能量文字作品”得分情况分析

本研究通过对“百篇网络正能量文字作品”开展三级正能量指标体系测量，并对所有研究对象进行加权平均值计算，获得了所有研究对象的正能量综合得分（见图3）。

在有效的98个样本[①]中，通过加权平均数计算后，最高值为12，对应的是第61号作品《吹响大网信时代的集结号》。该篇文章系中国青年网发表的关于“学习习近平在网络安全和信息化工作座谈会上的重要讲话”的系列评论，全面解

① 2016年度“五个一百”之“百篇网络正能量文字”中16号、100号作品因为技术原因无法打开，所以实际有效样本为98个。

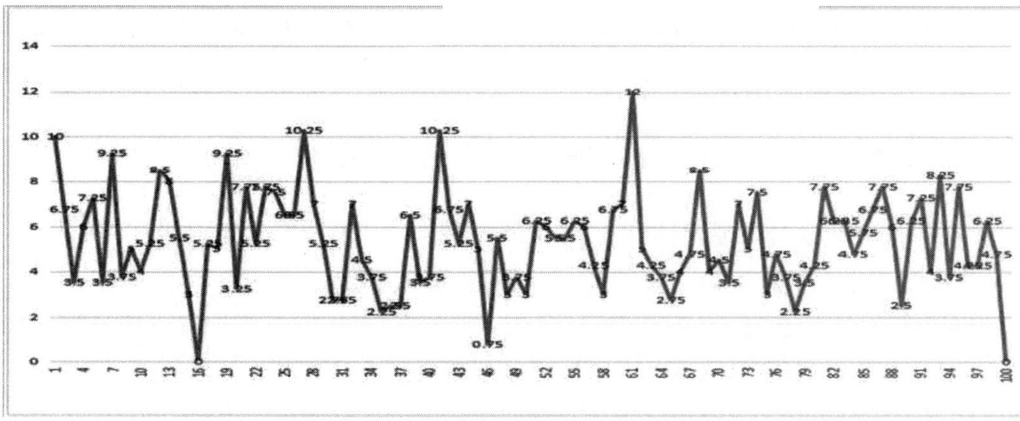

图 3 “百篇网络正能量文字作品”得分情况
(横坐标为作品序号,纵坐标为根据正能量指标计分得到的加权平均值得分)

读了习近平在网络安全和信息化工作座谈会重要讲话精神,所包含的正能量现代价值指标较多,28 个现代价值指标,该作品包含了 27 个。

有效的最低值为 0.75,对应的是 46 号作品《冷漠的蔡英文唤不回被歧视的陆客》。这篇文章是中国台湾网发表的一篇海峡时评。该作品仅包含核心价值层面的“爱国”、现代价值层面的“人道”2 个正能量概念指标。该时评主要表达了评论员对蔡英文歧视大陆游客的愤懑之情,爱国情感值得赞扬,但是评论较情绪化,缺乏更加客观公允的事实论据,所对应的正能量价值指标也较少,没有起到正面引导的效果。

从折线图可以看出大部分的数值集中在 3.5 到 7.75 之间。这一组数值与最高值 12 相比有较大差距。

在 98 篇作品中,不考虑分值并列的情况,核心价值的分值比重最大的有 4 篇,现代价值的分值比重最大的有 59 篇,传统价值的分值比重最大的有 25 篇。

分值并列的情况下,核心价值和现代价值的分值并列的作品有 4 篇,现代价值和传统价值的分值并列的作品有 5 篇,核心价值和传统价值并列的作品有 1 篇。

在有效的 98 篇正能量文字作品中,正能量概念二级指标现代价值所占比重最大,达到 60.2%,而核心价值所占比重为 4.08%,传统价值所占比重为 25.51%。从数据中可以得到的结论为:网络正能量文字作品的评选侧重于正能量概念体系中的现代价值。

总体而言，文字作品的题材比较局限，同质化现象明显，网络治理、军人等题材多次出现；评论性文章较多，但部分文章评论视角体现不出正能量价值倾向；作品质量参差不齐。

(四)“百部网络正能量动漫音视频作品”得分情况分析

本研究通过对“百部网络正能量动漫音视频作品”开展三级正能量指标体系测试，并对所有研究对象进行加权平均值计算，获得了所有研究对象的正能量综合得分(见图 4)。

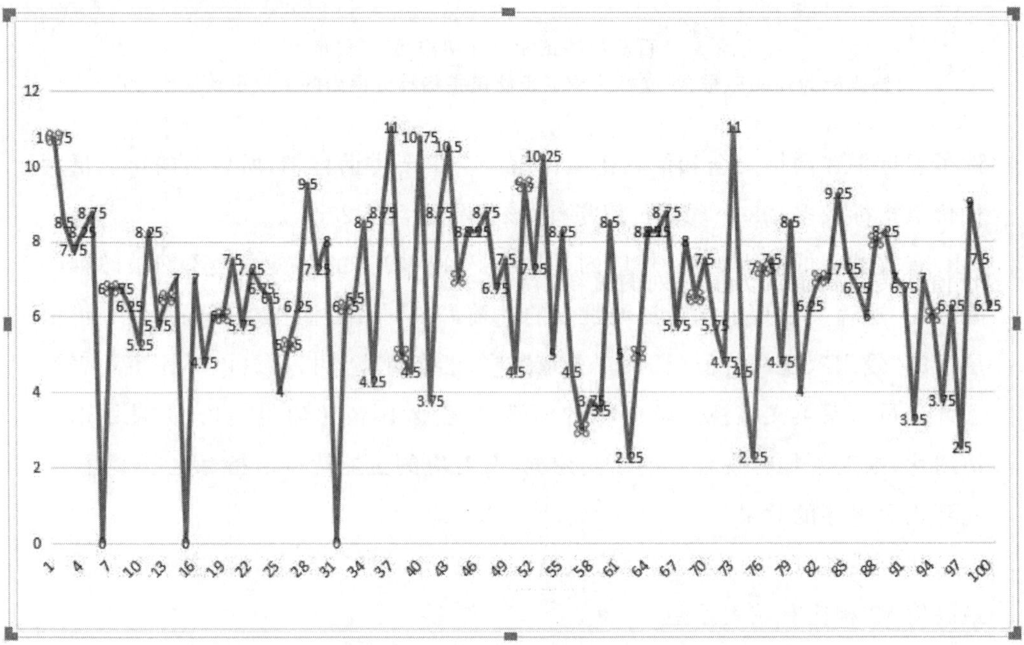

图 4 “百部网络正能量动漫音视频作品”得分情况

(横坐标为作品序号，纵坐标为根据正能量指标计分得到的加权平均值得分)

在有效的 97 个样本[①]中，通过加权平均数计算后，最高值为 11，对应的作品有两部，分别是 37 号作品《中国方案》和 73 号作品《穿越 90 年动漫话党史》。61 个三级正能量概念指标，37 号作品《中国方案》共包含 38 个，其中现代价值(社会共识)层面 28 个指标，该作品包含除“人道”“理性”“公德”以外的 25 个指

① 2016 年“五个一百”之“百部网络正能量动漫音视频作品”中 6 号作品需要付费才能观看，15 号、31 号作品无法打开链接，所以实际有效样本为 97 个。

标。该作品生动展示了中国在发展问题上展现的中国智慧，提出的中国方案。73 号作品《穿越 90 年动漫话党史》以动漫的形式再现了中国共产党的发展历史，生动有趣。61 个三级正能量概念指标，该作品包含 37 个，其中，核心价值层面的指标 7 个，现代价值层面的指标 17 个，传统价值层面的指标 13 个。

有效最低值为 2.25，对应的作品是 62 号作品《哎呀回家》、75 号作品《关于身体那些事儿》。

从折线图中可见，大部分的数值集中在 4.25 到 8.75 之间。虽然有些作品分值不低，但是观感体验差。《龙心战纪》动画的表现手段虽然新颖，但是主题呈现模糊；《我带着母亲上学》表现手法不太符合网络用户的审美情趣，整体风格老旧、不活泼，其传播效果也不乐观；《穿越楼兰》音乐和配词都稍显落俗，观感体验不好；《宝贝伊家》是个带有广告色彩的作品，没有实际内容。

在 97 部作品中，不考虑分值并列的情况，核心价值的分值比重最大的有 4 部，现代价值的分值比重最大的有 74 部，传统价值的分值比重最大的有 13 部。

分值并列的情况下，核心价值和现代价值的分值并列的有 2 部作品，现代价值和传统价值的分值并列的有 3 部作品。

在有效的 97 部正能量音视频中，正能量概念二级指标现代价值所占比重最大，为 77.08%，而核心价值所占比重为 4.17%，传统价值所占比重为 13.54%。从数据中可以得到的结论为：网络正能量音视频的评选侧重于正能量概念体系中的现代价值。

研究者在观看网络正能量动漫视频作品过程中发现，很多作品主题同质化现象严重，反复出现，消减了观看兴趣。

（五）"百项网络正能量专题活动"得分情况分析

本研究通过对"百项网络正能量专题活动"开展三级正能量指标体系测试，并对所有研究对象进行加权平均值计算，形成了所有研究对象的正能量综合得分（见图 5）。

在有效的 95 个样本（13）[①]中，通过加权平均数计算后，最高值为 18，对应的是 2 号作品《学习进行时》，这是新华网推出的学习习近平同志系列重要讲话的

① 2016 年"五个一百"之"百项网络正能量专题活动"中有效样本为 95 个。其中，17 号、85 号作品无法打开链接，82 号作品只是个投票链接，无实质正能量内容，因此这 3 个作品不予打分分析。

互联网专栏，是广大网民学习讲话、领悟精神和碰撞观点的学习平台，开设了要闻区、图片视频区、专题区等，全部覆盖了正能量概念指标体系中的61个三级正能量指标，因此总体分值较高。

有效最低值为3.75，对应的作品是50号作品《假货末日之勇士的救赎》，游戏的形式虽然活泼有趣，但是传达的内容对正能量指标体系覆盖度低，在核心价值(国家倡导)层面仅包含了“友善”这一个指标。

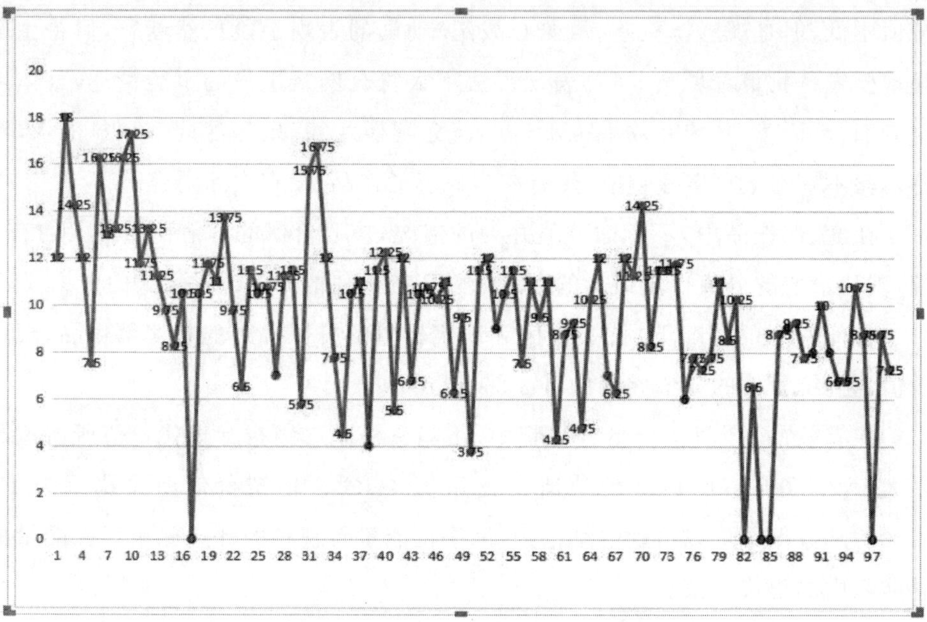

图5 “百项网络正能量专题活动”得分情况
(横坐标为作品序号，纵坐标为根据正能量指标计分得到的加权平均值得分)

在95个作品中，不考虑分值并列的情况，核心价值的分值比重最大的有9个，现代价值的分值比重最大的有51个，传统价值的分值比重最大的有23个。

分值并列的情况下，核心价值和现代价值的分值并列的作品有1个，现代价值和传统价值的分值并列的作品有10个，核心价值和传统价值的分值并列的作品有1个。

在有效的95个作品中，正能量概念二级指标现代价值所占比重最大，为53.68%，核心价值所占比重为9.5%，传统价值所占比重为24.21%。从数据中可以得到的结论为：网络正能量专题的评选侧重于正能量概念体系中的现代价值。

从折线图中可以看出，专题作品的加权平均值比正能量图片和正能量音视频要高，因为专题作品所包含的材料更多、内容更丰富，正能量概念指标涵盖比较全面，所以总体分值较高，这是“以量取胜”的结果，但专题类分数高并不代表作品本身比图片和音视频作品质量更高。从研究的情况来看，专题作品的得分虽然高，但仍然需要在选材、制作上做精做优，并提高专题呈现形式的吸引力，避免作品主题同质化现象。

综上，“五个一百”系列作品涵盖了本研究建构的网上正能量指标体系中的所有指标。正能量是一个外延非常丰富的概念，在具体作品和案例中呈现出多样化的状态。不同形式和不同内容的作品都体现了正能量价值取向和情感诉求。

总体而言，“五个一百”网络正能量精品评选活动入选作品反映了我国近年来取得的各项成就，展现了社会生活各个领域社会主义核心价值观的不同表现形态，展现了新时代中国人民积极向上的精神面貌。

结　论

本研究将“网上正能量”视作“优秀网络文化”的等价概念，将具体的网络信息的“正能量水平”视为受传者从网络信息中感受到的积极情感和价值，将既有政策、理论成果与受传者主观感受相结合，建立了一套层次分明、内容全面、概念清晰、易于操作的网上正能量概念指标体系，用于网络正能量实践的测量和评估。

在实验测试中，本研究从使用效果和统计分析两方面，证明了网上正能量概念指标体系对网络正能量的评价是有效的、合理的。

实验测试为指标体系提供了使用效果上的支持。测试结果表明，“五个一百”网络正能量作品的正能量总体情况全部对应了指标体系的一、二、三级指标，最后获得的五组数据统计结果具有相似性，最高峰值和最低峰值得分走势具有相对一致性，指标体系对于具体作品的正能量情况有辨别作用。

信效度分析为指标体系提供了统计意义上的支持。内容效度分析结果表明，核心价值概念、现代价值概念、传统价值概念的各指标得分都与总分存在统计意义上的显著相关性，说明该指标体系的测量是有效的。折半信度、alpha 信度系数分析结果表明，指标体系测试结果的信度较高，具有一致性、稳定性和可靠性。

此外，基于对测试结果的分析，本研究验证了“五个一百”评选活动作为一次正能量评选活动的权威性、有效性和代表性，发现“五个一百”网络正能量精品涵盖了本研究建构的网上正能量指标体系中的所有指标，传递了多方面、多层次的正能量，也发现作品的质量有待提高。本研究在对评选作品的分析中发现，作品注重对核心价值、传统价值和现代价值这三类价值中的现代价值的体现。出现这一现象，一方面是由于指标体系中反映现代价值的指标数量最多，在打分时作品的现代价值得分也相应较高；另一方面是因为网络作品的创作者更偏重选择现代题材，重视对当下社会面貌和情况的呈现。这种创作取向的长处是它观照了现实，缺点是它在一定程度上削弱了作品的思想性、作品内涵的丰富性和意趣的深远性。网上正能量作品应该将舆论引导和价值导向作为重要考量。主题深刻、内涵丰富、意蕴悠长的优质作品能够起到鼓励、倡导网民传播和接受正能量的作用。

综上所述，本研究构建的网上正能量概念指标体系可以应用于网络正能量实践的测量和评估。运用评优评奖激励机制进行表彰和倡导，能够有效地传递网络正能量，对冲网络负能量。

（本文由笔者与中国传媒大学沈浩教授、薛宝琴博士合作撰写，原载于《当代传播》2018年第5期）

疫情易引发心理问题，科普宣教如何发挥作用？

这次突发的新冠肺炎疫情波及面广，影响面大，不仅对民众的生活以及国民经济带来巨大的压力，而且对民众的身心健康也造成了明显的影响，因而当前的防控也亟须高度重视科普宣教在预防和疏导因新冠肺炎疫情引发的心理问题方面的作用。

目前，疫情心理预防和援助工作已经开展并取得了一定的成效。一些有关心理健康的科普书籍及时编写和印制出来了，如清华大学出版社联合北京大学第六医院出版了《线上加油站 新冠疫情下心灵守护操作指导》。一些健康网站推出了心理援助科普方面的热线和专栏，如中国计划生育协会官方微信公众号推出了《心理援助专栏》，发表了诸如《如何应对“宅家”引发的孤独感》之类的心理健康科普宣教文章。

虽然针对疫情的心理科普宣教工作取得了一些成绩，但是存在的问题也不少。主要有：

①自媒体平台鱼龙混杂，一些关于疫情的信息及相关的健康卫生知识的传播杂乱无序，真假难辨，容易迷惑民众并使其产生信息焦虑，进而引发其心理上的不适。

②主流媒体在传播有关心理健康的知识和信息方面的力度不够，甚至常常缺席，致使专业心理工作者与心理援助对象之间难以相互沟通，民众的心理问题得不到及时解决，这对于安抚民心、维护社会稳定十分不利。

③各级医疗部门和卫生健康管理部门对心理预防和干预工作的重视程度不一，这无助于正确引导民众心理。

④为了调节民众心理，特别是被感染人群的心理，有的主流媒体和自媒体

传播了一些心理减压的方式方法，但其效果值得探讨。

鉴于目前抗击新冠肺炎疫情的斗争处在关键时刻，针对疫情引发的心理问题的科普宣教工作存在的问题，我们建议：

①建立健全因疫情引发的心理危机和心理问题的干预机制，包括应急心理健康科普宣教机制。

②主流媒体应加大心理健康科普宣教力度。在信息传播上，主流媒体要关注热点，引导焦点，以恰当的传播方式传递和表达抗击疫情的情况，把握传播导向，争取时效，尽早发声，与谣言和错误信息赛跑。

③新闻宣传管理部门和新闻媒体要和医疗机构、卫生健康管理部门、心理健康专业机构密切联系和合作，及时开展心理科普宣教工作，特别是主流媒体，应搭建好专业心理工作者与公众沟通的桥梁，及时报道心理工作者用“心”抗疫的活动，传播相关专业知识，满足公众需要，消除公众的恐慌和焦虑情绪。新闻媒体要把心理健康知识科普宣教常态化、便捷化、通俗化，加强心理疏导的针对性和及时性，注重科普宣教工作的效果。

④加大科普宣教的力度和范围，利用排查疑似病人的机会，对所排查的人群，进行心理问题摸排，以增强预防、疏导、诊治的针对性。

⑤主流媒体是开展心理健康科普宣教的主力军，媒体工作者要恪守职责，遵守职业道德，增强心理健康科普宣教的专业性、权威性。要加强对一线医护人员、病患者、病患者家属、疾控人员和管理人员的心理抚慰，要充分考虑他们的心理承受力，尊重他们个人和家庭的隐私，不做有违心理健康和人伦道义的过度宣传。主流媒体要弘扬中华优秀传统文化，以“民胞物与”“关爱心灵”的理念开展抗疫科普宣教活动。

⑥充分利用新媒体开展心理健康科普讲座，这对及时疏导公众情绪、增强公众抗疫信心具有重要意义。

（本文由笔者和中国传媒大学传播心理研究所教授张晓辉，中国营养学会副秘书长、副研究员，中国传媒大学博士研究生姚魁合作撰写，原载于 2020 年 2 月 23 日人民网、光明网）

历次“国际关注的突发公共卫生事件”对我国新冠病毒肺炎疫情防控的启示

2020年1月30日，世界卫生组织(World Health Organization, WHO)将2019年在我国暴发的“新型冠状病毒肺炎疫情事件”(简称新冠肺炎疫情事件)界定为“国际关注的突发公共卫生事件”(Public Health Emergency of International Concern，PHEIC)。“国际关注的突发公共卫生事件”从本质上来说是一个法律术语，世界卫生组织总干事在《国际卫生条例》突发事件委员会专家建议的基础上，对疫情是否构成PHEIC进行判定。鉴于新冠肺炎疫情在全球40多个国家开始蔓延，2020年2月28日，世界卫生组织总干事谭德塞在日内瓦宣布，将新冠肺炎疫情全球风险级别由此前的“高”上调至“非常高”，这是突发公共卫生事件全球风险的最高级别。2020年3月11日，鉴于新冠病毒肺炎已经在全球114个国家蔓延，谭德塞宣布此疫已经进入“全球大流行”阶段。在我国以举国之力抗击新冠肺炎疫情取得阶段性的良好成效的时候，疫情发生了逆转，出现全球蔓延的态势，这给我国抗击新冠肺炎疫情工作带来了新问题和新挑战。本文从梳理世界卫生组织界定的历次“国际关注的突发公共卫生事件”相关资料入手，分析历次“国际关注的突发公共卫生事件”的评判标准，给所在国和全球带来的风险和损失，以及所在国采取的应对措施，从而揭示其对我国应对这场疫情的启示。

一、历次“国际关注的突发公共卫生事件”的影响及应对措施

“国际关注的突发公共卫生事件”是指“通过疾病的国际传播构成对其他国

家的公共卫生风险，以及可能需要采取协调一致的国际应对措施的不同寻常事件”。这也就意味着该事件“情况严重、突然、不寻常或意外”“公共卫生影响超出了受影响国家的边界”“可能需要立即采取国际行动”[①]。《国际卫生条例》自1948年起草后经过多次修订，最新的版本于2005年通过修订，2007年正式生效，此后，世界卫生组织一共宣布过6次“国际关注的突发公共卫生事件”，依次为：甲型H1N1流感疫情（2009年4月—2010年8月）、野生型脊髓灰质炎疫情（2014年5月至今）、西非埃博拉病毒（Ebola）疫情（2014年8月—2016年3月）、寨卡病毒（Zika）导致的新生儿小头症和其他神经疾患疫情（2016年2月—2016年11月）、刚果（金）埃博拉病毒（Ebola）疫情（2019年7月至今）、新型冠状病毒（COVID-19）肺炎疫情（2020年1月30日至今）。这6次事件分别给事件发生国家和地区乃至全球带来不同程度的影响和危机。

为了回应新冠肺炎疫情给我国带来的挑战，本文将此次新冠病毒肺炎疫情与前5次“国际关注的突发公共卫生事件”进行比较，从历次“国际关注的突发公共卫生事件”的影响和应对措施中寻找启示，吸收经验和吸取教训。历次“国际关注的突发公共卫生事件”的发生国中既包括美国这样的发达国家，也包括墨西哥、巴西、非洲等发展中国家。将我国新冠病毒肺炎引发的突发公共卫生事件与以上国家的该类事件进行比较的主要依据有两点：一是我国已成为仅次于美国的世界第二大经济体，国际地位不断提高，美国作为世界第一大经济体如何应对“国际关注的突发公共卫生事件”对我国有启发和借鉴意义；二是我国作为最大的发展中国家，与其他发展中国家在社会、经济发展方面有相似之处，“国际关注的突发公共卫生事件”对墨西哥、巴西、非洲一些国家等发展中国家的影响对我国也有重要的参考价值。

（一）甲型H1N1流感疫情（2009年4月—2010年8月）的影响及防控措施

1. 甲型H1N1流感基本情况

2009年3月墨西哥发现甲型H1N1流感病例，随后疫情很快蔓延至墨西哥和美国全国范围，波及加拿大、中国等其他国家，造成全球性的流感大流行。美

---

① 世界卫生组织.什么是《国际卫生条例》和突发事件委员会？[EB/OL].(2016-06-20). https://www.who.int/features/qa/39/zh/.

国疾控中心的数据表明，2009 年 4 月 12 日至 2010 年 4 月 10 日期间，美国甲型 H1N1 流感导致 6 080 万人感染，274 304 人住院，12 469 人死亡。在甲型 H1N1 流感暴发的第一年里，全球估计有 151 700—575 400 人死于这场疾病。[①] 2009 年 4 月 25 日，时任世界卫生组织总干事陈冯富珍宣布墨西哥和美国的流感疫情已构成“国际关注的突发公共卫生事件”，警戒等级为 3，并且建议各国加强类似流感病情不寻常暴发的监测。4 月 27 日，世界卫生组织基于病毒人传人以及集体暴发的证据将警戒等级提升至 4 级，意味着发生疾病大流行的可能性增加，4 月 29 日又将警戒等级提升至等级 5，意味着流感将迅速传播到世界各国。6 月 11 日，陈冯富珍指出，在 74 个国家已报告了近 3 万起确诊病例，流感病毒进一步的传播被认为是不可避免的，因此世界卫生组织将警告等级提升至最高等级 6，标志着全球范围的“流感大流行”(Influenza Pandemic)开始，这也是 40 年内世界卫生组织第一次将流感警告等级提至最高。

2.甲型 H1N1 流感给美国造成的影响

由于在甲型 H1N1 流感病毒基因中发现大量猪流感病毒基因，它在最初被普遍称作“猪流感”，这也导致人们担心猪或猪肉产品携带病毒以及食用猪肉会感染 H1N1 病毒。虽然世界卫生组织声明食用猪肉不会造成病毒感染并将“猪流感”改名为“甲型 H1N1 流感”，但仍有 27 个国家包括中国陆续限制从墨西哥、美国、加拿大等国家进口活猪及其产品。当时美国每年出口猪肉的数量占其猪肉总产量的四分之一，因此美国猪肉出口贸易在这次疫情中受到很大影响，饲料谷物和其他牲畜市场也受到牵连。美国贸易代表署引用的数据显示，美国猪肉行业在 2009 年第二季度大约损失 2.7 亿美元。美国国会研究服务报告推测此次疫情给美国的猪肉贸易带来了 13％的损失。而这一影响主要来源于中国和俄罗斯对美国猪肉贸易的禁令，因为这两个国家的猪肉市场共占据了美国猪肉出口的 13％。[②] 美国公开指责中国和俄罗斯政府的猪肉进口禁令未基于科学证据，[③]加拿大农业部长在中国限制其猪肉进口后甚至扬言要将中国

① Centers for Disease Control and Prevention. The 2009 H1N1 Pandemic: Summary Highlights, April 2009—April2010[EB/OL].(2010-06-16).https://www.cdc.gov/h1n1flu/cdcresponse.htm.

② Library of Congress. Potential farm sector effects of 2009 H1N1 “Swine Flu”: qestions and answers: R40575[R].Renée Johnson: U.S. Congressional Research Service, 2010.

③ SELYUKH A. Pork industry still reeling from swine flu[EB/OL].(2009-10-16).https://abcnews.go.com/Business/pork－industry－reeling－swine－flu/story? id＝8840004.

告上 WTO,[①]在对外传播中将中国置于不利地位。为了缓解猪肉贸易面临的严峻形势,美国疾控中心、世界卫生组织、世界动物健康组织纷纷发表声明:甲型 H1N1 病毒不会通过食物传播,食用正当处理的猪及猪肉产品不会造成病毒感染。美国政府积极与猪肉贸易国家斡旋,几个月后他国的猪肉进口限制才慢慢解除。同时,美国农业部为了稳定市场价格和刺激经济,先后一共购买了 2.01 亿美元猪肉产品用于国内营养计划。流感大流行给美国的外贸、就业、旅游、娱乐行业都带来不利影响,但是现有资料缺少此次流感大流行给美国经济具体造成了多大损失的数据,已有数据仅显示,2009 年美国 GDP 较 2008 年下降了 2.5%。[②]

3.美国政府应对甲型 H1N1 流感采取的措施

美国政府为应对这次流感大流行采取的主要措施如下:

第一,加强疾病监测和报告,积极开发和研制疫苗,优先为易感人群(孕妇、新生婴儿看护者、医护人员、24 岁以下的年轻人以及 25—64 岁的其他易感人群)接种疫苗。美国疾控中心加强了对甲型 H1N1 流感病毒的监测和分析,及时向世界卫生组织和周边国家报告,公开甲型 H1N1 病毒的基因序列。为了保护易感染人群,美国各州卫生部门采取疫苗优先接种易感人群然后扩大到所有人群的方针。

第二,保障医疗防护物资供应。4 月 26 日,美国政府宣布全国范围内存在公共卫生紧急情况,美国疾控中心的国家战略储备部门释放 25%的储备物资至各州,用来预防和应对甲型 H1N1 流感,包括 1 100 万例抗病毒药品和 3 900 多万副(套)呼吸防护用具(面罩、口罩)、防护服、手套。

第三,政府财政支持。时任总统奥巴马请求国会拨款 15 亿美元用于应对这次危机。

第四,一定程度上限制人员流动,如关闭有疫情发生的学校,减少飞往墨西哥航班。但是,美国并没有关闭美墨边境,只是给从墨西哥入境的访客发放了

① CTV.ca News Staff. Canada demands answers from China over pork ban[EB/OL].(2009-05-04). https://www.ctvnews.ca/canada-demands-answers-from-china-over-pork-ban-1.395376.

② Bank of East Asia Ltd. Gross domestic product (GDP) of the United States from 1990 to 2019[EB/OL].(2020-01).https://www.statista.com/statistics/188105/annual-gdp-of-the-united-states-since-1990/.

"访客健康警告"通知。不管访美旅客有无症状,美国入境处都没有设置体温检测点。

第五,开展流感疫苗接种运动。为了加强公众流感病毒防范意识,提高疫苗接种率,美国政府斥资3.5亿美元开展流感疫苗接种运动。

从需求侧来说,美国拥有高效的疾病监测和报告系统,完善的实验室流行病容纳能力,及时精准的风险沟通能力;从供应侧来说,其卫生保健系统能够在常规服务之外满足不断增长的对医疗护理的需求,扩大医院容纳能力,选择可替代的护理场所,招募医疗志愿者,以及及时调整护理标准。美国将防控疫情的重点放在了减少重症和死亡的发生,保护易感染人群,以及保障重症监护设施通道上。① 考虑到限制旅行会对经济造成不利影响,美国政府并没有过多地采取旅行管制的措施来防止病毒扩散,导致流感迅速蔓延至全球。这种做法受到其国内民众和国际社会的指责。疫情暴发5个月后,美国食品与药品管理局批准了流感疫苗上市。但是疫苗数量供不应求,引发美国民众不满。鉴于美国历史上出现过接种猪流感疫苗出现并发症,加上媒体对疫苗接种副作用的报道,民众加深了对疫苗安全性的怀疑,一些美国公民拒绝接种疫苗。

4.甲型H1N1流感给墨西哥造成的影响及墨西哥政府采取的措施

墨西哥政府也采取了一系列措施防止疫情扩散,包括短期暂停公共活动和商业活动、关闭学校等。世界银行指出流感大流行带来的经济影响集中体现在墨西哥。由于各国对国际出行的限制,墨西哥旅游业、酒店、餐馆、航空业受到重创。这次流感导致墨西哥航空旅行减少80%,酒店入住率不足20%,旅游业收入减少43%。② 旅游业在墨西哥经济中占据重要地位,占经济总量的8%。有研究者预测墨西哥旅游业损失28亿美元。为了减少旅游业亏损,墨西哥政府加大资金投入支持酒店、餐馆以及娱乐场所,为酒店、餐馆、娱乐服务业中小企业减税,同时投入资金支持旅游宣传,提高旅游目的地的知名度。

鉴于2003年SARS病毒在中国暴发的经验和教训,我国抗击甲型H1N1流感采取与SARS规格相同的防控措施。因此,当飞往上海的墨西哥航空公司

① HUANG Yanzhong.Comparing the H1N1 Crises and Responses in the US and China[G].NTS Working Paper Series:Working Paper No. 1,2010.

② World Bank. Global development finance 2009 : charting a global recovery : Review, analysis, and outlook (English): 49317[R].Global development finance,2009.

AM098 航班上一名墨西哥乘客被确诊感染甲型 H1N1 流感病毒后，中国政府首先将乘坐此次航班的 Oscar 等墨西哥人隔离起来。这一举措受到了时任墨西哥外交部长的抗议，他认为中国对墨西哥国民歧视对待，建议国民在这些措施得到改变前不要前往中国。墨西哥更是以航道不适为由，拒绝中国飞机包机进入墨西哥接回中国国民，并提出要求派包机接走在中国被隔离的墨西哥国民。因此，中墨两国外交遭遇困境，直至中国派遣包机向墨西哥提供人道主义援助物资，危机才得以解除。[①]

(二)野生型脊髓灰质炎疫情(2014 年 5 月至今)的影响及防控措施

脊髓灰质炎是一种急性传染病，主要通过消化道传播，且主要影响五岁以下儿童，通过对神经系统造成伤害而引发瘫痪。全球“消灭脊灰行动”从 1988 年实施以来，世界各国都在为消灭脊髓灰质炎努力，野生型脊髓灰质炎病例数减少了 99.9%，从 1988 年的 350 000 例下降到了 2013 年的 416 例。但是 2014 年 5 月 5 日，世界卫生组织宣布在巴基斯坦、喀麦隆和叙利亚等国家流行的野生脊灰病毒的国际传播已构成“不同寻常的事件”并对其他国家造成公共卫生风险，构成“国际关注的突发公共卫生事件”，必须采取协调一致的国际应对行动。虽然野生脊灰病毒感染病例不多，但是野生脊灰病毒的国际传播风险仍然较高，许多无脊灰国家面临野生脊灰病毒流行的高度风险。因此，迅速地在脊灰感染国家边界内阻断野生脊灰病毒传播迫在眉睫。[②] 由于野生脊灰病毒的国际传播风险仍然很高，直至今日，其“国际关注的突发公共卫生事件”的界定还没有得到消除。

野生型脊髓灰质炎得到有效控制主要依靠及时有效的监测和疫苗接种。疫情不严重或者未受影响的国家并没有采取禁止国际旅行或贸易的措施。因此，这次突发公共卫生事件产生的经济影响有限。只是病毒多发国家的武装冲突加大了儿童监测和疫苗接种的难度，加上当地民众对接种疫苗的抵制，给消灭野生型脊髓灰质炎带来了挑战。巴基斯坦政府为防止病毒扩散，对脊髓灰质炎高发地区发布旅游禁令，在机场等地设立疫苗接种点，以防止脊髓灰质炎病

---

① 王婧，刘刚.3 名墨西哥人在东莞被隔离内幕：疫情背后的外交斡旋[J].中国新闻周刊，2009(17).

② 世界卫生组织. 世卫组织就《国际卫生条例》突发事件委员会关于野生脊灰病毒国际传播问题会议发表的声明[C].(2014-05-05). https://www.who.int/mediacentre/news/statements/2014/polio-20140505/zh/.

毒传播到国外。中国疾控部门曾针对输入新疆的野生脊灰病毒采取了大规模的强化免疫活动，有效控制了疫情。现阶段我国采取的措施主要是对从受疫情影响国家返华的人员进行脊髓灰质炎疫苗接种筛查，对未接受过脊髓灰质炎疫苗接种的人进行接种。

（三）西非埃博拉病毒（Ebola）疫情（2014 年 8 月—2016 年 3 月）和刚果（金）埃博拉病毒（Ebola）疫情（2019 年 7 月至今）的影响及防控措施

2014 年 8 月 6 日，世界卫生组织突发事件委员会宣布西非的埃博拉病毒疫情为“国际关注的突发卫生公共事件”，此次宣布主要有三点依据：该疫情已构成“不同寻常的事件”并对其他国家造成公共卫生风险；鉴于该病毒的毒力，在社区和卫生设施中的密集传播模式，以及目前受影响和高危国中的薄弱卫生系统，该疾病在国际上进一步传播可能导致严重后果；必须采取协调的国际应对行动以阻止和扭转埃博拉病毒的国际传播。[①] 埃博拉病毒病给西非 3 国带来巨大的损失。直到 2016 年 3 月 29 日，世界卫生组织突发事件委员会才宣布解除西非埃博拉疫情“国际关注的突发公共卫生事件”的界定。据统计，8 个国家共报告确诊病例 19 340 例，7 518 例死亡，全球平均致死率约为 68%。此次疫情对西非服务业、航空业和旅游业造成重大影响。非洲开发银行行长卡贝鲁卡表示，此次埃博拉疫情将导致利比里亚、塞拉利昂、几内亚 3 国国内生产总值减少 1%—1.5%。[②] 另外，此次疫情也造成了不良的社会影响。受知识水平和传统观念的影响，被治愈的“埃博拉病人”在返回社会时会遭到当地民众的歧视和误解，难以融入社会。[③]

2018 年在刚果（金）暴发的埃博拉病毒疫情是继 2014 年西非埃博拉病毒疫情后，埃博拉病毒的第二次大暴发。世界卫生组织指出，死亡率高、病例收治和隔离工作的延误、人口流动性大、传播途径多等因素扩大了埃博拉病毒在受影响地区的传播。截至 2019 年 7 月 16 日，刚果（金）政府共报告 2 512 例病例，其

① 世界卫生组织. 世卫组织就《国际卫生条例》突发事件委员会关于 2014 年西非埃博拉疫情问题会议发表的声明[C].（2014-08-08（. https://www.who.int/mediacentre/news/statements/2014/ebola－20140808/zh/.

② 埃博拉疫情对疫区国家经济影响[EB/OL].（2014-09-23）. http://lr.mofcom.gov.cn/article/ztdy/201409/20140900739738.shtml.

③ 唐溪源，唐晓阳.瘟疫的创痛：评析埃博拉对西非三国经济社会的影响[J]. 非洲研究，2015(2).

中死亡 1 676 例,死亡率超过 60%。2019 年 7 月 17 日,该疫情被世界卫生组织宣布为"国际关注的突发卫生公共事件",至今仍未解除。[①] 刚果(金)本地政府在疫情防控中采取了加强疫情监测、推广疫苗接种以及寻求国际援助的措施。无国界医生(MSF)这一非营利医疗救援组织在其中扮演了非常重要的作用,为疫情地区医疗治理体系的建设提供了诸多支援。

(四)寨卡病毒(Zika)导致的新生儿小头症和其他神经疾患疫情(2016 年 2 月—2016 年 11 月)的影响及防控措施

2015 年 5 月巴西确诊第一例寨卡病毒感染病例,随后疫情迅速蔓延至哥伦比亚、委内瑞拉、洪都拉斯、萨尔瓦多等南北美国家。2016 年 2 月 1 日,《国际卫生条例》突发事件委员会认为巴西报告的小头症和其他神经疾患聚集性病例构成"国际关注的突发公共卫生事件"。[②] 寨卡病毒主要通过伊蚊传播,传播路径十分明确。巴西卫生部门在全国范围内开展灭蚊防疫运动,甚至动用了军队。巴西的科学家向蚊虫的 DNA 中植入某种可以自我毁灭的基因,以期从根本上解决传播媒介问题。巴西联合其他国家共同研制疫苗,研究开发昆虫不育技术。9 个月后,疫情得到了有效控制,不再构成"国际关注的突发公共卫生事件"。

针对巴西的这次突发公共事件,世界各国只是出台了相关旅行警告,建议孕妇或准备怀孕的女性公民谨慎前往寨卡病毒肆虐地区。世界银行的分析指出,此次疫情并未对巴西造成太大的经济影响。2016 年 8 月召开的巴西奥运会也未受此影响,奥运会甚至还推动了巴西的旅游业和经济的发展。上海外国语大学国际关系与公共事务学院副研究员汤蓓指出,由疫情带来的新生儿畸形对当地的公共卫生体系和社会福利体系带来的影响将长期存在。[③] 已有多方证据

---

① 世界卫生组织. 埃博拉病毒病—刚果民主共和国[EB/OL].(2019-07-18).https://www.who.int/csr/don/18-july-2019-ebola-drc/zh/.

② 世界卫生组织. 世卫组织就《国际卫生条例(2005)》突发事件委员会关于寨卡病毒与已观察到的神经疾患和新生儿畸形增加问题第一次会议发表的声明[C].(2016-02-01). https://www.who.int/zh/news-room/detail/01-02-2016-who-statement-on-the-first-meeting-of-the-international-health-regulations-(2005)-(ihr-2005)-emergency-committee-on-zika-virus-and-observed-increase-in-neurological-disorders-and-neonatal-malformations.

③ 李念,汤蓓. 访汤蓓:前 5 起 PHEIC 始末,看中国疫情防控的国际合作 | 防疫 · 专家谈[EB/OL].(2020-02-03). http://www.whb.cn/zhuzhan/jtxw/20200203/320103.html.

表明，巴西政府对公共卫生缺乏重视导致寨卡病毒在巴西传播。巴西东北部疫情严重地区居民用水质量不佳和卫生设施缺失助长了伊蚊的滋生和疫情的肆虐。因此，联合国表示，改善相关基础设施是避免寨卡病毒疫情暴发的最佳途径。

（五）新型冠状病毒（COVID-19）肺炎疫情（2020 年 1 月 30 日至今）的影响

2020 年 1 月 30 日，世界卫生组织认为中国的新冠病毒肺炎疫情构成了“国际关注的突发公共卫生事件”，并对中国疫情防控给出建议。① 从疫情暴发至今，中国社会各界一直没有停止抗击疫情的努力。世界卫生组织总干事谭德塞也多次赞扬中国抗击疫情的做法。

新冠肺炎疫情对中国的航空业、旅游业、餐饮、酒店、制造业、对外贸易、教育、影视娱乐业等行业造成严重影响。尽管世界卫生组织声明无须采取不必要的措施干涉国际旅行和贸易，截至 2 月 16 日，仍有 133 个国家和地区相继采取了针对中国的旅行管制措施，包括禁止中国公民入境，暂停签证，停飞航班（新加坡、澳大利亚、俄罗斯、美国），暂时禁止湖北籍或有湖北旅行史的游客入境（日本、韩国、马来西亚），加强检疫（德国、法国、加拿大），等等。② 这些举措对我国国际航空运输业造成了直接影响，加上我国国内紧急公共卫生限制措施的实施，人们的出行大幅减少，航班预订量大幅下降。民航局数据显示，2020 年 1 月国内航线同比下降 7.6%，国际航线同比下降 0.2%。国际民航组织（ICAO）预测，从 2020 年 2 月到 3 月，如果投放中国市场的座位数减少的比例保持 2 月初的基本情况不变，旅客运输量将减少约 1 640 万人次，2020 年第一季度潜在收入损失约为 41 亿美元；如果投放中国市场的座位数减少幅度继续增加，旅客运输量将减少约 1 960 万人次，潜在收入损失约为 49 亿美元。③ 中国作为全球最

① 世界卫生组织. 关于 2019 新型冠状病毒疫情的《国际卫生条例（2005）》突发事件委员会第二次会议的声明[C].（2020-01-30）. https://www.who.int/zh/news-room/detail/30-01-2020-statement-on-the-second-meeting-of-the-international-health-regulations-(2005)-emergency-committee-regarding-the-outbreak-of-novel-coronavirus-(2019-ncov).

② 国家移民管理局. 近期有关国家入境管制措施提醒[EB/OL].（2020-02-16）. https://www.nia.gov.cn/n741440/n741542/c1245203/content.html.

③ 中国民航局. 国际民航组织预测新冠肺炎对航空运输业影响重大[EB/OL].（2020-02-11）. http://www.caac.gov.cn/XWZX/MHYW/202002/t20200211_200831.html.

大的出境旅游市场，疫情的发展也严重影响到全球旅游业。牛津经济研究院(Oxford Economics)保守预测，受此次疫情影响，中国今年的经济增长率预计下滑 0.5%至 5.6%。这将进而导致今年全球经济增长减少 0.2%。跨国公司的在华业务也将受到影响，特别是依赖中国供应链的制造业。中国目前有约 50 万外国在华留学生和约 70 万出国留学生，疫情发生后，他们中的一些不得不撤离中国，还有一些被困在中国，学习计划因此受到影响。一些在海外居住或学习的中国人或者华裔也因为疫情受到歧视。在德国留学的一名中国女学生在上学途中遭到两名德国女青年的辱骂并被吐口水，在英国做生意的一名中国台湾人被市集上的商家要求离开市场，加拿大的一个社区 9 000 名家长联名签署请愿书要求学校规定从中国回来的孩子居家隔离。丹麦漫画家博延森画出辱华漫画并在丹麦《日德兰邮报》上刊载。美国 Brad College 的国际关系学教授米德甚至以《中国是真正的东亚病夫》为题撰写文章，抹黑中国的国际形象。

历次“国际关注的突发公共卫生事件”给我们提供了宝贵的经验：一是防止将病毒和病人污名化；二是把加快研制疫苗、抢救危重病人作为工作重点；三是将疫情控制在一定范围，不引起恐慌，有效维护国际形象。然而疫情发生国应对措施不力也带来了沉痛的教训：美国未对甲型 H1N1 流感进行有效控制，导致流感病毒扩散，造成流感全球大流行；非洲部分国家卫生机构基础设施薄弱以及民众对疫苗不信任导致埃博拉病毒未能得到有效控制。

二、历次“国际关注的突发公共卫生事件”对我国抗击新冠肺炎疫情的启示

(一)加强医疗基础设施建设，为应对重大突发公共卫生事件打牢基础

历次“国际关注的突发公共卫生事件”的经验告诉我们，优化疾病监测和报告系统的建设，保障信息及时公开透明对于疫情防控非常关键。我国要建立从下至上全国联动的多级疫情监测体系，简化疾病报告程序。另外，要建立国家医疗物资战略储备体系。美国应对甲型 H1N1 流感的经验表明将医疗物资纳入战略储备的重要性。新冠肺炎疫情暴发以来，我国医疗防护物资一直存在短

缺现象，说明我国应对重大突发公共卫生事件的医疗物资储备不足。现阶段全球医疗防护物资处于紧缺状态，国家应进一步刺激口罩、防护服、护目镜等防护物资的生产产能，在保障国内疫情高风险地区防护物资供应的同时，为发生疫情的其他国家提供必要的支援和帮助，为未来可能发生的突发公共卫生事件所需作储备。

巴西的经验表明，切断病毒的传播源和传播途径对疾病防控起决定性作用。现有科学研究已指出，新冠病毒很可能来源于蝙蝠，其他野生动物有可能充当了病毒的中间宿主将病毒传染给人类。现在市场监管总局、农业农村部、国家林草局已发布《关于禁止野生动物交易的公告》，规定疫情解除之前禁止野生动物交易活动。十三届全国人大常委会第十六次会议已通过《关于全面禁止非法野生动物交易、革除滥食野生动物陋习、切实保障人民群众生命健康安全的决定》。这些举措都有利于切断新型冠状病毒的传播途径。同时，开发出病毒疫苗，将病毒扼杀在摇篮里，也可以有效遏制病毒扩散。

(二)优化健康传播机制稳定民心，改善对外传播树立形象

及时开展健康传播能有效地普及疫情防控知识，及时辟谣，缓解民众对疫情的恐慌情绪，加强民众的防范意识，保障他们的健康和安全，同时减少由虚假信息造成的经济损失。鉴于美国甲型 H1N1 流感大流行期间，部分民众因担忧质量和安全问题而拒绝接受注射疫苗，我国疫苗试验成功后，如上市推广，相关部门要做好舆论动员和舆情应对的准备。考虑到被治愈的埃博拉病毒患者在返回社会时曾遭到歧视和误解，要有效利用健康传播消除民众对新冠病毒肺炎治愈患者的歧视。

我国新冠病毒肺炎疫情暴发早，时间长，范围广，影响面大。在抗击这场新冠病毒肺炎的斗争中，我国广大民众，特别是武汉的民众作出了巨大的牺牲。中国政府采取的防治措施得力，广大的医护工作者积极抗击新冠肺炎，为其他国家和地区应对新冠病毒肺炎疫情危机赢得了非常宝贵的时间“窗口期”，也获得了国际社会和国际舆论的尊重和赞赏。一些国家领导人和政要，世界卫生组织总干事谭德塞等对我国这场全民动员防控新冠病毒的措施给予了高度的正面评价和尊敬。

但是也有不少的政客、媒体，尤其是西方一些对华持不友好甚至敌意态度

的政客、媒体，对中国进行恶意中伤和舆论攻击。对华不了解、对这场特殊的突发新冠病毒疫情不了解的民众和组织产生了对中国的误解。一些国家和企业甚至切断了通商、通航、通行的渠道。亚裔，特别是华裔、华人，在一些国家、地区和城市遭到误解和歧视。我国改革开放以来努力打造的正面、积极的国家形象，因这场猝不及防的新冠病毒疫情而受到损害。经过一个多月的防治，我国基本上控制住了疫情，取得了阶段性的抗疫胜利。目前除湖北省之外，全国所有的省、市、自治区复工复产，我国抗击新冠病毒肺炎疫情的成绩获得了国际社会的赞赏。我国的对外传播要紧紧抓住这个"窗口期"，加紧工作，提高效益，尽快修复被损害的国家形象。我国的对外新闻传播要配合国家的援助，主动出击，从道义上、舆论上支持和声援国际社会抗击新冠病毒疫情，讲好这场抗疫斗争的中国故事。要向国际社会讲述中国人民特别是武汉人民在抗击疫情中付出的惨痛代价和悲壮的牺牲，介绍中国一方有难、八方支援的制度优势，讲述普通百姓在疫情危重的日子里相濡以沫、邻里守望的感人细节…… 人心相通，人性相似，这样的叙事最动人。此外，还要向国内多报道国外遭受新冠肺炎疫情侵害的情况，传播国际社会阻止疫情蔓延的相关做法。这不仅仅是从道义上声援其他正在遭受新冠肺炎疫情侵害的国家和人民，也是尊重人民群众知情权、参与权的体现。加大这方面的报道有助于我国广大民众理解和支持我国政府、企业对发生疫情的其他国家和地区的援助，有助于提升我国广大民众战胜新冠病毒肺炎疫情的信心。

2009年甲型H1N1流感在暴发之初被命名为"猪流感"，导致公众对食用猪肉产生误解，严重影响到猪肉贸易。我们要吸取这一教训，避免污名化带来的负面影响。鉴于新冠肺炎已经在全球60多个国家蔓延，且目前新冠病毒感染的源头在何处仍然没有可靠的结论，政府、企业以及媒体、组织等应避免使用"武汉肺炎"这个概念，以免授人以柄，损害我国在国际社会的形象。

(三)运用"人类命运共同体"理念来应对"国际关注的突发公共卫生事件"，和国际社会一道，共同阻击新冠病毒肺炎疫情在全球蔓延传播

历次"国际关注的突发公共卫生事件"的解决都表明国际合作和国际救援在抗击疫情中的重要性。当前新冠病毒已经蔓延至全球60多个国家，国际传播的风险很高。加强对全球疫情的监测，建立新冠疫情全球联防联控机制意义

重大。任何国家都不能独善其身，国家之间应分享应对这次“国际关注的突发公共卫生事件”的信息、技术和经验，共同抵御新冠病毒肺炎在全球蔓延。鉴于我国在抗击新冠病毒肺炎疫情方面已经取得了较为丰富的经验，我国应该为遏制和消除新冠病毒肺炎在全球蔓延作出更大的贡献。目前我国抗击新冠疫情已经取得阶段性的胜利。这是一场危及全人类的疫情，每一个国家，每一个民族，每一个人，都将同仇敌忾面对共同的敌人——新冠病毒。当前是推行“人类命运共同体”理念的窗口期。中国要抓住这个“窗口期”，积极主动有效地向遭受新冠病毒疫情侵袭的国家和地区提供道义、信息、技术和物资支持。这是国际人道主义支持。这是我国作为一个负责任的大国应尽的职责和国际义务。中华民族是一个爱好和平的民族，中国人民讲情谊，懂得感恩回报。中国优秀传统文化积淀的“民胞物与”“与子同裳”的理念和精神生生不息。坚信绝大多数民众会支持国家对遭受新冠病毒侵害的其他国家和地区的援助。我国现在出手相助，将会获得广大民众的舆论支持！

随着新冠病毒肺炎疫情在向世界多国蔓延，我国的疫情防控工作重点逐渐从防止输出转到防止输入，防止疫情“倒灌”。近日，世界卫生组织将新冠病毒的全球传播风险和影响风险级别上调为“很高”这个最高级别，并认为病毒具有大流行趋势。今后相当长一段时期，防止疫情输入将是我国防控新冠肺炎疫情的重点。我国应随时调整联防联控机制，尽快建立和健全一套防止疫情输入的联防联控机制。要加强海关检疫和核查工作，加强对高风险地区入境人员的监测和隔离。2009 年甲型 H1N1 流感暴发期间，美国未加强出入境管制，一定程度上加速了甲型 H1N1 病毒在全球的扩散。我们要吸取这个教训，降低新冠病毒的全球传播风险，防止疫情反弹。高校是防止疫情输入的重点区域，高校在防止疫情输入方面应注意两个问题。其一，高校中各国留学生聚集，许多留学生的国家正在发生新冠肺炎疫情。加强对留学生的管理，避免疫情的外来性输入是高校防控的重点。其二，考虑留在高校的外国留学生人数多、情况复杂、流动性大等诸多因素，高校要注意严控严守，同时还要依法依规实施，尊重外国留学生的民族宗教信仰和民族文化差异，以免造成不良的国际影响，导致负面的舆情，避免出现 2009 年甲型 H1N1 流感期间与墨西哥那样的外交危机。

（四）科学处理抗疫和生产的关系，减少"国际关注的突发公共卫生事件"造成的经济损失

历次"国际关注的突发公共卫生事件"给事件所在国和受其影响的其他国家和地区带来了不同程度的经济损失。我国遭遇和抗击新冠病毒肺炎疫情期间，经济方面遭受的损失是巨大的。为减轻因疫情带来的经济损失，我国要按照中央的统一部署，在打好、打赢这场疫情防控的人民战争、总体战、阻击战和决胜战的同时，尽快分区分级恢复正常的生产生活秩序。各地在做好疫情防控工作的同时，应积极复工复产，为国民经济和人民群众生活秩序的恢复早作安排，进行物资准备。在处理和协调抗疫和复工复产的关系时，应优先考虑抗疫，避免疫情反弹、前功尽弃。在处理疫情期间的国际贸易关系方面，中国要充分发挥其在世界经济体系中的主体地位，积极与贸易伙伴沟通，缓解疫情管制引发的冲突，发扬大国诚信和担当精神。对受疫情影响的中小企业，政府要出台相应的财政或税收政策，帮助它们从疫情影响中恢复过来。

当前在复工复产的过程中，要提前考虑和安排复学相关事宜，把实现安全有序复学纳入国务院联防联控机制中。教育是一个国家和民族的头等大事，关乎国家和民族的未来。建议按照党中央、国务院关于分级分区复工复产的战略部署，有条件、有区别、有计划、有秩序地分级分区分期复学、复课。对于即将开始的研究生招生复试录取工作，要采取多种形式，根据不同条件和情况，分区分期进行。教育部下达了今年扩大研究生招生指标的通知，各高校及有关科研院所既要积极响应，挖掘潜能，又要注意严把质量关，不宜降低相关考试和录取标准。随着高考日期的临近，要提前做好相关准备，严把高考试卷安全关，预防和杜绝泄露考题和试卷事件的发生。

在恢复生活和生产的同时要密切关注疫情带来的次生灾害，包括疫情引发的环境污染和生物污染，疫情引发的"信息污染"（网络谣言、虚假信息、失实新闻报道、错误的舆论导向等），疫情引发的"情绪污染"，疫情引发的心理疾患，疫情引发的报复社会的恶性心理倾向，等等。

三、总结

当前，我国抗击新冠病毒肺炎疫情取得了显著成效，但这并不代表病毒的

传播风险已经降低。新冠病毒肺炎疫情仍然是“国际关注的突发公共卫生事件”，新冠病毒的全球传播风险仍然“很高”，并且形成了“全球大流行”的态势。历次“国际关注的突发公共卫生事件”中他国的应对措施和经验教训给我国应对此次新冠病毒肺炎疫情带来了诸多启示。本文主要从医疗基础设施建设、健康传播和对外传播、国际合作、复工复产复学 4 个方面试图为防控新冠病毒肺炎疫情提供决策参考。

（本文由笔者与湖南大学新闻传播与影视艺术学院助理教授王旖旎、中国传媒大学博士研究生高悉森合作撰写。本文中的部分内容作为决策咨询信息上报湖南省委、教育部等有关部门）

疫情的全球化反思：抗“疫”亟须全球化思维和科学理性的共识

世界卫生组织官网 2020 年 3 月 27 日发布的信息显示，新冠肺炎疫情已影响到全球 200 多个国家和地区。疫情已然演变为一场全球性的灾难。为减小病毒传播的风险，各国都在实行程度不同的隔离政策。在这场突如其来的大瘟疫背景下，民粹主义思潮大行其道，非理性的言行煽动民众情绪和国际舆论，导致国际市场秩序、基本的伦理和价值观发生错位和混乱。甚至在一些地方还因新冠肺炎疫情发生了地域歧视、文化歧视和种族歧视现象。在这疑惑、愤怒、失序和失策的艰难时刻，去全球化（De-globalization）、反全球化（Anti-globalization）的问题再次被提出。

全球化（Globalization）是现代化过程中出现的一个概念，也是现代化过程中的一股潮流。全球化既为人类社会的现代化发展提供了动力，同时也是现代化发展带来的结果。在形成全球化潮流的诸多因素中，资本、媒体、跨国企业被普遍认为是推动现代性、全球化的重要因素。包括中国在内的世界上许许多多的国家受益于全球化。全球化促进了经济迅速发展。但全球化也是一柄双刃剑，它在推动国与国、地区与地区之间经济、文化、信息、人口不断交流融合，打破贸易关税壁垒，不断消除文化、种族、宗教的隔阂，推动现代化发展的同时，也带来了全球性的巨大风险。1986 年，德国著名学者乌尔里希 · 贝克（U.Beck）首次提出了风险社会理论，他认为现代风险是现代社会的一种伴随物，它是一种系统性的风险。这种系统性风险的一大表征，就是它的全球性。恐怖主义、环境生态恶化、生化危机等更是加大了这种风险的危害程度。2014 年，牛津大学研究全球化与发展的学者伊恩 · 戈尔丁（Ian Goldin）预料，一场全球大流行病会引发对自由主义思想的反拨。

逆全球化和反全球化的观点并非首次出现在此次疫情中。2008年发生世界金融危机，西方社会出现了逆全球化和反全球化的趋势。尤其是自2016年以来，英国脱欧，特朗普大选，法国黄背心运动，更是折射了一些西方国家的逆全球化趋势。此次逆全球化思潮产生的根本原因在于，全球化进程中各个国家利益分配不平衡。为减少在复杂系统中分配的不确定性，在经济和意识形态方面出现了保护主义思潮抬头的倾向。部分西方国家对世界各国融合发展表现出冷漠的态度。

非常不幸，伊恩·戈尔丁当年的预言变成了现实。在这场大疫情面前，全球化与逆全球化两股思潮的冲突已经在政治、经济、文化、信息传播等各个领域爆发，而这些冲突集中表现在国际舆论上。国际社会的舆论出现了更加明显的对立趋势，共识难以建立。部分狭隘民族主义者以非理性、非科学的方式制造阴谋论，甚至不惜以毫无根据的言行煽动着国际社会的情绪，制造种族、民族和国家之间的严重冲突。疫情目前已波及200多个国家，意大利死亡人数骤增，英国政府在疫情初期采取不作为的“群体免疫”政策，受到多方面的质疑和批评。经济贸易方面，全球供应链受到严重冲击，各国贸易规模大幅缩小。世界多个证券市场“飘绿”，美国股市出现了4次熔断。不少媒体发布文章担忧20世纪30年代的经济危机再次到来。英国《经济学人》杂志以地球“打烊”作为封面，恐慌、焦虑、无助甚至绝望的情绪弥漫全球。

疫情在肆虐、争端在继续，世界在撕裂，全球化俨然走到了至暗时刻。对此，我们怎么看？怎么办？

全球性疫情似乎印证了逆全球化的观点，但逆全球化思潮的兴起本身也是全球化发展的表现，是对全球化进行反思的结果。现代性的发展潜伏着社会风险，对于现代性及风险的反思本身也促进社会修正。现代社会高速发展，在复杂的全球化系统中，逆全球化思潮也是一种对全球化的补充与反思。吉登斯在《现代性后果》一书中指出，描述现代性并不是对新事物的认同，而是系统反省性——显然包括对反省性本身的性质的一种反省的推断。这启示我们：对于全球化反省的目的是促使全球化更加完善，而不是否定全球化。全球化已是世界的大趋势。各个国家早就“你中有我，我中有你”。世界性的政治、经济制度本就在多元文化之上构建，采取保护主义措施、强化争议并不能从根本上解决问题。随着国际互联网的发展，信息传播及舆论走向越来越全球化，强化狭隘的民族主义，任由民粹主义思潮泛滥，无助于扑灭这场席卷全球的巨大瘟疫，甚至将引发全球性的政治经济危机。

截至2020年3月30日，全球累计确诊病例突破73万例，死亡病例超3万4千例，新冠病毒正在荼毒生灵，形势危若累卵！

从目前的抗疫效果来看，相对于西方国家，东方亚洲国家如日本、新加坡、韩国等国在对新冠病毒的控制上效果比较显著。中国在此次疫情防控中更是成效显著。这与民众对政府信任及东西方的文化价值观差异不无关联。可对比的是韩国和意大利，两个国家所具备的抗疫条件相似，但抗疫效果却不相同。慈善机构维康基金会（Wellcome Trust）2019年6月进行的民意测验发现，86％的韩国人信任政府的健康建议，意大利的比例仅为63％，崇尚个人主义传统的美国的这一比例仅为53％。此次疫情对诸多国家的政府管理系统、卫生健康系统，甚至文化传统都是一次检验。

大疫当前，人类是一个命运共同体。全球性瘟疫是人类共同的敌人，所以抗击风险也要有全球化思维。抗击疫情需要塑造科学、理性的共识，需要集体抗疫，而不是停留在情绪先行，证据、事实在后的非理性舆论引导上。各国政治家、科学家应以更大的勇气和智慧，建立全球信任体系。面对这场全球肆虐的瘟疫，我们必须坚守人本主义和人道主义的立场，倡导人类命运共同体理念，同心协力抗击疫情，为人类摆脱这场重大危机而倾尽全力。

（本文由笔者和中国传媒大学博士研究生向青平合作撰写，原载于2020年3月31日光明网理论频道）

突发公共卫生事件网络谣言传播及辟谣机制研究

——以新冠肺炎疫情为例

一、前言与文献回顾

突发公共卫生事件中的信息传播事关重大，它和民众的健康乃至生命安全、传染病疫情的防控、社会治理乃至国际关系和秩序息息相关。2020 年伊始发生的新型冠状病毒感染的肺炎疫情（以下简称“新冠肺炎疫情”）期间，由于疫情来势凶猛、猝不及防，部分民众一时处于极度恐慌之中。由于信息的不确定性，一时谣言蜂起。这些谣言主要通过互联网等渠道广为传播。本文将这些经由网络传播的谣言定义为网络谣言。网络谣言作为“信息疫情”①的组成部分，不同程度地遮蔽了这场重大突发公共卫生事件中的一些事实真相，削弱了权威媒体和政府部门发布的权威信息，影响了疫情的防控和疫情期间的社会治理，有些谣言甚至给民众以错误引导，带来了可能危及生命健康和社会稳定的后果。鉴于此，本研究以突发公共卫生事件中的网络谣言为研究对象，以新冠肺炎疫情为案例，研究网络谣言的传播特点、规律以及相关的辟谣机制，提出治理网络谣言的对策和建议。

（一）网络谣言的定义

谣言（Rumor）是世界上最古老的一种媒介。② 传统农业社会，作为口耳相

① 世界卫生组织全球传染病防范主任西尔维·布莱恩德（Sylvie Briand）提出“信息疫情”（Infodemic）的概念。“信息疫情”指的是过多的正确或错误的信息反而导致人们难于发现值得信任的信息来源和可以依靠的信息指导，信息的过载甚至可能对人们的健康产生危害。

② 卡普费雷.谣言——世界最古老的传媒[M].郑若麟，译.上海：上海人民出版社，1991.

传的媒介，谣言是民意民情的一种特殊的表现形式。“谣谚皆天籁之鸣，直抒己意。如风行水上，自然成文，言有尽而意无穷，可以达下情而宣上德。”刘毓松在《古谣谚·序》中提出了谣谚的舆论表达功能。第二次世界大战期间，谣言研究兴起，谣言研究成为政治学、社会学以及传播学等领域的重要议题。梳理谣言相关文献发现，关于谣言的界定众说纷纭，主要有“未经证实说”“虚假信息说”“即兴新闻说”等。

1951年，彼德逊(Peterson W.)和盖斯特(Gist N.)在《谣言与舆论》中认为谣言是一种在人们之间私下流传的，对公众感兴趣的事物、事件或问题的未经证实的阐述或诠释。[①] 卡斯·R.桑斯坦(Cass R.Sunstein)也认为谣言是未被证明真伪的信息。[②] “未经证实”说已经成为学界流行的解释，我国有学者认为谣言是“未经证实的阐述或诠释”[③]。但“未经证实”说未能将谣言与传言相区分，也有学者对此概念持质疑、批判态度。

我国学者普遍认为谣言是“虚假的”“无根据的”一种信息。《辞海》对谣言的解释为“没有事实根据的传闻，捏造的消息”。周晓红认为，谣言是无根据不确切的信息。[④] 刘建明认为：“谣言是指众人无根之言的传播。”[⑤]虚假性作为谣言的判断标准，遭到了一些学者的质疑。美国学者涩谷堡(Shibutani T.)将谣言界定为“集体交易”(Collective Transaction)之后产生的“即兴新闻”(Improvised News)[⑥]。他认为谣言是人群、社会中反复出现的沟通方式，在不确定的社会环境中，共享智力，阐释关于社会现实的意义。“即兴新闻说”其实也间接承认信息在分享的过程中很难完全真实。在我国，也有学者指出，有的谣言在其传播过程中被理智的人看作是谣言，而在事后却被证明并不是失实的。[⑦] 因此，以虚假界定谣言，显然较为偏颇。

互联网时代，谣言大多通过互联网传播，谣言的传播渠道往往是幽暗的，新媒体的环境下滋生了很多幽暗的平台，如各种贴吧、论坛、直播等，这些平台的信息传播不在主流传播范畴之内，这就为多种信息的传播提供了空间。在发生

---

① 卡普费雷.谣言——世界最古老的传媒[M].郑若麟，译.上海：上海人民出版社，1991：6.

② 桑斯坦.谣言[M].张楠迪扬，译.北京：中信出版社，2010.

③ 胡钰.大众传播效果[M].北京：新华出版社，2000.

④ 周晓虹.风险社会中的谣言、流言与恐慌[J].南京医科大学学报(社会科学版)，2011(6).

⑤ 刘建明.舆论传播[M].北京：清华大学出版社，2000.

⑥ SHIBUTANI T. Improvised news：a sociological study of rumor[M].New York：Indianapolis，1966.

⑦ 巢乃鹏，黄娴.网络传播中的“谣言”现象研究[J].情报理论与实践，2004(6).

重大且又信息模糊的事件时，由于权威信息缺失，人们常常会通过这些幽暗渠道寻找另类信息作为补偿。对这种通过非正规渠道传播的信息需要进行真实与虚假的判定，但是真实与虚假的判定标准会受到传播环境、传播渠道和权威性等多种因素的制约，所以对于谣言的认定只能是一种结果，某种程度上具有一定的相对性和模糊性。将谣言界定为虚假的信息，也就是将“谣言”界定为一种被判定的结果。本研究认为传言中的虚假信息可以被界定为谣言。通过主流正规渠道传播的虚假信息不能称为“谣言”，其抑或是“虚假新闻”，抑或为“虚假信息”，如疫情期间个别主流媒体传播的“双黄连中药防疫”信息。

据此，本研究将网络谣言界定为：“一定社会环境下，在互联网上经非正规渠道广泛传播，被判定为虚假的信息。”该定义明确了以下几点：第一，网络谣言传播渠道是非正规性渠道；第二，网络谣言属于一种被认定的结果；第三，网络谣言具有确定的环境性、相对性。

(二)本研究关注的几个主要问题

①新冠肺炎疫情期间网络谣言呈何种变化趋势？

②随着新冠肺炎疫情的发展变化，网络谣言的内容是否发生了变化？如有变化，发生了哪些变化？

③新冠肺炎疫情期间网络谣言沿着什么样的传播路径传播？在此过程中呈现出什么样的传播形态？

④新冠肺炎疫情期间政府权威部门和主流媒体如何辟谣？

二、研究设计与研究方法

(一)研究范围与对象

本研究以官方机构中国互联网联合辟谣平台、微博辟谣平台作为样本平台。中国互联网联合辟谣平台对网络谣言的内容、辟谣时间、传播主体等具体信息的披露较为详细。微博辟谣平台及时全面地发布疫情期间的谣言及辟谣情况。本研究抓取的样本时间为2020年1月1日到4月8日，通过编写的Python程序抓取数据，人工剔除与疫情无关的网络谣言，共抓取微博辟谣平台数据 1 844 条进行网络谣言数量的分析和研究，抓取中国互联网联合辟谣平台数据 468 条进行全样本的内容分析。

本研究对中国互联网联合辟谣平台的 468 条谣言进行筛选，共遴选出 48 条网络谣言，再对这 48 条网络谣言采取等差抽样的方式抽取 10 条谣言。抽样结果如下（表 1）：

表 1　疫情期间谣言出现及辟谣时间

编号	内容	传播渠道	出现日期	辟谣时间
1	四川绵阳市委党校隔离从韩回来的 142 人？	微信群	3 月 4 日	3 月 4 日
2	春节假期再次延长至 2 月 20 日？	微博、微信	2 月 7 日	2 月 11 日
3	漯河市机动车要限行？公交再次停运？	微信	2 月 26 日	2 月 27 日
4	濮阳一医生感染且隐瞒其父有武汉出行史？	微信群	2 月 15 日	2 月 18 日
5	湖北省慈善总会领取 150 套防护服自用？	自媒体	2 月 15 日	2 月 17 日
6	杭州公交司机感染新冠肺炎？	网传	2 月 14 日	2 月 16 日
7	湖南茶陵一村庄 70 多人逃离？	微信群	2 月 13 日	2 月 14 日
8	湖北、浙江、湖南等 7 省人员不许进广东？	微信群	2 月 11 日	2 月 13 日
9	武汉火神山医院月薪 3 万元招保洁员？	网站、微博、微信	2 月 3 日	2 月 11 日
10	一家人全部感染新冠肺炎后从楼上撒钱？	朋友圈	2 月 9 日	2 月 10 日

（二）构建类目系统，制定编码表

为对应研究问题，本研究确定四个类目进行编码，具体如下：

1.文本内容

按照网络谣言的内容进行网络谣言主题的编码，制作网络谣言类目的编码表，反映网络谣言传播者和信谣者的心理状态及关切的问题。湖南大学的研究生及研究者作为编码员，对文本内容进行了编码，并通过了信度和效度检验。

2.时间类目

时间类目包括网络谣言发生的时间、辟谣时间。时间类目主要用以反映：①疫情不同时期网络谣言的主要内容；②网络谣言从传播到辟谣时间之间的时间差。

3.传播路径及传播形式

中国互联网联合辟谣平台公布了网络谣言的传播途径、传播形式。该类目主要用以反映网络谣言的传播渠道及传播形式，研究网络谣言如何借助文字、图片、视频等不同形式迅速广泛传播。

4.辟谣主体及辟谣方式

中国互联网联合辟谣平台公布了部分网络谣言的主体、辟谣方式及辟谣主体。在网络谣言演化的过程中，这些辟谣主体扮演了什么角色？形成了何种辟谣机制？

三、研究与讨论

（一）新冠肺炎疫情期间网络谣言传播的周期

依据研究设计，本研究对新冠肺炎疫情期间的微博辟谣平台进行数据抓取，按照日期进行网络谣言的统计，统计结果如图 1 所示。按照网络谣言数量变化情况，本研究发现疫情期间网络谣言传播分为 4 个时期，其分布如下：

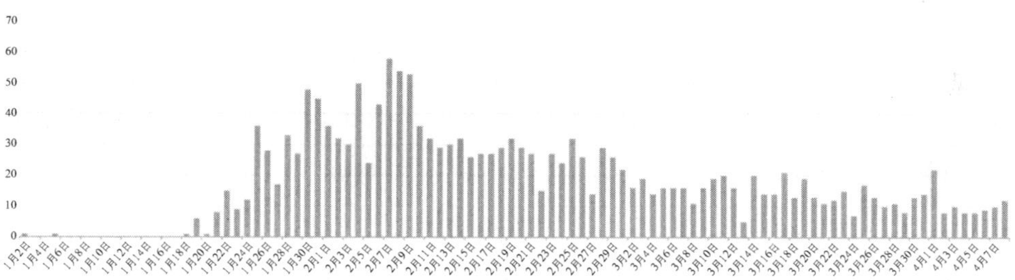

图 1 新冠肺炎疫情期间的谣言变化趋势图

1.网络谣言萌芽期(1 月 2 日到 1 月 24 日)

新冠肺炎疫情发生之初，微博辟谣平台记载的关于该传染病的首例网络谣言发生在 1 月 2 日。该谣言为“网传武汉出港航班发现疑似传染病人”。从 1 月 6 日到 1 月 16 日无一条关于新冠肺炎的辟谣记录。1 月 17 日至 1 月 25 日是网络谣言数量快速上升的阶段。1 月 17 日开始出现少量关于疫情的谣言，1 月 21 日后网络谣言的数量开始不断上涨。这一时期发生两起引起舆情强烈关注的事件。其一,1 月 20 日晚间,钟南山院士作为国家卫健委高级别专家组组长,在接受央视采访时表示"肯定有人传人现象"。其二,1 月 23 日,武汉封城的政策释放出有关疫情的重大信号。从 1 月 2 日到 1 月 24 日,有关疫情的网络谣言经过了从酝酿到迅速发展的时期,本研究将这一阶段界定为有关疫情的网络谣言萌芽期。

2.网络谣言暴涨期(1 月 24 日到 2 月 10 日)

1 月 25 日,有关疫情的网络谣言的数量急剧上升,此后数量居高不下。在网络谣言萌芽期,上述两大重要事件释放了疫情严重的信号,引发了民众集体恐慌情绪,大量有关新冠肺炎疫情的谣言充斥网络,网络谣言数量迅速上升。1 月 24 日至 2 月 10 日为网络谣言数量的高峰期。在这一时期,世界卫生组织宣布新冠肺炎疫情为"国际关注的突发公共卫生事件"(PHEIC),但新冠肺炎的感染症状、传播方式并不明确。1 月 25 日,全国 30 个省、直辖市、自治区启动突发重大公共卫生事件一级响应机制,各地封村封路设置卡点,防控措施全面展开。"李文亮事件"以及"武汉红会事件"也在此期间发生,新冠肺炎疫情的暴发及防控不力引发社会不满。由于疫情突发且重大,权威机构在病毒防控上也仍处于探索阶段,民众迫切希望获得疫情相关的信息。这一时期也是有关疫情的网络谣言的暴涨时期。

3.网络谣言平稳衰退期(2 月 11 日到 3 月 12 日)

自 2 月 11 日之后,我国抗击疫情取得明显效果,民众的恐慌情绪开始减退,网络谣言的数量开始下降、衰退,但仍处于相对高的稳定状态。这一时期,湖北省委、武汉市委换帅,有关疫情的防控措施逐渐到位,病毒传播得到有效防控,疫情中不确定的信息逐渐减少,民众的信息需求逐渐得到满足。政府权威部门对网络谣言及时进行处理,如 2 月 26 日武汉女子监狱刑满释放人员黄某英离汉抵京,对于黄某英的揣测在社会上滋生谣言,政府相关权威部门迅速表态调查,随着调查结果的发布,各种谣言、传言随即消退。

4.网络谣言退却期(3 月 13 日到 4 月 8 日)

随着国内新冠肺炎疫情得到有效控制,关于疫情的网络谣言逐渐平稳退却,由于疫情还未完全消失,因此谣言也并未完全消失。疫情的全球化、"群体免疫"、中美关系等成为舆论焦点,主流媒体对国外疫情状况的报道逐渐增多。

随着离汉离鄂通道管控措施解除，对外交通恢复，有关国内疫情的谣言逐渐消退。主流媒体逐渐掌控疫情引发的舆情的节奏，有效引导舆论，网络谣言得以大幅减少。

新冠肺炎疫情期间，网络谣言经历了“萌芽”“暴涨”“平稳衰退”到“退却”4个时期。疫情期间网络谣言的传播周期随着疫情的变化而相应地发生变化。随着疫情防控措施逐渐到位，主流媒体和政府权威信息日益增多，网络谣言迅速下降、衰退，直到消失。

(二)新冠肺炎疫情期间网络谣言的主要内容

本研究对中国互联网联合辟谣平台公布的疫情期间的网络谣言进行内容分析，设置两级议题，其中一级议题包括“防控谣言”“病毒谣言”“民间饮食预防谣言”“抗疫物资谣言”“交通谣言”“病毒恐慌谣言”“疫情状况谣言”等15类。在一级议题下设置二级议题，如“病毒谣言”包括“病毒性质”“病毒类型”“病毒传播”“病毒监测”4类。具体议题设置及研究结果如表2所示。本研究发现：“防控谣言”“病毒谣言”“病毒恐慌谣言”“相关部门和个人的谣言”“生活物资谣言”所占比重最大，分别为15.04%、10.69%、10.55%、9.23%、8.71%。这些也都是民众最为关切的内容。

表2　新冠肺炎疫情期间谣言类型

序号	谣言类型	比率
1	防控谣言(预防、治疗、政策)	15.04%
2	病毒谣言(性质、类型、传播、检测、无症状感染者)	10.69%
3	病毒恐慌谣言(病毒位置、病人情况、境外输入)	10.55%
4	相关部门及个人谣言(钟南山、李文亮、红十字会、华南海鲜市场、医院等)	9.23%
5	生活物资谣言(湖北、全国)	8.71%
6	交通谣言(政策、封城)	8.05%
7	民间饮食预防谣言(治疗及预防)	7.92%
8	抗疫物资谣言(口罩、酒精)	7.26%
9	疫情状况谣言(片区疫情感染状况)	5.67%
10	国际疫情谣言(救援、交通、防控措施、回国政策)	5.54%
11	复工、复学谣言(复工、假期、开学时间、高考时间、毕业时间)	5.54%

续表

序号	谣言类型	比率
12	隔离谣言(状况、政策)	2.77%
13	捐赠、优惠谣言(湖北捐款、网络学习优惠等)	1.06%
14	有关政府措施谣言(政策、政府运转)	0.92%
15	其他谣言	1.05%

其中,防控类的网络谣言所占比重最大,占比为15.04%。这反映了民间对防控措施的认知比较模糊。有关个人防控措施的网络谣言有"普通人需要佩戴护目镜,防止新冠病毒侵入体内";有关公共防控措施的谣言涉及各地的消毒措施,涉及北京、南京、广州、深圳等地;有关防控政策的谣言有"网传关于新型冠状病毒肺炎'长沙第1号令'"等;另外还有关于治疗预防新冠病毒肺炎的药物和偏方的谣言。部分谣言如图2所示。

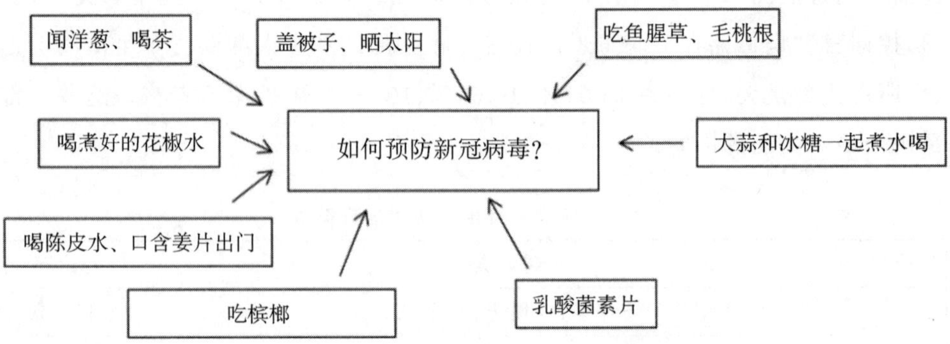

图2 新冠肺炎疫情期间有关病毒预防的谣言

新冠肺炎的暴发具有突发性特征。医疗卫生、科研部门等在疫情前期对病毒的性质尚处于研究探索中,网络上有关病毒的谣言较多,占比为10.69%。如有谣言称"通过眼神就可以传播病毒""吃水果就会传播病毒",还有谣言称"下雪天不要玩雪,会感染新型冠状病毒"。民间饮食预防类谣言占比为9.23%,饮食预防类谣言多种多样,无奇不有,最具有民间想象力和迷信色彩的是"某家出生的猪崽会说话,说用9个鸡蛋每个切成4块混合之后一家人吃能预防新型冠状病毒""一婴儿刚出生就能说话,说吃红鸡蛋能抗疫情"。还有较多预防病毒类谣言看似有科学依据,但实际上是对科学的错误解读,如谣言"喝60℃的水能预防新冠肺炎”。民众积极寻求膳食防控措施，反映了他们的焦虑心态。

抗疫物资类谣言占比 7.26%。疫情前期抗疫物资匮乏，民众对口罩、酒精等的需求量很大，由此滋生诸多有关抗疫物资的谣言，如“口罩中间垫餐巾纸能阻断新冠病毒”“天津一男子喷酒精消毒后开车抽烟引发大火”。在交通谣言方面，继武汉 1 月 23 日实施全面封城之后，全国多个省、直辖市、自治区启动一级响应机制，各个地方封闭措施不一致，由此引发了交通方面的谣言，关于长沙、北京、上海等地的封城谣言更是此起彼伏。

（三）新冠肺炎疫情期间网络谣言传播路径

1.社交媒体是网络谣言的主要传播路径

本研究对中国互联网联合辟谣平台已公布的谣言传播渠道进行统计分析，数据日期为 2020 年 1 月 1 日至 4 月 8 日。在抽取的 468 条网络谣言中，共有 162 条辟谣信息公布了谣言的传播渠道。图 3 显示，在公布的谣言传播渠道中，社交媒体微信是网络谣言最主要的传播渠道，微博等也是网络谣言传播的重要渠道。总体来看，疫情期间，谣言的传播渠道几乎全部来自网络。

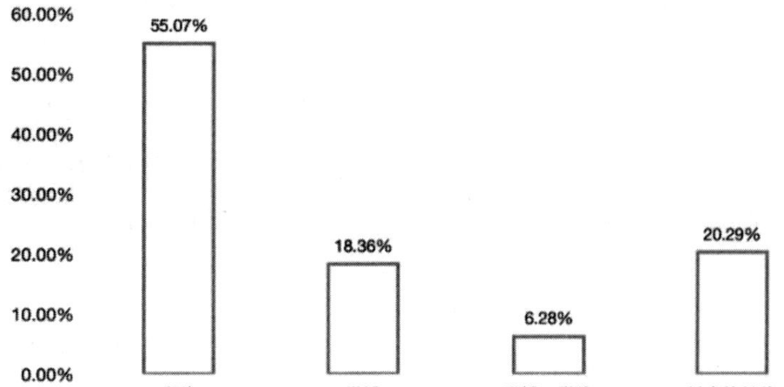

图 3　新冠肺炎疫情期间谣言传播渠道

从官方已公布的传播渠道来看，通过微信传播的谣言的比例为 55.07%。诸多案例显示，疫情期间网络谣言主要在工作群、村群、社区群、亲友群等微信群中传播，谣言信息与传播者具有强相关性。3 月 4 日晚，安徽省黄山市的各个微信群中流传着“3 月 6 日开学”的网络谣言，以政府文件的形式传播，最后警方确定“疑似不法人员 P 图传谣”。

通过微博传播的谣言的比例为18.36%。与即时通信工具微信相比,微博的公共性更强。诸多网络谣言案例显示,微博上谣言内容的公共性较强。如2月3日微博上有谣言称“返程了,上海火车站人山人海?”该谣言以一则视频的方式在微博上发布。此谣言得以广泛传播,但2月4日就被权威机构辟谣。自媒体上传播谣言的比重为5.31%。

2.疫情期间网络谣言的传播是基于强社会关系的传播

“当一条鱼感到威胁的时候,他会告诉另一条鱼。”伊丽莎白·诺埃尔—诺伊曼(Elisabeth Noelle-Neumann)在《沉默的螺旋——舆论:我们的社会皮肤》一书中论述了群体的一致性。[①] 谣言的广泛传播是一个集体情绪感染的过程。[②] 多数民众对于信息的鉴别能力有限。路透社2017年发布的一份网络数字新闻报告中指出:“仅有1/4受访者认为,能在社交媒体上区分虚假和真实(24%)。”[③]虚假的信息常常在强关系的圈子里流行。

此次疫情发生在2020年春节期间,在地方信息发布迟缓、辟谣不及时等多重因素的促使下,谣言借助社交媒体如核裂变一样迅速在某一地域传播,谣言的传播方式如图4所示。图中传播源是指在社交媒体上的初始传播者,传播层指的是传播谣言信息的第一个群体,裂变层指的是信息得以更广泛传播的圈层。疫情期间的谣言经过传播层再到裂变层,其裂变模式如图4所示。新媒体时代信息传播已从金字塔式的大众传播向大众媒体、社交媒体、自媒体交互传播、多层流动转变。谣言作为一种虚假的信息,也按照这种信息传播模式传播。当小范围的传播逐渐形成传播声势,网络谣言经过不断“裂变”,造成更大范围的影响。

社交媒体时代,网络谣言通过血缘、地缘、业缘等各种关系圈层逐渐传播,其传播如波纹一样向外蔓延。谣言传播者在以地缘为核心的微信群发布谣言,微信群的成员将此谣言在以业缘和血缘为核心的微信群中传播,以此形成一层层波浪式的谣言传播模式。当谣言从私人圈层、熟人领域中传播开,形成一定的影响力,就会在公共平台、陌生人中传播,形成谣言传播的巨大波浪。

---

① 诺尔—诺依曼.沉默的螺旋——舆论:我们的社会皮肤[M].董璐,译.北京:北京大学出版社,2013.

② 赵楠,李梦宇,马晓苗.基于SIS模型的组织中谣言传播管控研究[J].河南工业大学学报(社会科学版),2018(6).

③ 路透社.2017年网络数字新闻报告[R/OL].(2017-07-05).http://www.100ec.cn/detail-6404012.html.

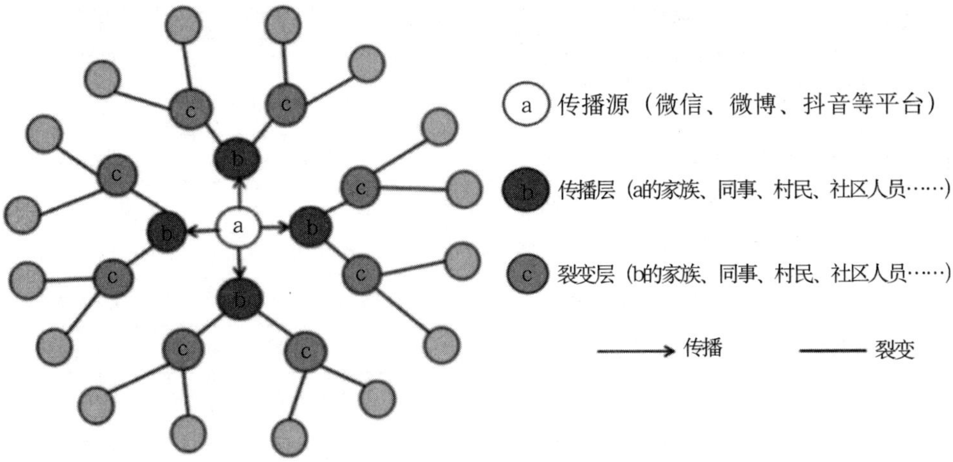

图 4　疫情期间谣言裂变模式

3.疫情期间网络谣言发生畸变的概率较小

本研究发现，疫情期间的网络谣言具有较强的传播力。造谣者使用图片、文字、视频，甚至融合这些传播介质传播谣言。这在一定程度上契合了民众"所见即所闻"的思维定式。如网络谣言"一家人全部感染新冠肺炎后从楼上撒钱"，该视频还配以文字，突出事件发生地是"我的家乡"，让民众误以为真，该谣言在民众的悲伤情绪中广泛传播。另外，从网络谣言的形式来看，一些谣言以政府告示、文件的形式进行传播，从而具有一定的欺骗性和较强的传播力。还有一些谣言抓住民众对自身身体健康的忧虑心理，激发民众的危机感，促使一些民众在"宁可信其有，不可信其无"的心理支配下进行传谣。

从被抽样的 10 条谣言来看，没有发现这些谣言在传播的过程中发生明显畸变。涩谷堡（Shibutani T.）在传统媒体时代研究谣言，本研究推翻了涩谷堡认为谣言在分享的过程中会发生畸变的观点。网络谣言发生畸变的概率很小，这不仅与新媒体时代信息被机械地复制分享有关，而且与信息的传播形式有关，以图片、短视频为主要呈现形式的网络谣言很难被传播者更改。

表 3　谣言的内容、传播形式及畸变

内容	谣言内容	传播形式	谣言畸变
1	四川绵阳市委党校隔离从韩国来的 140 人？	文字	无明显发生
2	春节假期再次延长至 2 月 20 日？	文字截图	无明显发生
3	漯河市机动车要限行？公交再次停运？	文字截图	无明显发生
4	濮阳一医生感染且隐瞒其父有武汉出行史？	文字	无明显发生
5	湖北省慈善总会领取 150 套防护服自用？	文字（微信公众号文章）	无明显发生
6	杭州公交司机感染新冠肺炎？	文字	无明显发生
7	湖南茶陵一村庄 70 多人逃离？	文字	无明显发生
8	湖北、浙江、湖南等 7 省人员不许进广东？	文字	无明显发生
9	武汉火神山医院月薪 3 万元招保洁员？	截图	无明显发生
10	一家人全部感染新冠肺炎后从楼上撒钱？	文字＋短视频	无明显发生

(四)新冠肺炎疫情期间的辟谣机制

1.辟谣主体和辟谣时间

(1)辟谣主体

本研究对中国互联网联合辟谣平台上的辟谣信息发布主体进行了统计，结果如图 5 所示。媒体、政府部门及专门的辟谣机构是辟谣主体。作为事实核查

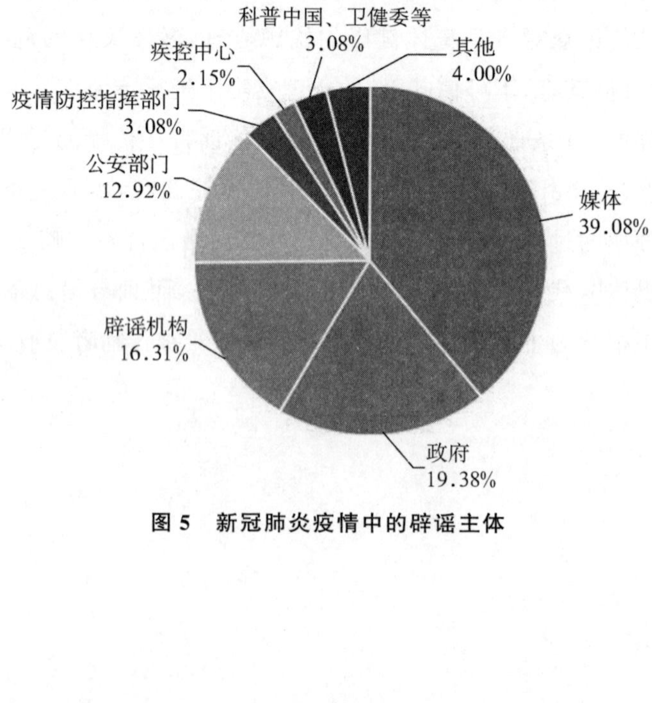

图 5　新冠肺炎疫情中的辟谣主体

机构，媒体是最大的辟谣主体，占辟谣信息发布主体的 39.08％。政府部门也是主要的辟谣信息发布主体，比重为 19.38％。专业的辟谣机构如“武汉发布”“长沙发布”、中国互联网联合辟谣平台、上海辟谣平台、科学辟谣平台、腾讯求真等在事实核查方面发挥着重要的作用，这些专业辟谣机构占比为 16.31％。公安机关负责事实调查，也是辟谣信息发布的重要主体。一些与新冠肺炎有关的部门，如疾控中心、卫健委等作为辟谣主体虽然所占比例较小，但权威性较强，可信度高。

（2）辟谣时间

本研究对中国互联网联合辟谣平台上已公布的辟谣时间进行了统计，结果如表 4 所示。辟谣时间一般出现在谣言传播后的第一、二天，占比分别为 33.04％和 31.30％。网络谣言传播速度非常快，辟谣速度也相应加快了，但是辟谣时间并未达到民众的预期，当天辟谣的比重仅为 18.26％。多个案例显示，尽管权威机构通过事实、证据进行辟谣，但谣言并没有因权威机构的辟谣而消失，仍在各个平台传播，这有两个方面的原因：一是尽管有关部门进行了辟谣，但这些部门并没有获得广泛的信任；二是辟谣信息被淹没在大量冗杂的信息中，未被民众关注，成为无效传播的信息。

表 4　新冠肺炎疫情辟谣的时间

当天	18.26％
1 天	33.04％
2 天	31.30％
3 天	7.83％
4 天以上	9.57％

2.疫情期间辟谣机制的形成

为防止网络谣言泛滥对疫情防控秩序造成影响，我国多部门合作开展辟谣，其中政府部门、媒体、权威研究机构是辟谣的主体，在事实核查、谣言处置上发挥着重要的作用。根据对疫情期间网络谣言辟谣的观察分析，本研究发现：我国已建立了一套相对完整的辟谣机制，这套机制由谣言的认定机制、澄清机制及处置机制构成，分别具有事实核查、辟谣信息传播及谣言处置的功能。

(1)网络谣言认定机制

多个案例表明,网络谣言一旦被证明为虚假的信息,其传播力就会下降。制止谣言最有效的方式是对谣言所传播的信息进行科学理性的真伪辨识,向民众指出其中的虚假信息和荒谬的逻辑以及错误的结论。

谣言的认定机制是辟谣的核心机制。谣言的认定机制由谣言认定的主体和谣言认定的方式构成。疫情期间,谣言认定的主体包括主流媒体、政府部门、权威医疗科研机构、医疗专家等。谣言认定的方式主要包括:官方核查、资料分析、采访引证、实地探访、本人辟谣、专家科普、认定说明等 7 种方式,如表 5 所示。在处理专业性较强的公共卫生问题方面,国家卫健委,国家和省、市疾控中心的专家对网络谣言的认定能比较有效地消除民众的疑虑,如中国疾控中心多次对“新冠病毒肺炎就是 SARS”的谣言进行辟谣。

表 5　谣言认定方式及说明

认定方式	说　明
官方核查	卫健委、疾控中心、防疫指挥部、医疗机构等对外发布官方声明
资料分析	分析传闻内容或引用辟谣报道
采访引证	媒体编辑或记者通过采访等手段向相关人士或部门求证
实地探访	编辑或记者到达一线现场并描述现场情况
本人辟谣	传闻当事人本人发表声明
专家科普	专家对传闻内容进行专业解释
认定说明	只告知为谣言但未体现证伪手段

从 10 个等差抽样样本来看,辟谣机构不同,采取的谣言认定方式也不同。1 月 24 日一则“北京一男子感染后去大悦城咳嗽上百次”的谣言在网络上流传。1 月 26 日,北京警方就发布信息,认定该信息为谣言。造谣者“出于恶作剧心态,故意编造虚假信息,并在微信朋友圈及多个微信群、QQ 群内发布,共涉及 2 700余人,引发群众恐慌,造成严重不良影响”。公安机关事实认定详细且清晰,起到了辟谣的效果。主流媒体通过专业性调查进行辟谣,如 3 月 12 日,河南郑州一起境外输入确诊病例引发社会恐慌,某自媒体称河南郑州回国留学人员“郭某鹏密切接触达 39 373 人”,但《大河报》记者通过分析河南省卫健委公告认定此流言为谣言。

(2)网络谣言澄清机制

"谣言一张嘴,辟谣跑断腿。"疫情期间,网络谣言的澄清机制主要有以下两种类型:

一是谣言认定、澄清一体化机制。这种类型的谣言澄清机制是指一些部门既担负认定谣言的职能,也担负澄清谣言的职能。如公安机关在事实认定后就将辟谣信息同时发布在微博、微信等互联网平台上,谣言澄清速度快,认定和澄清具有一体化的特征。

二是多类型主体联合澄清机制。新媒体时代,个人、社会组织及权威机构都是传播主体。一旦认定某传言为谣言后,中央、地方媒体及各大辟谣平台,甚至是自媒体就进行转发传播,形成了谣言认定主体和澄清主体相互交错的传播网络。如政府部门、媒体既是辟谣主体,也是辟谣信息的传播主体。谣言澄清不需要都依靠主流媒体,政府部门都有自己专属的信息传播平台。多类型主体联合澄清机制在互联网上形成了浩大的传播声势,在澄清虚假信息方面具有强大的优势。这种机制是多层面的谣言澄清机制。

(3)网络谣言处置机制

司法部门不仅认定和澄清谣言,还拥有惩罚造谣者和传谣者的权力与职责,能够对散布谣言者形成法律威慑。对于造谣、传谣行为,我国已形成一套惩罚机制。2020 年 2 月 11 日,"湖北人拒绝居家隔离在闵行区吴泾镇一小区跳楼"的视频在网络上传播。当晚,闵行公安分局查获了造谣者,两位造谣者分别被采取刑事强制措施。此外,"长沙出现首例肺炎疫情死亡病例""解放军进城全面接管"等谣言的散播者被刑事拘留。

四、总结与建议

本研究采用内容分析法,描述和分析了新冠肺炎疫情期间网络谣言的传播过程和辟谣机制问题,涉及网络谣言 2 312 条。由于疫情期间网络谣言庞杂,对其开展研究难度太大,本研究的研究样本来自主流辟谣平台。在现实中还有大量网络谣言未经辟谣,它们或自动消散或仍然存在。笔者通过对疫情期间网络谣言的传播周期进行研究发现:疫情中,网络谣言的暴涨与权威部门信息不确定性密切相关。广大民众处于恐慌不安的状态中,是网络谣言暴涨的最主要的原因。

(一)网络谣言在一定程度上反映了民众的信息需求和真实情绪，是一种特殊的舆论形态

涩谷堡(Shibutani T.)认为:"谣言是一种集体行动,目的是为了给无法解释的事件寻找一种答案。"①涩谷堡所说的"给无法解释的事件寻找一个答案",指的是现实既有的知识体系已穷尽,人们在面对某些一时难以作出科学解释的重大事件时,一般只能诉诸想象。这种想象常常会受到既有观念——某种长期形成的理念和信仰支配。疫情期间,谣言的内容随着疫情的变化而变化。民众在解码与编码的过程中,赋予网络谣言以个人或群体的想象,为网络谣言的传播添加辅料。在信息传播方面,网络谣言比新闻、调查报告更具有吸引力。一些民众在造谣、传谣中得到了某种心理慰藉和情感补偿。本研究认为,谣言的传播可为舆论研究提供参照。

(二)网络谣言的传播路径及传播形式有别于传统媒体上谣言的传播模式

新媒体时代,信息的传播从金字塔式的大众传播向大众媒体、社交媒体、自媒体交互传播、多层流动转变。新媒体为网络谣言的产生和传播提供了合适的温床。本研究发现:

其一,有别于传统媒体时代的谣言传播,网络谣言传播很少发生畸变。这与传统媒体时代谣言传播的特点不同。

其二,网络谣言主要通过社交媒体进行传播,微博、微信、抖音等社交媒体是网络谣言的主要传播渠道。这些社交平台基于社会关系网络形成了较强的信息信任度,网络谣言基于血缘、地缘、业缘等社交平台迅速传播,并造成社会影响,体现了突发公共卫生事件中网络谣言在熟人圈子中容易快速传播的规律。

其三,新媒体时代,网络谣言的传播采取多媒体呈现的方式,这种采用融合传播方式的网络谣言,具有呈现方式多样化、表现手法新奇化、接收方式碎片化等特征。有些网络谣言甚至带有一定的娱乐色彩,这就暗合了新媒体时代信息传播和接受的特点,给疫情期间禁足在家的百无聊赖的民众提供了谈资,也是

① SHIBUTANI T. Improvised news: a sociological study of rumor[M]. New York: Indianapolis, 1966.

民众面对突发公共卫生事件时的一种独特的精神和信息消费方式。

其四,网络谣言还采用了“真假信息捆绑式传播”的方式。疫情期间的网络谣言造假更加逼真。网络谣言在民众对安全需求的紧迫感中进行传播。为了生命健康安全,民众以“宁可信其有,不可信其无”的心理传播谣言。疫情期间的网络谣言传播是一种将新闻、公关、娱乐、恶搞、劝导、抚慰、诅咒、共情等诸多因素杂糅在一起的捆绑式传播。

(三)关于完善辟谣机制的建议

本研究关于完善辟谣机制的建议如下:

其一,权威部门往往在谣言出现的第二天、第三天进行辟谣。辟谣时间越短,谣言引发的影响就越轻,因此应该尽量缩短辟谣的时间。

其二,在谣言认定机制上,辟谣机构应该寻找更多的信源,或者进行实地调查,以事实、逻辑进行辟谣。

其三,谣言澄清机制要及时启动,要以事实进行辟谣。另外,目前的辟谣机制涉及多个部门,新媒体的发展使得信息发布更便捷。谣言一旦反转,容易造成权威部门的公信力受损,因此要建立认定与澄清统一的协同辟谣机制。

其四,谣言在事实表层很容易被认证为虚假,但是大部分谣言的传播是一个在信息分享中探索真相的过程,尤其是在专业人士之间流传的谣言,其真实的成分往往多于虚假的成分。鉴于谣言问题复杂,对谣言的处置应该持谨慎、宽容的态度。

本研究存在以下不足:

第一,目前关于谣言的概念没有统一的界定,大多数对谣言的界定都是根据研究的具体情况作出的。本研究根据新冠肺炎疫情期间网络谣言的实际情况,将网络谣言的概念界定为一种被判定的结果。这个界定,凸显了网络谣言判定的条件性和权威性,比较符合当前疫情期间的实际情况,但是也有主观意识较强的弊病。这是在今后的继续研究中需要解决的问题。另外在网络谣言样本的选取上,本研究主要以权威机构的辟谣信息作为样本,研究者无法一一考证这些网络谣言的真实性程度。这也是本研究的一项缺陷。

第二,大量网络水军的出现,使研究者很难真实地把握受众的态度,且囿于篇幅,本研究放弃了辟谣效果的研究。重大突发公共卫生事件中,尤其是新冠肺炎疫情中，权威部门和主流媒体的辟谣是否取得了民众的信任？有多少网络谣言在权威部门和主流媒体辟谣后出现了反转？权威部门的辟谣和谣言处置是否起到了威慑作用？这些都是非常有意义的研究课题，希望未来对这些课题的研究能够取得成果。

[本文由笔者与中国传媒大学博士研究生向青平合作撰写，湖南大学新闻传播与影视艺术学院2019级硕士研究生苗壮、梁慕仪对本文亦有贡献。本文原载于《西部学刊》2020年第9期(上)]

下篇 / 新闻教育

21 世纪中国广播电视新闻教育的反思与前瞻

我们讨论 21 世纪的中国广播电视新闻教育,首先要考虑对其产生制约和影响的三个因素:第一,社会大环境;第二,广播电视业的发展态势;第三,新闻传播教育的发展变迁。广播电视新闻教育,作为社会大系统中的一个子系统,作为新闻传播学教育的一个分支,和上述三个因素是一种互动的关系。对 21 世纪中国大陆广播电视新闻教育作前瞻性的判断和预测,有必要先对这三个因素进行分析和研究。

一、影响 21 世纪中国广播电视新闻教育的三大因素及当下新闻传播教育的特点

第一个因素是社会大环境。从社会大环境来看,中国加入 WTO 会带来市场的进一步开放、改革的进一步深入、管理的进一步规范和法制的进一步健全。

第二个因素是新世纪广播电视业的发展态势。进入 21 世纪的中国广播电视面对的机遇和挑战,主要来自两个方面:一是经济全球化的扩张;二是信息传播新技术的发展。这使得广播电视业呈现新的发展态势和特色,表现为:全球化和集团化,市场化和产业化,数字化和网络化以及主体性和多元化。

第三个因素是中国新闻传播教育的发展变迁。中国的新闻传播教育,从 1949 年中华人民共和国成立以来,随着时代的发展,经历了逐渐起步、曲折前进和迅速发展三个阶段。[①] 而第三个阶段(1978 年至今)的发展呈现多元、繁荣和

① 赵玉明,郭镇之.中国新闻学教育和研究 80 年[J].现代传播,1999(2).

竞争的局面。

审视当下中国的新闻传播教育,大致呈现出如下特点:

其一,市场经济导向下的办学规模扩大化。20 世纪 90 年代后期,受国民经济发展的拉动和全球化浪潮的影响,中国大陆高等教育急剧扩张。而新闻传播专业是这次扩张浪潮中的热门专业。各高等院校纷纷争办新闻传播学专业或增设新闻学、传播学专业点。

其二,竞争机制下的办学模式多样化。市场经济引导下的中国新闻传播教育,也引进了办学竞争机制。在竞争机制推动下,中国新闻传播教育的办学模式呈多样化特点。从专业布点来看,教育部新闻学学科教学指导委员会于 2001 年 9 月组织的全国新闻传播学专业调查形成的统计报告显示:中国人民大学、复旦大学、武汉大学、四川大学等大都办有 3 至 4 个专业点(新闻学、广播电视新闻学、广告学、编辑出版学),其他大学院系一般办有 1 至 2 个专业点;这些专业点中广告学和新闻学的比例较高。

其三,专业调整指导下的人才培养模式宽口径化。1998 年教育部颁布修订后的本科专业目录中,新闻传播学已升为一级学科,下设新闻学和传播学两个二级学科,原来的 8 个专业调整合并为新闻学、广播电视新闻学、广告学、编辑出版学 4 个专业。这次学科调整的宗旨是贯彻教育方针,培养基础扎实、知识面宽、能力强、素质高的高级专门人才。根据教育部的统一部署,全国绝大多数高校进行了面向 21 世纪教学内容和课程体系改革,对新闻学专业按照新的专业目录作了调整,并对专业课程普遍作了压缩,增加了文化基础课程。

其四,学科建设推动下的办学思路创新化。1998 年,教育部公布的新的本科专业目录中,传播学与新闻学并列为二级学科,广告学专业归为新闻传播学科类。教育部还允许在新闻传播学科下设置柔性的专业方向。这项重要的学科建设举措,使新闻教育界视野进一步开阔。一批设置在新闻传播学科下的新的专业方向,如网络传播方向、公共传播方向、电子出版方向等纷纷涌现。

二、我国广播电视新闻教育存在的问题

处在 21 世纪的政治、经济、文化、科技发展的新环境中,中国的广播电视新闻教育也暴露出诸多问题。

(一)办学效益有待提高

早在1993年,就有从事广播电视新闻教育的专家呼吁:中国广播电视新闻教育"在布局上仍有不尽合理处,主要表现为近几年新校园的网点过急过快,师资队伍和教学设备难以适应教学和科研工作的需要。已建成多年的广播电视院校的教学、科研机构设置过多,造成人才、物力、财力分散,既不便于管理,又难于发挥优势。上述各种问题都影响了教学质量的提高,也是造成办学效益不高的主要原因。因此,适当调整网点布局和内部结构势在必行"①。

从1985年到1999年,中国高校增设了17个广播电视新闻学专业点,而2000年这一年就增设了13个点,2001年则猛增18个点,广播电视新闻专业成为和广告学专业旗鼓相当的热门专业(2001年中国新增广告学专业点20个)。

专业点猛增和招生扩张的原因是多方面的。广播电视从业人员来自广播电视新闻专业的比例太低,是各院校争办广电专业的原因之一。按说,广播电视新闻专业的毕业生就业前景应该很好,但实际情况却不是这样。中国的广播电视体制近两年正经历重大调整。地(市)县两级广播电视的职能发生了转变,以传输和覆盖为主。地(市)县级广播电视对从业人员的吸纳,在未来的几年将十分有限。教育部高等学校新闻学学科教学指导委员会于2001年组织开展了"21世纪新闻专业人才培养与需求"调查,调查结果表明:沿海发达地区的一些新闻媒介,对新闻编采专业毕业生的需求基本饱和。

专业点主要分布在北京、上海、湖北、广东、浙江、福建等地。有的省市设有3—4个广电新闻专业点,有的省市的广电新闻专业点甚至高达7个,重复建设现象较为严重。师资、资金等办学资源分散,难以形成集团优势、创立品牌专业。而西部地区相比远远落后,仅占布点总数的1/10。

超过1/3的广播电视新闻专业点设在非新闻传播院、系,缺乏支持广播电视新闻专业的新闻传播学科基础平台。这在一定程度上反映了开办广电新闻专业的盲目性。

(二)办学思路不够开阔

——重视广播电视反映舆论、引导舆论的"喉舌"功能,轻视广播电视传播

① 赵玉明.中国大陆广播电视教育的回顾与前瞻[M].北京:北京广播学院学报,1993(6).

信息、提供服务的经营功能，导致人才培养类型单一化，学生知识结构不完整。当广播电视走向市场时，缺乏一大批合格的经营管理后备人才。2001 年教育部新闻学学科指导委员会组织开展了“21 世纪新闻专业人才培养与需求”调查，调查了北京、广州、上海、深圳、杭州等城市的 19 家新闻传媒。调查结果显示，无论是报业集团还是广电集团，都缺乏经营管理人才。

——重视对内宣传人才的造就，忽视对外传播人才的培养。当广播电视面对全球化浪潮的挑战时，我们缺乏一大批既精通外语和国际知识，又精通广播电视新闻传播业务的复合型传播人才。

——重视专业技术和技能的训练，轻视人文、社会、自然等综合学科知识的传授。重职业教育、专业教育，轻素质教育、养成教育，“上手快，后劲不足”的现象没有获得根本扭转。

——重视实践业务，轻视基础理论研究，广播电视新闻学科理论体系建设薄弱。面对广电传媒急剧变革的挑战，广播电视新闻教育进行改革时缺乏理论指导。

三、中国广播电视新闻教育展望

(一)中国广播电视新闻教育将抓住全球化机遇，从更新教育观念入手，加大广播电视新闻教育改革的力度和加快改革的步伐

中国广播电视新闻教育将创新人才培养观念。我们将深入探讨、正确认识广播电视以及广播电视新闻教育的性质、功能，改革过去广播电视新闻人才培养的单一结构，在继承优良传统的基础上，树立大新闻教育观。广播电视新闻教育不仅仅培养新闻传播人才，同时也注重培养知识经济时代懂经营的新闻管理人才和既有深厚人文功底，又有熟练传播技能的信息传播人才。

中国广播电视新闻教育将坚持依法办学观念。依法办学的观念将得到普遍的认同并进一步得以实施。1998 年 8 月 9 日通过的《中华人民共和国高等教育法》，为高等院校自主开办广播电视新闻专业提供了法律依据。

中国广播电视新闻教育将坚持开放教学观念。我们将改革过去内向式、封闭式的教学模式和方法，遵照“面向现代化、面向世界、面向未来”的教育方针，

以开放的胸襟、全球视野开展广播电视新闻教育事业，培养适应全球化趋势的新型广播电视人才。

(二)中国广播电视新闻教育将顺应电视新闻频道发展趋势，进一步提高办学质量，培养高素质广电新闻人才

广播电视频道专业化是发展趋势。在众多的专业频道中，新闻频道是各个广播电视网的主打频道。纵观世界主要发达国家的广播电视，无论是时代华纳旗下的 CNN，还是 BBC 的"BBC World Serviece"，都是向国外进行新闻传播的著名新闻频道。它们给自己所属的广播公司或媒介集团带来了世界声誉。1999 年 5 月 23 日，中国第一家 24 小时播出新闻节目的纯新闻频道——福建电视台新闻频道正式开播，在福建拥有较高的收视率和良好的公信度。据调查，目前在中国广电媒介新开办的专业频道中，新闻频道①所占的比例最大，占到 58.6%，名列第一。

更多的全天候新闻专业频道开播，会带来对广电新闻专业毕业生的需求。因为新闻频道的管理，需要既懂新闻传播业务，又懂经营管理的人才。进一步提高办学质量，注重培养一大批具有坚定正确的政治信仰、创新能力、学习能力以及对未来社会的适应能力的高素质广电新闻人才，将是未来中国大陆广电新闻教育面临的主要任务。

(三)中国广播电视新闻教育将抓住中国加入 WTO 的机遇，进行办学体制改革和创新，建立起充满活力、结构完整、形式丰富、体制多元的广播电视新闻教育网络

近年来中国的高等教育通过强强联合、合并重组等方式增强大学的办学实力。这些体制创新举措，必然给广播电视新闻教育带来影响。未来的中国广播电视新闻教育体制建设大致将按照以下格局发展：

从办学地域分布上看，中国广播电视新闻教育将以北京、上海、浙江等发达

---

① 在中国大陆，新闻频道分为两种主要类型。一是 CCTV1 频道，即"新闻 · 综合"频道，这是一种不纯粹的新闻频道。二是福建电视台的全天 24 小时播出新闻节目的新闻频道。目前中国的新闻频道，绝大多数还是前一种类型。

地区为中心，以办学条件优越，办学效益较为明显的院校为轴心，辐射到全国各地。西部地区院校的广播电视专业将得到扶持和发展。

从教育结构层次上看，高层次、中学后和普及型三个层次将逐渐形成，它们构成较为完整的广播电视媒介教育体系。具体来说，就是以博士、硕士研究生和本科生教育为主，以两到三年的高等职业教育为辅开展专业教育，同时在全社会开展新闻媒介知识普及教育。

从教学方式和手段上看，全日制正规教育与函授、夜大相结合，课堂面授方式与采用卫星传输技术的广播电视“空中课堂”方式相结合，利用互联网技术开展广播电视新闻教育的现代远程教育未来将有很大的发展。

从办学资源的市场化角度来看，未来中国的广播电视新闻教育，将出现以下几种类型：

①公立高等院校的广播电视新闻教育仍占主体地位，并有可能进行办学资源的优化重组，组建若干个全国性的大型广播电视教育基地。

②民营私立高校设立的广播电视新闻传播专业，在未来一段时间将有较大发展，并与公立高等院校的广电专业形成竞争态势。

③实力雄厚的大型传媒集团将投资广播电视教育，重组建立或新建大型的广播电视教育机构，并按照新的体制建立运行管理机制，显示出发展的生机和活力。

（四）国家教育管理部门将依法采取必要的宏观调控手段，指导广播电视新闻教育，以促使其向规范化、有序化方向发展

国家教育管理部门将发挥教育部高等学校新闻学学科教学指导委员会等组织的作用，规划广播电视新闻专业布点，评估广播电视新闻专业条件和质量，指导广播电视新闻专业朝健康方向发展，盲目上马高投入、重装备的广播电视新闻专业的现象将得以遏制。

（五）中国广播电视新闻教育，将进一步学习和借鉴发达国家广播电视新闻教育的先进经验，在学习、借鉴和继承的基础上，创造性地建设有中国特色的社会主义广播电视新闻教育体系

中国加入世界贸易组织，标志着中国的经济建设进入了全球经济循环圈。

中国的高等教育需要和世界接轨。最近,教育部多次要求直接采用科技发达国家的原版教材,并提倡双语教学。一些院校已着手将双语教学纳入教学计划并将其作为检验教师业务能力的一个重要标准。欧美国家广播电视新闻教育重视媒介操作基本知识和技能,注重研究各种传播媒体的特性,关注新的传播科技的发展和应用,强调学习相关学科的知识以建立广博知识基础,等等,这些都是值得我们认真研究和虚心学习的。

结 语

展望21世纪的中国广播电视新闻教育,挑战和机遇并存,它将与中国的改革同行。在21世纪,中国广播电视新闻教育将会有更为引人注目的进步和发展。

(本文原载于《中国广播电视学刊》2002年第4期)

继承与超越

——广播电视业现状和发展趋势对广播电视新闻教育的启示

当前，我国广播电视业改革力度进一步加大，发展速度进一步加快，整体面貌发生了崭新的变化。为适应这种发展，我国广播电视教育事业也必须跟上时代步伐，更新原有的教育体制、教育观念、教育模式。笔者通过对国内外广播电视业发展现状和趋势的分析，探讨当前我国广播电视新闻教育的发展空间及发展对策。

一、国内外广播电视业现状和趋势

(一)我国广播电视业的现状

1. 我国传统广播电视业目前在调整中呈稳步发展趋势

截至 2009 年底，我国共批准设立广播电视播出机构 2 654 座，其中广播电台 251 座，电视台 272 座，广播电视台 2 087 座，教育电视台 44 座；共开办 3 985 套广播电视节目，其中广播节目 2 675 套，电视节目 1 310 套；开办数字付费频道 178 套；广播人口覆盖率为 96.31%，电视人口覆盖率为 97.23%。以上指标和 2008 年相比，大部分有所提高。

2009 年全国公共广播节目播出 1 226 万小时，其中新闻资讯类节目 241 万小时，专题服务类节目 273 万小时，综艺益智类节目 349 万小时，广播剧类节目 53 万小时，广告类节目 113 万小时，其他类节目 194 万小时。2009 年全国公共电视节目播出 1 577 万小时，其中新闻资讯类节目 195 万小时，专题服务类节目 170 万小时，综艺益智类节目 131 万小时，影视剧类节目 698 万小时，广告类节目 204 万小时，其他类节目 176 万小时。2009 年全国共有广播电视节目经营制作机构 3 343 家，电视剧产量达到12 910集，影视动画产量超过 17 万分钟，跃居世界前列。

2009 年全国广播电视总收入 1 852 亿元，比 2008 年的 1 582.88 亿元增加了 269.12 亿元，增长率为 17.1%。

2009 年广播电视广告收入 781.78 亿元，其中，广播广告收入 81.46 亿元，电视广告收入 675.82 亿元，分别比 2008 年增长 12.78%和 10.94%。2009 年广播电视收入超过 50 亿元的为上海(150.60 亿元)、广东(136.84 亿元)、江苏(129.99 亿元)、浙江(127.51 亿元)、北京(115.42 亿元)、山东(80.61 亿元)、湖南(79.81 亿元)、四川(59.83 亿元)等 8 个省市。

截至 2009 年底，有线电视用户数量发展到 1.75 亿户，用户总量居世界第一，有线数字电视用户数达 32 万户。有线电视网络的收视费收入从 2002 年的 8.89 亿元增加到 2009 年底的 284.2 亿元。

截至 2009 年底，全国广播电视系统从业人员 70 余万人，其中，编辑、记者 12.2 万人，播音员、主持人 2.4 万人，工程技术人员 12.6 万人，管理人员 10.7 万人。

2. 我国视听新媒体目前呈加速发展趋势

视听新媒体产业加速发展，市场规模逐步扩大。截至 2009 年底，央视网、国际在线、中国广播网等互联网视听节目服务网站达 391 家，国内收视用户超过 2 亿，节目辐射 180 多个国家和地区。

2008 年奥运会转播首次启用新媒体，这对网络电视、手机电视、公共场所视频载体等新媒体的发展产生了极大的推动作用。北京奥运会报道获得 2.44 亿人的网络音视频受众规模，央视网及 9 家被授权的商业网站在奥运会开幕式当天的用户数达 1.61 亿人，央视网获得约 4 亿元人民币的视频网络转播收益。

2009 年 12 月 22 日，国家广电总局批复同意中央电视台开办中国网络电视(China Network Television，简称 CNTV)，12 月 28 日，中国网络电视台正式开播。这是我国网络文化建设和发展的一件大事，意味着传统广播电视媒体与新媒体融合的进程加快。

此外，IPTV(通过电信 IP 协议播放的交互式电视形态)也发展迅速。截至 2008 年底，IPTV 用户已经超过 200 万户。车载电视、楼宇电视等公共场所视频载体数量越来越多，业务形态日益丰富，市场规模逐步扩大。

2008年，移动多媒体广播电视（简称“CMMB”）产业在技术、业务、体制方面都做了积极准备，取得明显成效。2009年以来，CMMB加快了全国产业化运营进程。CMMB技术的跨领域合作也进展顺利，该技术逐步成为中国移动定制3G手机的标准配置。

借助北京奥运会的重大契机，移动多媒体广播电视业务在全国37个城市进行了试播。奥运会之后，相关部门根据用户需求，积极研究开发专门针对小屏幕、移动人群的专业性频道业务，包括电子节目指南、全国和区域性紧急广播、天气信息等综合信息业务，以及交通导航、游戏、电子支付等增值业务。

CMMB手机电视在2009年全力推进各项工作，特别是在国庆、中秋“两节”和第十一届全国运动会期间，积极服务大局，服务群众，满足了人民群众随时随地看电视听广播的需求，受到社会各界的广泛关注和好评。中国传媒大学媒介数据研究中心的调研数据表明，2009年国庆期间手机电视用户的平均收视时间为每天68分钟，10月1日国庆当天超过180分钟。节日期间，全国累计600多万人通过手机电视收看了国庆盛典和相关庆祝活动，收看时长累计超过4亿分钟。①

3.我国广播电视新闻宣传取得了新的进展

首先，重大事件新闻报道取得了突破。

其一，南方雨雪冰冻灾害报道让广播雄风大振。发生在2008年春节前后的南方雨雪冰冻灾害，给广播电视新闻报道既带来了挑战，也带来了机遇。报道最成功的地方是广播新闻的连线直播报道。广播电台的记者深入灾害现场，运用手机等移动通信工具向听众即时同步报道新闻，既提高了新闻报道的时效性和真实性，又增加了新闻报道的现场感和感染力，同时还发挥了广播媒体作为一种伴随媒体所具有的心理抚慰功能。广播媒体的出色表现，让广播雄风重振，开启了广播新闻新一轮的改革。

其二，四川汶川大地震的电视新闻直播报道获得了世界舆论的广泛好评。从汶川大地震发生那一刻起，以中央电视台为代表的电视媒体，开展了前所未有的全天候电视新闻现场直播报道，其开放和透明的特色，获得舆论的广泛

① 中国广播电视年鉴编辑部.2010年中国广播电视年鉴[M].北京：中国传媒大学出版社，2010.

好评。

其次，以中央人民广播电台《中国之声》节目的推出和中央电视台新闻频道成功改版为标志，"新闻立台"的理念已成为共识。

(二)美、日等国的广播电视业仍然具有先发优势

近年来，西方主要资本主义国家在广播影视数字化、新媒体产业、卫星电视、公共广播电视等方面有了新发展，媒体融合趋势进一步扩大，广播影视体制和政策也出现了新变化。

2008年美国的广播影视产业市场规模达2 830亿美元，稳居各国之首，其中，广播产业的市场规模达到200亿美元。

2008年日本的电视产业的市场规模为360亿美元，广播产业的市场规模为22亿美元。日本的卫星电视用户总数超过1 200万户，卫星电视用户家庭普及率达到25%，卫星电视产业发展速度和市场规模均处于世界第二位。

此外，世界各国的卫星电视产业也继续保持快速增长态势。截至2008年初，已有80多个国家和地区建立了104个卫星数字电视平台，所传输的电视频道总数已达12 000个以上。美国的两家卫星数字电视平台频道数量均超过1 900个，居各国之首。美国的卫星电视产业的发展速度和市场规模也处于世界领先地位，卫星电视用户总数超过3 000万户，卫星电视家庭普及率超过26%。①

和发达资本主义国家广播电视的先发优势相比，我国的广播电视仍处于发展阶段，尤其在新闻传播方面，西强我弱的局面没有改变。

二、广播电视业的发展给广播电视新闻教育带来的启示

从国内外广播电视业的现状和发展趋势来看，它给广播电视新闻教育带来的启示至少有以下几个方面：

其一，当前和今后相当长一段时期我国的经济和文化发展政策，将给我国的广播电视业带来巨大的发展空间和良好的契机。中国共产党十七届五中全会提出，要把文化产业当作国民经济发展的支柱性产业来扶持和发展。这预示

---

① 中国广播电影电视总局发展研究中心.2009年中国广播电视发展报告[M].北京：新华出版社，2009.

今后我国的广播电视业将会有跨越式的发展。这无疑为我国的广播电视新闻教育提供了广阔的发展空间。

其二，以数字技术为导向的信息传播新技术，也为广播电视的发展提供了广阔的空间。媒介融合的大趋势，为广播电视产业提供了丰富的产业链，广播电视新闻教育的内容和形式将得以不断丰富和深化，广播电视新闻专业的学生从业的空间也将不断拓展。

其三，“三网融合”的产业发展政策，将加速广播电视的体制改革。按照“三网融合”的时间表，2013 年以后，广播影视、电信互相进入对方领域，新一轮的竞争将主要来自广电系统外部。这将进一步推动广电业由事业向企业转变，“管办分离”“制播分离”势在必行。急剧变化的广电业，将给广播电视新闻教育事业带来深刻的影响。改革不能适应这些变化的陈旧的培养模式，改革已有的课程体系，更新广播电视教育观念，培养新型的广播电视新闻人才势在必行。

其四，借鉴国外广播电视新闻教育的经验，结合我国广播电视业的发展情况，未来我国的广播电视新闻教育要培养一专多能的“融合型人才”。“一专”，是指新闻专业，“多能”是指多知识、多技能。这里提“融合型”，而不是提“复合型”，是受“媒体融合”提法的启发。随着广播电视业的不断发展，频道的专业化、传播的分众化、市场的细分化趋势将更加凸显。当下和未来的广播电视新闻人才，除了需要掌握新闻传播业务，还需要具备文、史、哲、经、法、艺术和自然科学的知识。当下和未来的“融合型人才”，是掌握多个学科的知识的人才。

当前，传媒业媒介融合的态势日趋明显，反映在新闻教育方面，就是一些先进的新闻院校开展了媒介融合的教学尝试。例如，美国密苏里大学新闻传播学院已开设媒介融合本科专业，教授的课程既有平面媒体的新闻写作，又有音视频新闻节目的制作，还有网络、手机等新媒体的新闻传播制作技能。当下和未来的“融合型人才”，是同时掌握了多种专业技能的人才。

最近，中国传媒大学在培养能够适应国际传播新形势的实用人才上创新了思路。中国传媒大学的“国际新闻传播后备人才班”，从全校的研究生资源中进行选拔，将一些具有良好英语基础和新闻传播知识与能力的学生组合成新的班级，集中开展密集的实践训练。这种人才培养方式的特点包括：①将理论和实践相结合，侧重新闻业务素质的培养。从电视新闻出镜到平面文字稿限时写作，从英语口语表达到英语新闻的采写、评论，教育者以实用、立体为原则设置培养课程，夯实学生的理论基础。不仅如此，教育者还组织学生参加“中国国情教育讲座”，由国家各部委要员为学生介绍当前国家的各方面情况，让同学们对国家有更深刻的理解，提高学生们的思想觉悟和政治素质。②安排学生进入主流媒体进行长期实习，将理论和实践紧密结合。把一般的培养时间交付给了实习基地，让学生们在实践中夯实自己的理论基础，提高自己的业务素质。同时委托实习基地对学生们进行岗位培训，让同学们在业务第一线学到最有用的知识，积累经验。

从更宏观的角度来看，我们可以发现，新闻传播事业实际是推动人和人之间相互沟通的事业，这是一项消耗体能和智力的事业，所以，当下和未来的“融合型人才”，应该是强健的体魄和健全的心智的融合。

其五，西方资本主义国家的广播电视业已走过了近百年的历史，其新闻教育事业也积累了丰富的经验，吸取其精华，为我所用，是十分必要的。但我们也应清醒地认识到：由于制度和意识形态的不同，我们的广电新闻业和教育事业，和资本主义国家相比，有着本质上的区别。

我们从事的新闻教育事业，是社会主义的新闻教育事业，牢牢地把握社会主义新闻教育事业的方向，坚持为人民服务、为社会主义服务，坚守社会责任，培养具有高尚道德情操的广播电视新闻从业人才，是我国新闻教育工作者的神圣职责，更是我国广播电视新闻教育的发展方向。

（本文系“第三届中国新闻学学术年会”会议论文，2010 年 11 月）

我国新闻传播教育的目标和方法

2005年11月，在北京举办的首届新闻学院院长国际论坛上，来自中国和国外的近60个新闻院系的院长、系主任和负责人共同签署了国际新闻教育界的第一个共识性文件——《北京共识》。这个文件描述了新闻教育的目标：新闻教育的核心任务是培养具有神圣的社会责任感、宽阔的国际视野、深厚的文化修养、科学的思维方法和精湛的专业技能的新闻工作者。

中国特色社会主义新闻教育事业用何种方法、通过何种渠道来实现这一目标呢？笔者试作如下论述：

一、培养社会责任感的前提是培养高度的政治责任感

新闻作为一种意识形态，总是直接或间接地反映一定的政党、国家、阶级的政治立场、政治主张和政治观点。毛泽东曾明确指出："搞新闻工作，要政治家办报。"邓小平、江泽民、胡锦涛等几代领导人也强调这个观点。胡锦涛在2008年6月20日视察人民日报社时发表讲话指出："新闻舆论处在意识形态领域的前沿，对社会精神生活和人们思想意识有着重大影响。做好新闻宣传工作，关系党和国家工作全局，关系改革和经济社会发展大局，关系国家长治久安。""要牢固树立政治意识、大局意识、责任意识、阵地意识，把坚持正确导向放在新闻宣传工作的首位。"

当下中国的新闻传播教育，要培养为建设中国特色社会主义事业服务的新闻传播工作者。中国新闻传播工作者的社会责任感，来自高度的政治责任感。新闻传播工作者要热爱祖国和人民，忠诚于党的新闻事业，具有政治意识、大局

意识和责任意识，具有高度的政治敏感性，能在当前国际和国内瞬息万变的复杂局面中，迅速研判新闻信息的价值。社会责任感是一个含义十分丰富的概念，在新闻传播领域，其含义被表述为：监测环境、协调社会、传承文化。在社会学和文化学意义上，社会责任感被形象地概括为“铁肩担道义，妙手著文章”。新闻工作者社会责任感的核心是政治责任感。没有政治责任感作基础，就谈不上有社会责任感。民国时期我国著名的新闻记者邵飘萍，对所从事的新闻事业极为热爱，曾自称：“余百无一嗜，唯对新闻事业乃有非常趣味，愿终身以之。”[①]他以崇高的社会责任感从事新闻事业。谈到记者的修养，他认为，“品行为第一”，品行乃记者人格之修养，记者有了高尚的人格修养，才能培养出崇高的社会责任感。具有高度的政治敏感性是他能够成为“新闻巨子”的重要原因。在日本留学期间，他组织了“东京通讯社”，为国内发回大量的新闻通讯。他曾根据采访到的消息，较早地向国内报道了日本帝国主义与袁世凯政府秘密协商中的“二十一条”的详细内容，在国内引起了极大反响，有力地推动了国内反日倒袁爱国运动的开展。高度的政治敏感性是以坚定的政治立场作为基础的。邵飘萍从事时政新闻报道之所以能够做到“每遇内政外交之大事，感觉最早，而采访必工”[②]，和他热爱祖国和人民，反帝反封建的政治立场是分不开的。范敬宜是我国当代著名的新闻工作者。清华大学新闻传播学院李彬教授在回忆他的文章中写道：“范敬宜常被视为‘才子’，这个评价或印象固然不错，但不全面。他的文章除了骚人墨客的才华，更富有朴素实在而博大深沉的社会政治蕴涵，诚如一位领导同志对他的盖棺定论——江南才子不书生。”[③]我国当代著名新闻工作者穆青谈到新闻工作者成才的经验时说道，“没有党的光辉就没有新闻工作的光辉”，他的新闻工作信条是“勿忘人民”。正是源于对党和人民的新闻事业的热爱，他才写出了《县委书记的好榜样——焦裕禄》等一系列脍炙人口的优秀作品。

在新闻工作者的社会责任感问题上，要防止用所谓的“普世价值”代替中国特色社会主义核心价值，以保证我们的新闻教育不迷失方向。

---

① 方汉奇.中国新闻事业通史：第1卷[M].北京：中国人民大学出版社，1996：1104.

② 方汉奇.中国新闻事业通史：第1卷[M].北京：中国人民大学出版社，1996：1104.

③ 李彬.范敬宜与作文章[J].新闻与写作，2011(1).

二、新闻传播人才要具有宽阔的国际视野，能适应全球化趋势，坚持中国立场

当今世界的全球化进程加速推进。新闻传播事业是全球化进程的重要推手。从事新闻传播工作，需要具有国际视野，这已是共识。但培养具有国际视野的新闻传播人才的目的是什么？人们对这个问题有不同的理解。我们培养具有国际视野的新闻人才，是要为中国特色社会主义新闻事业培养一大批视野开阔、胸襟博大，能为建立世界新闻传播新秩序作贡献的新闻传播工作者。具体来说，我们要培养具有国际视野、坚持中国立场的新闻传播人才。2010 年 12 月，李长春到中国传媒大学考察国际新闻传播后备人才培养情况时，肯定了该校培养国际新闻传播人才的理念和经验，指出培养具有坚定、正确的政治立场和过硬的国际新闻传播本领的人才，是当前和今后新闻传播教育的重要任务。

三、掌握科学的思维方法的核心是掌握运用辩证唯物主义和历史唯物主义的方法观察事物、分析事物的能力

中国特色社会主义新闻事业以马克思主义为指导，辩证唯物主义和历史唯物主义既是我们的世界观，又是我们的方法论，我们要培养具有科学思维方法的新闻工作者，使他们能够运用辩证唯物主义和历史唯物主义的方法去观察事物、分析事物。大千世界每时每刻都发生着无数的事实。新闻报道不可能事无巨细都加以反映。因此，要学会在纷繁复杂的矛盾中，分清什么是主要矛盾，什么是次要矛盾，什么是社会的主流，什么是社会的支流，不做有闻必录的客观主义者。在坚持新闻真实性原则时，坚持具体真实与总体真实的统一。新闻工作者要学会运用辩证唯物主义和历史唯物主义的方法观察事物、分析事物，既不做历史虚无主义者，也不做盲目的现实附庸者，坚持实事求是的思想路线，坚持求真意识、批判意识。

四、深厚的文化修养的内核是博大精深的中国文化修养

中国特色社会主义新闻工作者的文化修养首先表现在博大精深的中国文

化修养上。新闻工作者是“杂家”,同时又应该是某个领域的专家。具备深厚的文化修养对新闻工作者来说是非常重要的。文化修养是在知识素养的基础上形成的综合修养,包括知识素养、品行修养和人格修养。随着中国国力的不断增强,中国在国际上的地位不断提高。新闻工作者承担着传播文化的重要使命,向世界传播中国的优秀文化是新闻工作者的重要任务,这个任务十分繁重和艰巨。当下我们的新闻教育存在的问题是:重专业学习,重外语学习,重技能训练;轻文化学习,轻专业精神培养。社会诚信危机背景下,优秀的传统文化和伦理道德受到新一轮冲击。要改变这种状况,需要在新闻教育上下功夫。

五、培养精湛的专业技能在当前和未来一段时间是要培养适应媒介融合趋势的传播能力

随着传播科技的飞速发展,新闻传播手段在不断地改进和发展。数字技术支持下的新闻传媒,正向全媒体的方向发展。当下,媒介融合的趋势日益明显,培养适应媒介融合趋势的新闻传播人才,是新闻传播教育的重要任务。全媒体环境下需要培养新闻工作者的全面技能。新闻传播教育培养新闻工作者全面技能的目的“也许并不在于让新时代的记者在新闻第一线总是身兼数职,而是要让他们形成一种多媒体的思维方式,使他们面对一个新闻题材时可以很快地作出判断和选择,规划出用多种媒体手段进行报道的方案”①。

(本文原载于《现代传播——中国传媒大学学报》2011年第7期)

① 彭兰.媒介融合时代的合与分[M]//辛欣,雷跃捷.中外新闻传播教育发展研究.北京:中国传媒大学出版社,2009:198.

社会转型时期
我国新闻传播教育的成就和问题

一、社会转型期我国新闻传播教育取得的主要成就

(一)新闻传播教育规模进一步扩大

伴随着我国新闻传播业的发展,以及我国经济、社会的发展,21世纪我国新闻传播教育事业的规模不断扩大。1999年,我国有111所高校设有新闻传播学专业,在校学生达5万多名。进入21世纪,我国新闻传播学专业发展迅猛,到2011年底,在教育部备案的新闻传播学专业本科教学单位达到975个,在校学生人数近20万人。[①] 总体上看,当前新闻传播教育发展的基本趋势有两个。其一,规模在继续扩张,目前主要向专业性大学尤其是一些理工科类大学扩张,因为这类高等院校希望改变学科单一的状况,增设人文、社会科学的内容,新闻传播学往往成为这类学校的首选学科。其二,新闻传播学科向文化领域延伸,文化产业、动漫、影视成为三个发展势头强劲的专业方向。[②]

(二)新闻传播高等教育体系逐步完善

随着我国高等教育事业的不断改革和发展,21世纪我国新闻传播高等教育体系逐步完善。改革开放以来,我国新闻传播高等教育逐步形成博士、硕士、第

① 吴廷俊,王大丽.从内容调整到制度创新:中国新闻教育改革出路[J].西南民族大学学报(人文社会科学版),2012(7).

② 教育部高等学校新闻学学科教学指导委员会.中外新闻传播教育现状及趋势调查报告[R].2009-05.

二学士学位、本科、高职、成人教育等学位学历分层的教育体系。

进入21世纪，为适应我国经济社会的发展，我国对新闻传播学硕士学位研究生的培养方式作了重大改革和调整。2010年，教育部正式批复设立新闻传播学专业硕士，学制两年，主要从业界招生，实行双导师制，就业主要面向新闻传播实务。培养实践型专业硕士，是我国新闻传播学硕士学位制度乃至人才培养的重大改革。2011年，国务院学位委员会颁布《关于下达2010年审核增列的博士和硕士学位授权一级学科名单的通知》，增加了北京大学等9个新闻传播学一级学科博士点，全国新闻传播学一级和二级博士点总数达到18个。联合培养博士后的制度业已形成并不断发展完善，目前已有中国传媒大学与深圳广播影视集团联合培养的新闻传播学博士后流动工作站，复旦大学与上海文广集团联合培养的新闻传播学博士后流动工作站等。我国的新闻传播高等教育已形成了博士后→博士→硕士（学术型硕士/专业型硕士）→第二学士学位→专业辅修双学士→本科学士→高职（大专）的完整高等教育体系。

(三)新闻传播教育的目标更加明确

2011年6月25日在中国传媒大学举办的"中国特色传媒教育的经验与思考"研讨会上，中国人民大学郑保卫教授提出，我国新闻教育事业是整个社会主义事业的重要组成部分，其主要任务是为国家输送能够运用现代新闻手段，维护国家和人民的根本利益，为国家的改革开放与经济社会发展事业作贡献的合格的新闻人才。这段论述，是对新时期我国新闻传播教育目标的集中概括。进入21世纪以来，随着全球化浪潮的日益汹涌、西方文化的不断引进、新媒体的迅速崛起，国内外舆论环境日益复杂多变，新闻传播教育为谁培养人、培养什么人、如何培养人的问题日益凸显，成为新闻传播教育的世纪之问。为适应形势的变化，新闻教育界展开了热烈的讨论。2005年11月，在北京举办的首届新闻学院院长国际论坛上，来自中国和国外的近60个新闻院系的院长、系主任和负责人共同签署了国际新闻教育界的第一个共识性文件——《北京共识》。这个文件描述了新闻教育的目标：新闻教育的核心任务是培养具有神圣的社会责任感、宽阔的国际视野、深厚的文化修养、科学的思维方法和精湛的专业技能的新闻工作者。

(四)新闻传播学教育教学改革取得较大进展

以互联网为代表的新兴媒体的崛起、以互联网为平台的媒体融合趋势使得新闻传播学专业教育发生了变革。面对新闻传播教育面临的新形势和新任务,新闻传播教育界开展了一系列的教育、教学改革。

其一,调整了原有的新闻传播本科专业,将原来的新闻学、传播学、广播电视新闻学、广告学、编辑出版学、媒体创意 6 个本科专业,调整为新闻学、广播电视学、广告学、编辑出版学、传播学、网络与新媒体。调整后的本科专业,丰富了广播电视人才培养的内涵,扩展了广播电视传媒教育的边界,是对广播电视新闻专业的发展。增设的网络与新媒体专业,体现了新闻传播教育与时俱进的时代特色。研究生培养模式和专业设置的改革,也取得丰硕的成果。在新闻传播学一级学科的框架内,各高校和培养单位依据学科发展和国内外形势的需求,自主增设新的专业和专业方向,除了传统的新闻学、传播学之外,还增设了国际传播、传媒经营与管理、舆论学、文化产业、传媒教育等一系列新专业。在培养方式上,出现了学校与企业、学校与媒体、国内与国外联合培养的方式。中国传媒大学、复旦大学、武汉大学、汕头大学等许多高校采取学分互认的方式,和中国港、澳、台地区以及国外新闻传播院校采取“2＋1”“2＋2”“3＋1”的学制联合培养本科生和硕士生。

其二,大力改革教材编写体制,改变了以往编著者单打独斗式的教材编写方式,组织集体力量编写优质教材、系列教材。中央实施的马克思主义理论研究与建设工程新闻学课题组承担的第一批教材《新闻学概论》等已出版发行。第二批教材《传播学》《中国新闻史》《广告学概论》《新闻业务》等正在编写过程中。一些新闻传播院系组织编写系列教材,中国人民大学的“21 世纪新闻学系列教材”、复旦大学新闻学院的“广播电视业务系列丛书”、中国传媒大学的“新世纪广播电视新闻学系列教程”、湖南师范大学新闻传播学院的“新闻学教育丛书”等,都产生了较大的社会影响。教育部组织的“十一五”“十二五”国家规划教材,新闻传播学有多部入选。

其三,创新教育理念和教学方法。复旦大学新闻学院提出了新闻传播专业通识教育理念并将其付诸实践,中国人民大学新闻学院率先提出融合媒体教学方案,这些探索对新闻传播学的人才培养起到引领作用。

(五)新闻传播教育的国际化趋势日益强劲

进入21世纪,办学的国际化成为我国新闻传播教育的亮丽风景。

中国新闻传播教育的国际化,沿两条路径,以多种形式开展。第一条路径是适应我国对外传播需求,着力培养国际传播人才。2009年,中宣部和教育部牵头,组织中国人民大学、中国传媒大学、清华大学、复旦大学、北京外国语大学的新闻传播院系,开展实施国际新闻传播后备人才(硕士)培养项目。该项目以"坚定国家立场,提高政治素养"作为人才培养的根本,以培养熟练掌握外语、精通国际新闻传播业务的人才为目标,实施两期以来,取得显著成效。2010年12月,时任中共中央政治局常委李长春来到中国传媒大学,对国际新闻后备人才培养工作进行了专项调研,充分肯定了该项目的办学理念和培养模式。

第二条路径是接收和吸引外国学生来中国学习新闻传播业务。进入21世纪以来,来我国学习新闻传播业务的国外留学生日益增多。随着对外交流的扩大和国力的日益强盛,接收外国学生来中国学习国际传播业务,被作为一项国家援外项目实施。受商务部、教育部委托,2011年,中国传媒大学实施"发展中国家国际传播硕士班"项目,该班学制一年,学习国际传播专业,由我国商务部资助外国留学生全部的学费和生活费。项目第一期招收了来自坦桑尼亚、肯尼亚、埃塞俄比亚、缅甸、白俄罗斯、柬埔寨等16个国家的22名学员。2012年6月,这22名学员获得硕士学位,学成归国。2012年9月,项目第二期开班,来自非洲、亚洲、拉丁美洲和大洋洲等的35名学员来到中国传媒大学传播研究院学习。

我国新闻传播教育的国际化,还采取多种形式来开展。各新闻院系纷纷与国外新闻院系开展对口交流合作,互派教师、学生到对方学校进修学习,对学生实行学分认证。另外,暑假海外实习项目、研修项目也如雨后春笋般涌现。为加强和国外新闻传播教育的合作,一些学术团体和组织建立起来。中国传媒大学的"国际新闻传播教育联盟"组织,联合了国内外30多家著名的新闻传播院系开展活动,产生了较大的国际影响力。清华大学新闻与传播学院、复旦大学新闻学院等著名院系,纷纷与国外著名新闻传播学院联合培养硕士和博士生,取得明显的效果。

(六)媒介素养教育已由学理探讨走向实践普及

20 世纪 90 年代末,媒介素养教育被引介到国内,成为一个新兴的研究领域。目前,全国已经有中国传媒大学、华南师范大学等多所高校培养媒介素养教育方向的硕士研究生。中国传媒大学成功举办了三届“媒介素养教育国际学术研讨会”,浙江传媒学院成功举办了四届“西湖媒介素养高峰论坛”,搭建了中外学者进行学术交流的良好平台,有力地促进了我国媒介素养教育研究的发展。如果说研究者最初对媒介素养教育的关注是出于学者的学术敏锐和研究志趣,当前蓬勃发展的媒介素养教育实践则体现了研究者的学术追求和使命感。

中国传媒大学和浙江传媒学院等高等院校,在致力于人才培养的同时,积极开展媒介素养教育实践活动,将学术研究和社会实践密切结合。2004 年,中国传媒大学建立了全国第一个传媒教育硕士点,培养媒介素养教育方向研究生,并将人才培养、学术研究和社会实践融为一体。2008 年至 2011 年,中国传媒大学传播研究院传媒教育研究中心在北京市东城区黑芝麻胡同小学进行了为期 3 年的媒介素养教育校本课程开发实验研究,参加实验的学生达 310 人。从 2010 年起,中国传媒大学传播研究院传媒教育研究中心与北京市定福庄第二小学合作开展“提高小学生媒介素养水平校本课程研究”和“数字教学环境下小学生媒介素养教育融合课程电子教材研发”等课题研究。2011 年 9 月,该中心在北京市广渠门中学为学生开设媒介素养教育校本课程。此外,该中心还在北京、上海、武汉等全国 9 个省市开展了 22 次媒介素养教育师资培训,参加培训的教师、校长和其他教育管理人员达 2 376 人次。

浙江传媒学院将媒介素养教育作为一种实践性的社会教育,注重通过深入系统的调查研究和实践活动,将经验材料提升为系统的理论观点,在开展支教、暑期实践等社会活动的基础上,形成了一批学术成果。目前,有 43 支志愿者小分队在浙江、广州和甘肃等多个省市的中小学开展媒介素养教育支教活动。

媒介素养教育研究者走出书斋,将理论研究和社会实践紧密结合,取得了丰硕的学术研究成果。

(七)民办高校新闻传播教育迅速崛起

近年来,我国教育体制调整的一个重要现象是民办高校的迅速发展。新闻传播专业有较大的社会需求，办学成本相对较低，教学周期较短，因而很多民办高校开设了新闻传播专业。从民办高校新闻传播教育的发展来看，虽然在教学管理、师资配备、教材选择、课程设置、实践就业等诸多方面存在不足，但总体上，我国民办高校新闻传播教育在21世纪取得了长足的进步。

其一，民办高校新闻传播教育培养了一批以实践应用能力为核心竞争力的新闻传播人才。《中华人民共和国民办教育促进法》从法律层面规定民办学校与公办学校具有同等的法律地位，国家保障民办学校的办学自主权，标志着中国民办教育走上规范发展道路。

在各类民办高校中，以传媒专业为特色的中国传媒大学南广学院发展势头和办学效果最具代表性，该校将发展目标定位为应用型本科传媒人才培养基地、传媒从业人员继续教育基地和传媒内容创研制作基地。截至2011年9月，该校在校本科生达到10 990名，教职工924人，其中专任教师756人，另有从国内外业界、学界聘请的400多位教授、专家任兼职教师。

其二，民办高校新闻传播教育具备研究生招生资格，高层次应用型人才培养模式逐步确立。2012年，河北传媒学院等5所民办高校通过教育部审批，正式获得研究生招生资格，打破了过去研究生招生由公办高校、科研院所独家垄断的局面。隶属于精英教育传媒集团的河北传媒学院招收艺术硕士学位研究生，专业是广播电视艺术，实行全日制培养，学制暂定为两年，主要招收本科学历并有实际工作经验的在职人员，同时招收一部分专业基础较好、有发展潜力的应届毕业生。民办高校获得研究生招生资格，偏向于培养高层次应用型人才，这在一定程度上说明民办高校新闻传播教育办学质量的提升。

二、当前我国新闻传播教育存在的主要问题

在取得成就的同时，当前我国的新闻传播教育也存在一些亟待解决的问题和薄弱环节，主要表现在下面几个方面。

(一)新闻传播教育严重脱离新闻实践

其一，相当多的新闻专业教师，尤其是青年教师，缺乏新闻实践经历。据华中科技大学新闻与信息传播学院吴廷俊、王大丽对我国五所著名高校的新闻学

专业的65位在职教师的调查，其中只有18位有新闻业务实践经验，仅占调查对象总人数的27.97%。[①] 由于办学规模扩大和扩招，近些年新闻院系补充了一大批青年教师，这些从校门到校门的年轻教师，大部分具有博士学位，但缺乏新闻实践经验。更令人担忧的是，相当一部分青年教师以新闻实践缺少学理为由，轻视新闻实践。课堂上，有些教师要么介绍各种高深莫测的理论，要么照本宣科式地宣讲别人撰写的新闻教材。为改变脱离实践的现状，一些新闻院校要求青年教师到媒体、到基层实习锻炼，但相当一部分教师不愿到基层实习锻炼。

其二，新闻专业学生到新闻媒体实习的机会和时间愈来愈少。由于急剧扩招、就业困难等多种因素，新闻媒体容纳实习学生和毕业生的空间日渐缩小。相当一部分学生靠人情关系取得实习机会。

其三，受当下办大学城热潮的影响，许多综合性大学纷纷迁入新址。这些新址一般都位于城市远郊甚至偏僻的地方，新闻院校在地理空间上远离社会、远离媒体实践的弊端日益凸显。

(二)东西部地区新闻传播教育水平差距未能得到有效改变

长期以来，我国东西部地区经济社会发展不平衡，受此影响，西部地区的新闻传播教育水平也落后于东部地区。进入21世纪，这种状况未能得到有效改变，西部地区新闻传播专业点远少于东部发达地区。从已有的新闻传播专业点来看，西部地区的新闻传播教育在实验条件、设备方面远远落后于东部发达地区，专业师资匮乏，优秀师资向东南地区流失的现象依然普遍，学生实习和就业的机会也少于东部地区。

人才流失是西部地区新闻传播教育水平落后于东部的主要原因之一。以甘肃省某著名大学为例，这所具有代表性的西部高校从2000年到2004年4年间，流失副高级职称以上人员近40名。据笔者调查和不完全统计，仅该校的新闻系(后更名新闻与传播学院)，自1986年至2007年，至少有12个教师陆续调离，调离的教师中，很多成为目前国内一些著名院校新闻传播学科的领军人物。这种现象在其他西部高校普遍存在，新疆、青海、陕西等地的众多高校的新闻传播教育领域都存在人才流失的问题。

---

① 吴廷俊，王大丽.从内容调整到制度创新：中国新闻教育改革出路[J].西南民族大学学报(人文社会科学版)，2012(7).

(三)在办学规模迅速扩张的形势下,提高新闻传播教育质量成为当务之急

进入21世纪以来,我国新闻传播专业办学规模的迅速扩张,招生人数的急剧增多,一方面反映了媒体,尤其是新媒体迅速崛起带来的"传媒是朝阳产业"的机遇和希望,反映了新闻传播教学紧跟媒体发展形势的敏锐意识和进取姿态;另一方面导致了新闻传播教育上的一系列问题。师资力量的不足,教学实验条件的不匹配,学生实习机会的相对减少,成为办学规模扩张后制约办学质量相应跟进和提高的瓶颈。目前的情况是:一方面,正在转型的新闻传媒业急需高素质的新闻传媒后备人才;另一方面,高素质新闻传播人才难以培养。培养厚基础、强能力的新闻传播人才任重道远。

笔者列举的21世纪我国新闻传播教育所取得的成就和面临的问题,反映了处于转型期的我国新闻传播教育的现实状况。我国的新闻传播教育既有成功的实践经验,也有探索中的失误和困惑。挑战和机遇并存,这是摆在我们新闻传播教育工作者面前的现实。

(本文原载于《现代传播——中国传媒大学学报》2013年第3期)

从职场培养到学院专业教育

——早稻田大学濑川至朗教授谈日本新闻传播教育转型

传统的日本新闻传播教育往往是在新闻传播的实践中进行，即在媒体职场中开展新闻传媒人才的培养。与我国高校普遍开设新闻传播类专业不同，日本在高等院校中开设新闻传播类专业的情况并不多见。2008 年 4 月，日本早稻田大学政治学研究科正式开设新闻传播硕士学位课程，相应成立的新闻学院(JOURNALISM-SCHOOL)成为日本首个培养高层次新闻传播人才的学院。2014 年 1 月至 6 月，笔者受早稻田大学新闻学院负责人濑川至朗教授的邀请，赴早稻田大学从事访问研究工作。访学期间，笔者就日本新闻传播教育的相关问题，对濑川至朗教授进行了专访。

一、“师傅带徒弟”模式发生了变化

问：相关资料显示，日本新闻传播人才的培养主要是由报社、电台、电视台等媒体通过“On the job training”(职场训练)来完成，也就是说，在新闻传播媒体职场中进行人才培养。而且，媒体的从业人员也来自各个学科和专业。这一现象是否还存在？主要原因有哪些？

答：我认为这种现象至今在一定程度还存在，主要原因在于：

日本的报社和电台、电视台，十分重视培养自己的员工。我认为这一方面是受到终身雇佣制的影响，这也许是日本企业的一大特征；另一方面，由于记者需具备较强的采访和写作技能，采用“师傅带徒弟”的方式效率比较高。

此外，我认为，日本实行这一模式还与日本存在全国范围内发行的报纸(简称全国报)有关。在日本，大型的全国报在东京、大阪及福冈等地拥有多个本部

(发行基地),在所有的道、府、县均设有分支机构。每个县至少配备6—7名记者。新入职的记者基本上都被分配至媒体的分支机构中。各分支机构中多年前入职的前辈或负责人,为了能让新人早日上手,都认为有必要对新人进行指导。通过新人在分支机构的锻炼情况,媒体可以对新人所适合的领域进行判断,进而进行再次分流。比如有些人会被分配至本部的政治部或者科学部,有些记者被分配至编辑部门,等等。甚至也会产生在分支机构中不停轮换的记者。在分支机构的"On the job training",也具备对新进记者进行分配的机制。

还有,从用人习惯而言,一般的媒体喜欢使用如同"白纸"的新人。他们容易被培养成为具有该媒体色彩的员工。相反,接受过新闻传播专业教育的人,往往会让用人单位觉得其受过专业训练而不再"单纯",这样会因其可塑性不强而被敬而远之。

问:进入21世纪以后,日本的新闻传播教育发生了哪些变化?

答:进入21世纪以后,日本新闻业受到技术发展的推动,互联网发展以及媒介数字化发展给日本的新闻业带来一系列的变革,主要体现在:

一是随着数字化内容传输技术的日益成熟,原先不需要或很少承担报纸校对业务的分社,现在也需要承担校对等工作,各分社的业务开始变得更加繁忙。对于新闻教育而言,原先承担新人培养任务的分社,开始变得无暇培养新人。

二是数字化和互联网的发展,使得传统新闻业务也面临变革。新兴技术迅速发展,使得原先业界传统的"师傅带徒弟"的模式也产生了变化。在新媒介环境下,媒体中熟练掌握新媒体传播技能的前辈们较少,往往无法在这一方面给予新人指导。

三是随着时代的发展和社会对大众传媒要求的提高,大众传播工作的职业伦理道德也日益受到关注,传媒更多地被赋予时代的使命感和社会责任感,使命感和责任感的培养,需要通过高校这样的专门教育机构来系统完成。

问:虽然在职场进行新闻人才培养已是日本多年的传统,但是据了解还是有一些大学开办了不同层次的新闻传播专业教育。现在,开设新闻传播学专业的大学有哪些?

答:设立专门的新闻学院的大学,仅早稻田大学一家。

其他大学开办新闻传播专业的情况如下:

本科教育层次上,上智大学文学部设有新闻学科,日本大学法学部设有新闻学科，庆应大学设立了媒介传播研究所，等等。

研究生教育层次上，庆应大学法学研究科开设有新闻学课程，北海道大学旅游观光·国际媒介传播学院开设有媒介研究课程，等等。

问：2005 年，早稻田大学政治研究科开设正规的硕士课程“科学技术新闻记者培养计划”；2008 年，早稻田大学成立专门的新闻学院；2011 年，新闻学院开始了博士研究生培养。早稻田大学为何要开办专业性强、办学层次高的新闻传播教育呢？

答：首先，从历史的角度看，早稻田大学向新闻传播领域输送了大量的优秀人才。早稻田大学曾于 20 世纪 60 年代进行创办新闻学本科专业的尝试，然而受“师傅带徒弟”的传统人才培养模式的影响，新闻学本科教育未能得以持续开展。早稻田大学创办专业性的新闻学院，就某种意义而言，是对早稻田新闻教育传统的延续。

其次，面对全球化日益深入和社会发展复杂化的趋势，为了解读、传播更多的全球性、社会性问题，国家需要大量专业化程度高的新闻人才。以 2011 年发生的“3·11”东日本大地震为例，媒体在地震发生前应当更加积极地针对核电的防灾政策进行批评；从东日本大地震的媒介报道来看，更多的是“大本营发表”，若媒介从业人员更加专业的话，报道会显得更加主动，而不是被动地接受政府及相关部门的信息。因此，现如今，培养专业性强、层次高的新闻传播人才显得格外重要。

问：早稻田大学将新闻学院设置在政治经济研究科内的主要考虑是什么？

答：其一，政治经济学术院是早稻田大学最具传统的学术院；政治经济学也是早稻田大学实力最强的学科。其二，如亚里士多德所言，政治学是“栋梁性学问”，是以人类善举和善制为对象的实践性学科，具有疏通各学科的统合性的特征。

实际上，政治经济学术院里拥有政治、经济、社会、国际关系、文化及科学技术等多学科领域的学者。这些资源与新闻专业相结合，对培养学生更为有利。

问：早稻田大学新闻学院是基于什么样的标准来选拔新闻传播类硕士、博士研究生的？对学生之前所读专业是否有特别的考虑？

答：早稻田大学进行硕士研究生招录时，首先会考虑考生报考新闻学科研究生的缘由和动机；其次，对活跃在新闻传播实践领域的业界人士比较欢迎；最后，考查考生是否具备较强的思辨性思考能力。招录研究生时，对招录对象本科所学的专业并无特别要求。留学生需要具有较高的日语能力，如果还懂英语的话会更好。

早稻田大学进行博士研究生招录时，首先注重考生的研究能力，这与其他的学科并无差异。但是，会优先考虑具有媒介从业经验的人。

问：早稻田大学新闻学院是基于什么样的目标和理念来培养硕士、博士研究生的？

答：早稻田大学的新闻学院，是以培养高度专业化职业记者为教育目标。新闻学院秉着“记者需必备能提供公共服务的智力型专业技能”的理念而建成。

一是培养职业性的记者。职业性的记者的特点是：实践中遵守伦理，掌握知识、技能；能够完全适应21世纪新媒介环境；能使用多种媒介形式，能从既存媒体内部进行变革。

二是培养专业型记者。专业型记者的特点是：具备“发现、解读、传播”日益复杂的社会问题的能力；具备掌握相关专业知识和解决问题路径的能力。

三是培养具有亚洲视野的记者。培养熟悉亚洲其他地区的日本籍记者，或者培养熟悉日本的非日本籍记者。培养能与亚洲实力较强的新闻传播研究院（机构）建立合作关系的记者。

为了实现以上的人才培养愿景，早稻田大学在设置新闻学院的时候便追求专业知识和实践知识的融合，以及学院与业界的联合。新闻学院也在努力创造学院派的研究者和新闻业界的实务专家相遇与碰撞的机会。

新闻学院培养学生主要有两大思路：一是培养预备成为新闻记者、从事新闻传播行业的毕业生；二是为一线的新闻从业人员提供补充新知，并将其实践经验体系化的继续教育。

二、课程设置的五大理念

问：早稻田大学在新闻学课程的设置方面持有什么理念？课程设置的基准是什么？

答：早稻田大学新闻学院的课程设置注重以下几个方面的知识传授和能力培养：

其一，批判性的思考能力。在早稻田大学新闻学院，这一能力是最重要的培养目标。对权力进行监督是新闻的重要功能，记者具有批判精神十分重要。当然，不能只是停留在简单的批判层面，要从社会公正的视角，以构建更加良好社会为前提提出问题。早稻田大学新闻学院基于该理念，设置了相应的科目：一是方法论科目（新闻学课程），主要有政治学研究方法（包括数理分析方法、经验方法、规范方法），方法论讨论小组，数据分析，研究设计，公共哲学，高级计量分析，微观经济学，宏观经济学；二是必修科目（经济新闻学课程），主要包括微观经济学、宏观经济学、经济数据分析等。

其二，对新闻传播及媒介角色的深刻洞察能力。随着互联网的普及，我们需要重新考问新闻的意义以及媒介的功能。媒介形式的多样化带来世界构造的大变革。要想从事本真的实践活动，需要批判性地思考、学习新闻及媒介的结构、历史及理论。早稻田大学新闻学院基于该理念设置的科目为：一是核心理论科目（新闻学课程），主要包括新闻·媒介研究讨论小组（分为新闻的使命、报道现场论、媒介产业论等方向），新闻·媒介研究（包括新闻理论、新闻研究、影像新闻研究、大众传播理论、大众媒介法及伦理、媒介史、社交媒介论、亚洲新闻、媒介新时代的电视报道等）；二是核心科目（经济新闻学课程），主要包括经济新闻研究讨论小组（分为经济新闻研究、经济媒体研究方向），新闻·媒介研究（包括新闻研究、新闻理论、大众媒介法及伦理、媒介史、媒介产业论、广告理论等），经济新闻·媒介研究（包括实证分析入门、经济分析入门、经济史入门、经营史入门、企业分析入门等）。

其三，专业知识。新闻记者不仅仅需要知晓政治、国际、经济、社会、文化、科学技术等各领域的专业知识，而且需要系统地获知与专业知识相关的哲学、历史、社会学等知识。记者应通过学习专业知识，掌握以宏观视野深刻分析问题的能力。基于这样的考虑，早稻田大学新闻学院设置了相应的科目。一是核心理论·专业科目（新闻学课程），主要分为政治（包括现代日本的政治进程、舆论研究、政治宣传论、政治学入门、政治传播等），国际（包括国际政治学入门、日本外交论、现代东亚国际关系、现代亚太国际关系、国际关系政治等），经济（包括经济学入门、日本经济分析入门、现代日本经济与金融·企业治理、产业经济等），社会（包括公共性与安全、宪法理论、司法制度论、犯罪与法、现代社会学、社会保障制度与财政等），文化（包括亚洲·日本文化论、文艺批评论、读书文化史研究、电影中的国际政治、演剧与媒介等），科技（包括科技政策论、科学方法论、科学史、自然科学概论、生命伦理、进化人类学入门、风险管理、医疗与媒介、医学概论、环境问题等），综合研究（包括智能论、地球环境问题与可持续发展、网络社会和民主等）。二是专业研究科目（经济新闻课程），包括经济学史、统计学、日本经济分析入门、金融论、社会政策、公共经济学、环境经济学、医疗经济学、开发经济论、现代日本经济与金融・企业治理、环境经济・政策论、可持续性发展及国际开发合作等。

其四，采访和表达能力。新闻记者需具备独立获取接近事实真相的信息的采访能力，以及在分析所获信息的基础上形成文章、视频及照片等作品向受众传播的表达能力。应通过实习课程培养学生的采访、表达等实践性技能。基于这样的考虑，早稻田大学新闻学院设置了相应的科目。一是核心实践科目（新闻学课程），主要包括新闻实践（包括 Newsroom、报纸阅读法、朝日新闻讲座、科学传播实习、文章表达、个案研究等），媒介制作实习（包括影像纪录片、影像新闻、图片新闻、网络音视频新闻、调查报道方法、杂志编辑、报纸编辑等）。二是核心科目（经济新闻学课程），主要有新闻实践。

其五，现场知识。实践课程重视现场采访。通过实习，学生们可以直面发生的事件，从而养成观察现场的能力。相关科目为新闻学课程的核心实践科目和经济新闻学课程的核心科目。

问：中国的新闻学专业往往开设新闻理论、新闻史、新闻采访、新闻写作、新闻编辑、新闻评论等核心课程。日本早稻田大学新闻学专业是否设置类似的核心课程？

答：到目前为止，方法论科目为必修（主要课程设置见上一问题），实习科目为必修。2014 年课程改革后，早稻田大学新闻学院在之前的必修课基础上，增加了新闻实践基础、论文写作基础、新闻・大众传播基础理论、新闻写作入门等必修课程。

三、专业新闻教育将更重要

问：早稻田大学新闻学院的学生就业去向如何？是否都与媒体有关？新闻传播专业的学生就业情况如何？

答:从 2010—2012 年的就业情况来看,大部分学生基本在媒体就业,或是在企业从事与公共关系、企业宣传相关的工作(见表 1)。

表 1 2010—2012 年早稻田大学新闻学院学生的主要就业去向

年度	主要就业、升学去向
2010	NHK、朝日新闻社、共同通信社、朝日新闻上海分社、富士通、NTT Data、博报堂、日本经济新闻社、乐天网、亚马逊·日本、文化企划、团结报(中国)、三井物产……
2011	东京电视台、东京放送、朝日新闻社、读卖新闻社、时事通信社、中日新闻社、朝日学生新闻社、建通新闻社、朝日出版社、读卖广告社、日本唱片、三井物产、国际合作机构(JICA)……
2012	文部省、读卖新闻社、每日新闻社、日本电视放送网、日本放送、北海道放送、新华社(中国)、讲谈社、NHK Enterprises、电通公共关系、电通创意、筑波大学、资生堂、乐天网……

一般而言,媒体的人事部门已经逐渐理解新闻学院存在的意义和价值,但是招录的面试官往往是一线人员,如部长或负责人,他们中持有传统的"职场培训教育"观念的人不在少数。还有人觉得新闻学毕业生令人"头大",从而对他们敬而远之。但是,从 2013 年的就业情况来看,已经有一些学生被朝日新闻社和共同通讯社录用,这也说明学长们在一线的工作使得用人单位逐渐改变了原有的观念。

问:在中国,以互联网技术为基础进行传播的媒体被称为新媒体。日本的新媒体发展对新闻传播人才的培养有哪些影响?

答:新媒体的兴起和发展,使得日本传统的"师傅带徒弟"式的职场培训教育模式遭受挑战和发生变革。一方面,传统媒体开展新媒体业务时,前辈和领导由于缺乏相应的新媒体工作经验,无法向后辈、年轻人传授经验,传统的培养模式开始失灵。另一方面,新兴的媒介企业由于成立时间较短,也无法建立成熟的培训体系。新媒体企业的采访报道人员很大部分来自传统媒体,这些人具有丰富的报道经验,但是在新媒体传播方面经验有所缺失。所以,大学的新闻教育,尤其是新媒体相关的新闻教育显得更为重要。无论是传统媒体企业还是新媒体企业都对大学的专业新闻教育抱有期待。

早稻田大学设置新闻学院时,正值新媒体发展之时。因此,在课程设置时,早稻田大学开始注重新媒体相关课程的设置,如设置了网络视音频传播、网络新闻报道、网络社会与民主等课程。新闻学院成立前，早稻田大学已经积累了大量教授科学技术传播相关课程的经验。新闻学院的师资中也有相当一部分是理工科背景。在成立新闻学院之始，早稻田大学已经认识到新媒体新闻教育的重要性。

问：您对日本新闻传播教育有何展望？

答：其一，大学新闻教育将变得更为重要。"3·11"东日本大地震后，日本的新闻业界和学界都在重新思考新闻应有的状态。在东日本大地震中，很多媒介报道往往直接使用政府的公开信息，使得报道成为"大本营发表"，失去了媒介应有的独立性；另一方面，面对核辐射和灾害等专业性较强的问题，新闻界也缺少相关专业性的记者，使得报道无法深入。总体而言，日本的新闻界缺少具有独立自主问题意识和较强专业知识的记者，这不是媒介企业能够培养出来的。这使得大学的专业新闻教育显得十分重要。

其二，要重新思考新闻的意义与公共性。"3·11"东日本大地震暴露出人们对媒体存在不信任感等问题。这些问题不是单纯靠媒介传播技能所能解决的。我们需要更多地去思考为什么要采访、需要采访什么等理念层面的问题，思考记者的使命感何在。这些问题也是今后新闻传播教育需要重视的问题。

其三，一些前沿问题单纯靠一个媒介企业或机构无法完成报道和解释，今后企业之间合作解决问题的倾向会越来越明显。专业性的大学新闻教育能够为企业合作提供一个综合性平台。因此，今后新闻学院会加强大数据新闻、调查报道、创业者新闻等课程的设置。

问：您对中日两国新闻传播教育及研究方面的合作和交流，有何想法和期待？

答：很遗憾，目前中日关系处于非常困难的时期，这与媒体报道也不无关系。改善中日关系，需要媒介发挥重大作用。早稻田大学新闻学院以培养"熟知日本的中国籍记者"和"熟知中国的日本籍记者"为目标。有必要进一步加强两国在新闻教育和研究方面的合作和交流。

（本文由笔者与中国传媒大学博士研究生高昊合作撰写，原载于《新闻记者》2014年10期）

我国国际新闻传播人才培养机制转型的现状及趋势

一、我国国际新闻传播人才培养机制的转型

进入21世纪以来，我国建设国际传播能力的理念由“统筹国内国外两个大局，努力增强中国文化软实力”进阶至“讲好中国故事，传播好中国声音”。为适应这一新形势，我国国际新闻传播人才培养在理念、对象、模式和方式上有所转变。

（一）培养理念：从“对外宣传”到“对外传播”

从我国国际传播能力建设的目标来看，“塑造中国良好的国际形象”逐渐被“建设中国对外话语体系”取代。国际新闻传播理念也从信奉“内外有别”原则的“（对）外宣（传）”升级为更具想象力、更符合新闻传播规律和生态的“对外传播”“公共外交”“国家品牌行销”等[①]。人才培养理念也相应地从国际新闻宣传人才的培养向国际新闻传播人才和国际传播人才的培养转变。

（二）培养对象：从“国内为主”到“国内外并重”

在新理念的指引下，国际传播能力建设的方式亦从以往的“规模扩张”型转向“本土融合”型。面对我国传媒在海外本土化发展战略的要求，仅以国内人才作为国际新闻传播人才培养对象的模式已经难以满足我国对国际新闻传播人才的需求。因而，培养对象的“国内外并重”成为国际新闻传播人才培养的关键

① 史安斌.论我国对外传播事业的“短板”与国际新闻传播人才培养模式的创新[M].新闻界，2012(14).

变化。

(三)培养模式:从“本土培养”到“跨国培养”

本土国际新闻传播人才的培养模式存在“重专业学习、重外语学习、重技能训练”①的问题,难以满足“打造融通中外文化知识的新概念、新范畴、新表述”的国际传播能力建设核心内容创新的要求。针对这一国际新闻传播人才培育的短板问题,我们择优与海外教育机构合作,互相取长补短,联合培养具有创新思维能力的国际新闻传播人才。

(四)培养方式:从“专业技能”到“专业素养”

我国建设国际传播能力的理念的转变,对21世纪国际新闻传播人才的培养方式提出了新的要求。“讲好中国故事,传播好中国声音”的国际传播新理念要求准确、艺术地介绍中国的发展情况。培养具有政治、经济、科学等学科“专业素养”的综合型人才成为21世纪我国国际新闻传播人才培养的新方式。

在我国国际新闻传播人才培养机制转变的背景下,我国国际新闻传播人才培养取得了一些经验和成就,同时也存在一些问题。

二、我国国际新闻传播人才培养取得的成就与经验

我国在国际新闻传播人才培养方面取得了显著成就,比如,国际新闻传播后备人才培养项目,引起了中央的高度关注,2010年12月18日,时任中共中央政治局常委李长春同志带领教育部、中宣部等部委的领导,来到中国传媒大学,视察该项目的实施情况,肯定了该项目的办学经验。发展中国家国际传播硕士项目获得2013年中国新闻教育学会颁发的“新闻传播教育创新奖”。总结国际新闻传播人才培养的经验,主要有以下几点:

(一)培养模式的多样化

国际新闻传播人才培养模式主要有4种类型:

---

① 雷跃捷.论我国新闻传播教育的目标和方法[J].现代传播,2011(7).

1.政府主导培育型："应用型"国际新闻传播人才的培养模式

在中宣部和教育部的联合推动下，清华大学、北京大学、中国人民大学、北京外国语大学、中国传媒大学这 5 所院校于 2009 年设立国际新闻传播硕士培养基地，开办"国际新闻传播后备人才班"，旨在为中央级 6 大媒体培养具有"全球视野""中国立场"的国际新闻报道和中国对外传播应用型高级专门人才。

2.业界驱动培训型："综合型"国际传播人才的培养模式

为了满足 21 世纪国际和国内受众对财经新闻日益增长的需求，清华大学新闻与传播学院于 2007 年 9 月开办亚洲首个全球财经新闻硕士项目，旨在培养中国和亚太地区未来财经新闻传播领域的领军人物。

3.国内外教育机构合作型："全球传播"学术型人才的培养模式

该模式下，学生分别在中国与国际著名新闻传播教育机构学习，接受世界一流学者的严格训练，经历国际传播实践锤炼。该模式旨在培养国际传播领域具备创新思辨能力的高层次知识型人才。该模式下较为突出的案例包括：复旦大学新闻学院于 2007 年分别与伦敦政治经济学院媒介与传播系、巴黎政治大学传播学院合作实施全球媒介与传播双硕士项目和媒介与传播双硕士项目；中国传媒大学与加拿大西蒙菲沙大学自 2013 年开始合作实施以培育全球化学术型人才为目标的全球传播双硕士项目。

4.发展中国家传媒精英教育援助型："中国范"的海外传播人才培养模式

中国传媒大学于 2011 年受商务部和教育部委托，承办发展中国家国际传播硕士项目，这是我国援外战略由物质援助向人才培养转型中传媒人才培养的第一个硕士学位教育项目。该项目旨在吸引发展中国家的信息传播精英来华交流学习，培养理解中国国情与价值理念的"中国范"海外传播人才。到 2014 年，该项目共培养了来自非洲、亚洲、欧洲、拉丁美洲的 46 个发展中国家的 105 名优秀新闻从业者及高级行政信息管理人员。

(二)培养方法的多样化

1.多样化的教学体系

(1)课程设置理念的差异化

在课程体系建设上，我国开办"国际新闻传播后备人才班"的 5 所高校，针对国际新闻报道的实际需要，设置英语新闻采编、国际新闻采编和多媒体采编等课程，将新闻理论、新闻采访和英文写作融于一体，培养学生的英语新闻报道能力，为学生将来从事英文采访与报道工作奠定基础。[①] 中国传媒大学开办的"国际新闻传播后备人才班"的课程设置理念是：在夯实思想政治课基础的前提下，通过与特色课程相结合的专业培养，迅速提高学生的国际新闻传播专业能力。

全球财经新闻硕士项目将课程设计的重点放在中西方企业和财经市场的比较研究、中国企业案例分析、利用互联网采写新闻、财经调查新闻的报道技巧等融合经济、金融、企业管理等学科知识的新闻课程上。该项目力图通过培养具有财经专业素养的综合型国际传播人才，应对瞬息万变的全球财经资讯报道，提供关于中国经济和全球资讯的清晰、平衡、独到的新闻，从而打造一个更加透明的中国市场环境，加强中国与国际经济共同体的相互理解。

在本土国际传播人才培养方面，复旦大学和中国传媒大学颇具代表性，两校依托自身学科优势，分别建立了各具特色的课程体系，旨在塑造具有全球化思维的本土媒体精英。其中，复旦大学分别与伦敦政治经济学院、巴黎政治大学合作实施的全球媒介与传播双硕士项目和媒介与传播双硕士项目整合中西名校的优质资源和区位优势，将国际传媒专业知识与中国国情相结合，依循"西学中用"的理念开设了"应用传播：事务与背景"，中国战略传播，中国新闻学历史、理论与实践 3 门核心课程，以及中国媒体管理、全球化背景下的媒体与政治、"中国传媒：公关与市场""新媒体与社会：理论前沿与中国实践"等选修课程。

(2)研讨活动的多样化

"国际新闻传播后备人才班"培育的对外传播人才要能够适应国内外形势的发展变化，更好地表述中国与世界话题，因而在课程设置之外该项目还特别安排聚焦国家内政外交领域的国情教育研讨活动，以加强学生的国家意识、社会责任感，提高学生的新闻职业道德素养。国情教育研讨活动的研讨内容包括中国的政治制度、民族宗教、司法制度、安全战略、国际传播、外交政策以及中国所处的国际环境等多个方面。

全球财经新闻硕士项目注重与国外大型企业和一流院校的合作与交流，通

---

① 王菲.我国国际传播人才培养的经验、问题和路径[J].今传媒，2013(4).

过整合资源，培养具有较高专业素养的综合型国际传播人才。

全球传播双硕士项目发挥跨国办学优势，以培养学生融通中外的思维能力为宗旨，活动主题多以展现中西社会思潮与实践为特色。

(3)毕业论文选题的异质化

根据中国传媒大学与加拿大西蒙菲沙大学签署的两校合作协议，全球传播双硕士项目培养的学生需要完成中、英文两篇硕士论文，并且论文在答辩完成后存放双方图书馆。该项目对学生的理论素养与论文撰写能力要求颇高，着重培养学生的学术研究能力。该项目旨在通过严格的研究过程培养具有创新思维的传播学术人才。

与全球传播双硕士项目不同，由于发展中国家国际传播硕士项目招收的学员均是发展中国家媒体与信息从业人员，该项目的毕业论文选题侧重于学员专业背景及实践经验，引导学员在比较视域下结合理论对本国的传播实践进行反思，探讨有利于发展中国家的国际新闻传播新模式和新秩序。

2.多样化的实践体系

(1)专业实践的多样化

根据培养项目的差异，采用一线实习、业界参访和项目调研等多种专业实践方式。

“应用型”国际新闻传播人才通过一线实习获得宝贵的实践经验。“国际新闻传播后备人才班”的专业实践由中宣部、教育部统一安排，直接进入国家6大媒体国际传播一线业务部门实习，周期为半年。学生通过参与国际新闻的采编制作，了解国际传播的现状，熟悉国际传播的流程，进一步增强敬业精神与团队意识，提高实务操作技能与综合业务素质。上海外国语大学通过组织“全球重大事件双语报道团”的方式，让学生们在国际新闻的真实环境中进行实践。上海外国语大学的学生记者们先后赴美参与了2008年和2012年美国大选的新闻报道，与外国记者“同场竞技”，其报道被中美主流媒体转载。

发展中国家国际传播硕士项目的专业实践环节以业界参访的形式为主，旨在加深该项目学员对我国媒体，特别是对外媒体的认知。教学主办单位中国传媒大学传播研究院曾组织学员分别赴国际台(CRI)、新华社、四达时代传媒、蓝海电视台、北京人民广播电台、河北省怀来县广播电视台等国有媒体单位、私营传媒公司参访。往届许多学员在参访后参与到我国媒体的对外传播工作中，对我国新闻传播模式的理解和认同日益增加。

全球传播双硕士项目对于专业实践的安排更侧重于展现学生个性与优势，以项目研究为导向安排调研活动。有学生选择到媒体进行调查性报道，锤炼深度报道能力；有学生参与到政府或者地方组织的研究项目中，开展以研究为导向的调研工作；还有学生到地方文化机构的公关部门调研，探究跨文化传播的有效路径。往届学生进行专业实践的机构包括温哥华市政厅(文化服务部)、温哥华亚洲电影协会、GNW电子媒体中心、OMNITV(多元文化电视台)、亚太基金会、艺术博物馆、GlobalTV、中国国际广播电台等。

(2)社会实践的互动化

发展中国家国际传播硕士项目特别设置了“文化活动与交流”社会实践环节，以提升学员的文化体验。一批遴选出来的学生志愿者与项目学员结成“1+1”互助小组。人际层面的跨文化互动开拓了双方的视野。项目还组织涵盖不同年龄层次和不同领域的文化活动，提升学员在社会层面的全方位体验。往届组织的文化活动包括：“北京国际设计周”“外国友人京剧体验专场活动”“世界视觉日”等，这些活动有助于学员建立起多面立体的中国印象。

三、我国国际新闻传播人才培养存在的问题

我国国际新闻传播人才培养在机制创新上虽然已取得一定成绩，但是在新形势下，我国国际新闻传播人才培养仍存在许多问题，面临许多挑战，主要体现在以下几个方面：

其一，“泛专业化”教学体系有待开发。目前国际新闻传播专业素养教育在财经领域取得了一定成绩，但是学生其他领域的知识欠缺，新闻传播学的教学应与其他学科的教学融合。

其二，国际新闻传播话语体系创新的基础较为薄弱，培育创新人才需要科学的人才培养模式，然而凸显中外融通特色的体系化培养模式尚处于摸索阶段，远未成熟。

其三，跨媒体实践平台缺乏，与西方国际媒体集团相比，我国媒体“走出去”刚进入本土化、全媒体化的初步发展阶段，培育跨媒体国际新闻传播人才的平台缺乏。

其四，国际新闻传播人才培养的师资力量较为匮乏。在现有的教师队伍中，相当一部分人缺乏国际新闻传播理论和实践素养，影响了教学效果。

（本文由笔者与中国传媒大学罗雪博士合作撰写，原载于《新闻与写作》2015 年第 1 期）

何谓学科？何谓专业？

一、什么是学科

学科是某一个学术领域内相对独立的知识体系，包括话语体系、课程体系、教材等。所谓学科建设，就是围绕某一个学术领域开展的包括科学研究、人才培养以及科研和教学队伍建设在内的系统性活动。科学研究、人才培养、科研和教学队伍建设这三个部分是紧密联系、缺一不可、相互支持的。

二、学科和专业的关系

学科是专业的基础，专业是学科的运用，没有学科就谈不上专业，没有专业学科就没有了支撑。高校要进行人才培养就必须设置专业，而专业是依照学科来划分的，设置专业的目的是培养人才，培养人才的途径是课程设置。

三、学科建设的内容

学科建设的内容主要包括以下三个方面：

第一，为更新和增加学科知识而开展的科研活动。一个学科要发展，就必须更新知识，同时还要增加和生产知识，而要进行知识生产就得开展科研活动，如举办各种论坛及国内、国际研讨会，通过交流，把握本学科的发展趋势和前沿问题。最重要的是史论的建设。史论是一门学科的基础和核心。设置研究机构也非常重要。每一个研究机构都有自己相对独立的研究方向和领域，有相对独立的人才培养目标和方向。如果本学科研究领域发生新的变化，就有必要调整研究机构，所以，在设置研究机构的时候要对学科发展趋势把握准确、认识到位。此外，科研成果和教学成果在学科建设中也起着非常重要的作用，一门学科要取得较大的学术影响，就要做出国际一流的、独领风骚的学科成果。

第二，教学活动。教学活动的目的是为了增强人才培养的能力，而要增强人才培养的能力就要进行科学的专业设置，并根据学科的发展状况对专业进行调整。学科建设是个永无止境的追求过程。有些专业不适应时代发展，就要进行调整，有些专业则是随着时代的发展需要增设。与此同时，还要进行课程体系的设置和调整。比如美国密苏里大学于 21 世纪初创办的融媒体专业，不仅对学科发展，而且对传媒领域的发展都起到巨大的引领作用。同时，人才培养不仅要结合本土特点，而且还要具有承担国际人才培养的能力。此外，增添和更新的教学辅助体系如图书资料、实验室器材等也都非常重要，这些都是开展教学活动非常重要的组成部分。

第三，科研和教学队伍建设。科学研究和人才培养的开展需要专门的人才。在建设过程中要考虑到教师专业背景的多元化、结构的合理化等因素，注重培养有潜力的中青年学者。

（本文原载于《中华女子学院学报》2018 年第 6 期）

挑战与变革：新闻学研究和教育的发展趋势

当前，我国传媒业已经进入以新媒体为主导的媒体融合时代。新媒体所具有的自媒体和社交媒体新形态，使得传统媒体和新闻教育的许多观念和业务，都面临巨大的挑战。人工智能进入新闻业后，将给新闻业带来哪些变革，更成为人们关注的焦点。新华社于2017年12月26日在成都发布中国第一个媒体人工智能平台——“媒体大脑”，向海内外媒体提供服务，探索大数据时代媒介形态和传播方式的未来。在成都举行的第五届中国新兴媒体产业融合发展大会上，新华社还发布了首条MGC（机器生产内容）视频新闻，这条时长2分08秒的视频由“媒体大脑”中的“2410（智能媒体生产平台）”系统制作，计算耗时只有10.3秒。面对这样的严峻挑战，有人惊呼：“记者这个职业还有希望吗？”这些年高等院校新闻传播专业的毕业生到媒体，尤其是到传统媒体就职的比例持续走低，传统媒体的从业人员流失现象日趋严重，所有这些加重了人们对新闻业和新闻教育前景的担忧。如何看待这些问题？

一、新媒体崛起带来新的契机

笔者认为，新闻工作和新闻教育之所以会遇到危机，一方面是新媒体的迅猛崛起，打破了过去由专业人员垄断新闻传播业务的旧模式，在新的传播技术的推动下，过去被动接受信息的受众，在新媒体时代既是受众，又是传者。这样，记者在传统媒体时代所发挥的报道新闻、传播信息、发表评论、引导舆论的重要作用受到了挑战。

随着媒体融合程度的进一步加深，传播格局、传播模式、传播理念和传播业务将会进一步发生变革，过去一些传统的、简单的新闻业务中的一部分将交由用户和人工智能写作机器人去完成。一些精细的新闻传播业务，伴随着新媒体新闻传播活动产生的舆情研判、舆情应对业务，以及由新媒体引发的舆论引导任务，将成为专业新闻工作者必须面对和处理的新业务和新任务。新媒体的崛起和人工智能写作技术的使用并不是给新闻工作、新闻学研究和新闻教育画上了一道休止符，而是给它们带来了变革的契机和机遇，促使它们为适应新媒体和科技的发展而发生革命性的变革。

二、新闻学研究和新闻教育的发展路径

从新闻学研究和新闻教育的角度来观察，新媒体的发展，会给新闻学研究和教育带来这样的变革：新闻学研究和新闻教育将打破以往传统媒体时代以研究传统新闻学和培养传统媒体的专业新闻人才为目标的局面，将数据新闻、算法新闻、公共新闻、公民新闻、参与式新闻、大众新闻、社区新闻等方面的研究和教育与传统的专业新闻研究和教育有机结合起来。

未来的新闻学研究将沿着两个路径开展。

一个路径是开展以公众和专业新闻工作者为对象的媒介素养研究。这个路径，在传统媒体时代已经开始。在媒体融合时代，公众不仅仅是受众，同时，他们也是传者，是用户。媒介素养研究要把新媒体环境下诞生的公民新闻、公共新闻、大众新闻、参与式新闻作为研究重点。面对新媒体的不断发展，“媒介素养的内涵也已经从原来的能力、技能拓展到了思想意识、伦理道德、思维方式、文化修养等各个层面”[①]。

另一个路径则是开展以专业新闻工作为研究对象的新闻学研究。未来的新闻学研究不仅要研究体制内的新闻传播，更要研究伴随着新媒体的发展而产生的公民新闻、公共新闻、众筹新闻、参与式新闻等新闻传播的新主体、新形态以及媒体融合产生的新业态，这无疑将带来新闻学研究的巨大变革。2017 年 9 月，全球重要的新闻业研究大会——“新闻业的未来”第六届会议在英国卡迪夫大学新闻媒体和文化学院举行，有人统计：在 155 篇参会论文中，新媒体领域的论文占 33%。一些有关新媒体的论文在讨论新的新闻形式和新闻实践，如数据

① 卢锋，丁雪阳.文化向度的国际媒介素养教育考察[J].现代传播，2016(8).

新闻、事实核查、算法应用、虚拟现实等。越来越多的研究开始关注原生数字媒体，另外，平台型媒介作为当下媒介生态结构化转型的一个缩影，也开始引起研究者的兴趣和关注。新闻学研究领域的这些变化，将导致传统新闻学中的公信力、新闻价值、新闻真实性、新闻来源、新闻伦理和道德等基本概念和原理在内涵和外延上的变化或更新，而新的新闻传播形态和业态的发展，将带来新闻学研究的新课题和新理念，并带来新闻学的新概念、新范畴和新原理。

研究媒体融合时代新闻传播活动发生的新现象、出现的新问题，研究由这些新现象、新问题带来的新课题、新理念、新概念、新范畴和新原理，是当下和未来新闻学创新和发展的源头活水，是新闻学研究走向深化的一个重要途径。大学者陈寅恪在《陈垣〈敦煌劫余录序〉》中说："一代之学术，必有其新材料与新问题。取用此材料，以研求问题，则为此时代学术之新潮流。治学之士，得预此潮流者，谓之预流，其未得预者，谓之未入流。此古今学术史之通义，非彼闭门造车之徒，所能同喻者也。"①新闻学研究尤其不能脱离对新闻传播实践的观察和研究，闭门造车，自说自话，对于新闻学研究有百害而无一利。

随着新媒体的发展，新闻教育将沿着两个路径展开。

一个路径是开展媒介素养教育。媒介素养教育将面向社会公众开展。新闻信息传播的法治观念教育、新闻信息传播的伦理道德规范教育、新闻信息传播的基本业务素养教育等，将成为新媒体时代媒介素养教育的内容。另外，在媒介融合时代，新闻工作者也是媒介素养教育的对象。"一是媒介素养知识有助于提高新闻人科学接触和使用媒介的技能；二是媒介素养能帮助新闻人理性认知自己的职业性质，完善他们的传媒知识结构，其中包含媒介的特质、媒介的社会功能、媒介文本、媒介技术和受众等方面的知识；三是完备的知识结构是提高新闻人的职业道德、社会责任意识以及新闻报道专业技能的前提。因此，媒介素养是新闻人专业素养的一部分，新闻人的媒介素养是媒体融合时代和谐媒介环境构建的必要因素之一。"②

另一个路径是开展专业的新闻教育，或者称为新闻专业教育，这一个路径的新闻教育正在和将要发生变革，这些变革包括：

其一，新闻报道将越来越专业、精细和深化。大众传播正在通过人工智能

---

① 陈寅恪.陈垣《敦煌劫余录》序[M]//金明馆丛稿二编.上海:上海古籍出版社,1980:236.

② 张开.媒体融合时代新闻人的业务素养[J].中国广播电视学刊,2010(12).

算法向分众传播、小众传播方向分化，财经新闻、环境新闻、科技新闻、体育新闻、法治新闻、国际新闻等专业新闻报道，不仅要求记者和编辑具有良好的新闻专业技能，而且还要求记者和编辑掌握所报道领域的专业知识和理论。新闻从业人员要适应媒体融合时代频道众多、平台丰富、终端无限、用户需求多元、新闻报道业务日益扩大的新闻工作新趋势。如何培养这样的新闻后备人才是许多高校新闻院系正在考虑的问题。日本早稻田大学政治经济学部的新闻学院，于 2012 年设立经济新闻和新闻学两个硕士和博士专业。新闻学专业侧重于科技新闻和环境新闻人才的培养，并致力于这些领域的学术研究。2017 年 10 月 20 日，在中国人民大学新闻学院举行的学科建设论证会上，中国人民大学新闻学院新上任的年轻班子，提出了"新闻传播人才培养的再定位""跨学科联合人才培养与科学研究的可能路径"等命题，画出了"对内重构，打破专业壁垒；对外跨学科跨文化跨界"的新闻传播本科人才培养路线图。这些举措，无疑都是对媒体融合时代新闻教育变革的正面回应。

其二，新闻用户对分析性新闻、解释性报道、预测性报道的需求越来越强烈，对新闻工作者的学养和阅历要求也越来越高。

其三，以新媒体为主导的媒体融合时代已经到来。这给传统媒体时代的新闻传播业务带来了巨大的变革。这些变革涉及新闻传播的理念、模式、主体、对象、格局、机制、方式、渠道、介质、体裁、形式、方法、文体、语态、经营、管理等诸多层面。传统媒体时代的新闻采编业务转型为今天的新闻生产业务。新闻生产概念不同于过去的新闻采编概念，它注重新闻的生产和流通两个紧密联系的环节。过去传统媒体新闻采编业务主要是新闻工作者的个人业务，具有明显的手工作坊性质，而媒体融合所需要的大创意、大策划、大制作、大流通的新闻生产模式，可以看作是现代大工业生产模式。这种生产方式催生了"中央厨房"这种适应大工业生产模式的新闻生产和分发流通新机制，也催生了媒体矩阵传播的新概念和新实践。

如何认识和掌握媒体融合环境下的新闻生产的规律，并运用它生产出新型的新闻产品，是当下和未来新闻传播业面临的新课题。由传媒新业态催生的新闻传播新业务，新闻工作者如不努力学习和刻苦训练，则难以完成。为培养适应媒体融合时代的专业新闻传播人才，美国密苏里大学新闻学院最先开办了融合新闻专业，在新闻专业本科学生中就开始培养媒体融合新闻专业人才。在该学院2017版的本科培养计划里，学生可在6个新闻专业方向①的30多个兴趣领域中选择自己感兴趣的课程。融合新闻兴趣领域开设3门核心融合新闻专业课程来教学生学习跨媒体新闻叙事、融合报道和融合编辑制作以及编辑报道与融合媒体营销等方面的知识和技能。另外，融合新闻专业针对图片、广播、电视三大媒介，开设对应的三个融合新闻报道兴趣领域课程：融合图片新闻杂志写作、融合广播报道与制作、融合电视新闻编辑。

在我国，一些名牌新闻院校，也开设大数据新闻、融媒体新闻报道、数据可视化报道、算法新闻与新闻伦理"等课程。

所有这些努力，都表明国内外一些先进的新闻院校正在探索媒体融合时代新闻学专业的转型问题。

新闻业界和学界的这些积极的探索，从另一个方面说明新闻传媒业不仅是一门专业，而且也是一门专业性很强的职业，这是新闻传媒业充满魅力的原因所在，也是当下和未来新闻教育还将进一步繁荣和向更深层次发展的原因所在。

三、新闻学未来的发展趋势

当下的媒体融合趋势，不仅给新闻传播业带来新的发展机遇，也给新闻学研究和新闻教育带来巨大的挑战。媒体融合带来了传播内容和传播方式的融合，也带来了新闻学研究的大融合。新闻学和传播学融合、新闻学和其他学科融合，已经成为当下和未来新闻学学科建设和发展的趋势。新闻传播学正在吸收其他学科，如社会学、统计学、政治学、文学、史学、哲学、经济学、法学、心理学和信息科学等学科的知识和理论，借鉴这些学科的研究方法，不断丰富和提升新闻传播学的学科水平。目前，新闻传播学已跻身我国双一流建设的一流学科行列，这无疑是一个可喜的现象。我国的新闻传播学学科建设有了切实的奋斗目标和前景。我们建设国际一流的新闻传播学学科，不仅需要国际化的视野和胸襟，更需要来自中国的经验和理论。

---

① 这6个新闻专业方向分别是：Convergence Journalism（融合新闻）、Magazine Journalism（杂志新闻）、Photo Journalism（图片新闻）、Printand Digital News（印刷数字新闻）、Radio-Television Journalism（广播电视新闻）以及Strategic Communication（策略传播学）。参见https://journalism.Missouri.edu/programs/undergraduate/.

恩格斯在《〈共产党宣言〉1883年德文版序言》里指出："每一历史时代的经济生产以及必然由此产生的社会结构，是该时代政治的和精神的历史的基础。"[①]运用经济基础决定上层建筑的基本原理，对事物的发展变化进行分析和研究，是马克思主义认识论的基本原则。按照这个基本原则来分析当下新闻业和新闻教育以及新闻学研究面临的问题和挑战，我们发现，传播技术的变革带来了新闻传播观念的变革，而新闻传播观念的变革带来了新闻教育和新闻学研究的变化。在媒体融合时代，新闻教育和新闻学研究需要继承和发扬传统媒体时代的优良传统。面对媒体融合的新形势，新闻教育和新闻学研究要创新教育理念、研究取向和研究范式，适应和引领媒体融合时代新闻传媒业的发展，这是时代向我们的呼唤。

（本文由笔者与中国传媒大学硕士生田晨旭合作撰写，原载于《新闻与写作》2018年第3期，被《中国新闻传播教育年鉴(2019)》全文收录）

① 马克思恩格斯选集：第1卷[M].北京：人民出版社，2012：380.

国际传播教育也要讲好中国故事

一、将国际视野和中国经验有机结合

2017 年 9 月 25 日，为迎接党的十九大胜利召开，“砥砺奋进的五年”大型成就展在北京开幕。当日下午，党和国家领导人前往北京展览馆参观展览。在十九大召开前后的两个多月里，到北京展览馆参观这项大型展览的人数达 160 多万人次。中国传媒大学新闻传播学部传播研究院和学生国际交流部承办的发展中国家国际传播硕士项目学生毕业典礼照片作为教育单元主展线图片亮相此次展览。这张图片展示在第五展区教育单元“教育对外开放支持‘一带一路’建设”板块，引起了观众广泛的关注和反响。

这张图片上，中国传媒大学 2017 届发展中国家国际传播硕士项目学员在毕业典礼上打出“我爱中传，感谢中国”的横幅。这张图片构图鲜活，富有感染力，生动展示了我国教育对外开放的成就，以及该项目学生对中国提供留学教育的感激之情和对中国传媒大学的真挚热爱。发展中国家国际传播硕士项目是商务部和教育部联合主办的培养高层次传媒人才的援外培训项目。该项目为一年制全英文硕士教学项目。中国传媒大学自 2011 年承办该项目以来，已培养了 6 届来自肯尼亚、坦桑尼亚、哈萨克斯坦、尼泊尔、牙买加等 51 个发展中国家的 149 名高级行政信息管理人员和媒体高端人才。2017 年 9 月，来自 14 个国家的 33 名学员作为第 7 届项目学员到中国传媒大学报到并开启了学习和生活之旅。

该项目在教学实践上强调国际视野与中国经验有机结合，践行“知行合一”

的教学理念，定期组织学员赴中国国家与地方媒体参访调研。自运行以来，该项目多次被海内外媒体报道，毕业的学员也活跃在各所在国的国家媒体及国家信息传播部门，积极报道与中国相关的新闻故事，并从多方面推动各国与中国媒体及传播学术界的交流，为促进“一带一路”周边国家以及中国与其他发展中国家的友好关系作出了积极贡献。

该项目照片在此次成就展上的展出，将激励中国传媒大学在国际化办学的道路上继续努力，不断提升质量与品牌影响，为国家留学生教育及公共外交事业作出更大的贡献。

作为这个项目的承办单位，我们传播研究院也组织师生去参观了这个展览。站在展示的照片下，我不由感慨万千。7 年来，我们承办这个项目所经历的点点滴滴涌上心头。

二、和发展中国家学员分享中国经验

2011 年春天，我从中国传媒大学电视与新闻学院的党委书记兼新闻系主任任上，调到组建不到一年的传播研究院任院长。经过一段时间的调研，我认为研究院要走学术研究和人才培养的高端路线。这时，时任校长苏志武教授不失时机地和我们班子座谈，提出了传播研究院的 3 大发展目标：理论研究的高地、高端人才培养的平台和国际化教育的示范园区。有了这 3 大目标，我们办研究院的方向就更加明确了。传播研究院刚组建时，一共有 9 个研究所（中心），我带过来一个舆论研究所，传播研究院后来又成立了编辑出版研究中心，目前传播研究院一共有 11 个研究所（中心），教师和研究人员（加上行政教辅人员）最多时达 43 人。传播研究院共有 5 个学科方向：传播学、舆论学、传媒教育、国际新闻、编辑与出版。传播学方向下，最具有特色和实力的是国际传播这一学科领域。中国传媒大学原来有一个颇有特色和影响力的学院——国际传播学院。传播研究院的国际传播和国际新闻专业，是从原国际传播学院承续下来的，有一批在国内甚至国外知名的优秀学者，如从事国际传播研究的陈卫星、刘利群、刘昶，从事国际新闻研究的刘笑盈、何兰、张开，年轻的新秀李智、刘建平、张艳秋、龙晓农、赵靳秋、朱振明、贾乐蓉、任孟山、黄典林，等等。正是由于有国际传播与国际新闻专业的优势，传播研究院在制定学科发展规划时，开始谋划把培养国际传播高端人才作为一项重要的计划来实施。

有了“金刚钻”，就会揽来“瓷器活”。我到任后不久，校方通知我，去国家商务部接受一项任务。商务部相关领导交代我们，现在援助发展中国家的项目已经由修桥筑路、盖楼送医等传统项目，转向培养专业人才，提升发展中国家在经济社会建设中的自主建设能力。这次委托中国传媒大学承办的发展中国家国际传播硕士项目，是商务部会同教育部共同为发展中国家培养高端传媒人才的一个重点项目。其目的，一是培养发展中国家从事新闻传播的高端人才，为学员所在国的经济和社会发展服务；二是培养知华、友华的传媒高端人才，为改善我国的对外传播事业提供积极有效的帮助。接到这个任务后，我和同去的时任研究院党总支副书记张艳秋深感责任重大，使命光荣，但也感到压力很大。毕竟这是国家的重大援外项目，而且我们从来没有承办这种大型高端项目的经验。我们向校领导汇报后，校领导高度重视，时任主管研究生培养的副校长袁军和主管留学生教育的副校长胡正荣，对办好这个项目作出了具体安排。胡正荣副校长提出要整合全校可以用全英文授课的优秀教师力量，来为这个项目量身定制培养方案和课程设置计划。在研究该项目的培养方案和教学计划时，我们逐渐明确了一个基本理念，就是在制定培养方案和教学计划时，要按照商务部、教育部和学校的要求，结合这些来自发展中国家，特别是来自非洲国家的学员的情况，突出介绍和阐释中国改革开放以来在各方面，特别是传媒发展方面所取得的成就和经验，以便与这些来自发展中国家的学员分享这些经验。

三、多维度讲好中国故事

如何把这些抽象的经验讲得具体生动？这就要讲好中国故事。项目开办几期后的经验表明：在国际传播教育中讲好中国故事，是行之有效的好方法。

讲好中国故事，一要体现在教师向学员授课的课堂讲授上。

授课教师在讲授国际传播的一些原理和原则时，会注意介绍中国的主张和实践创新做法及其对发展中国家的意义：我国提出的“一带一路”倡议，对于发展中国家的利好；我国在互联网发展和治理中提出的“构建网络空间共同体”的主张；我国国家主席习近平提出的“推动构建人类命运共同体”的主张；我国在互联网社会治理方面的中国方案和中国智慧；中国坚持改革开放的基本路线，但在学习国外特别是西方时,绝不生搬硬套,而是坚持走自己的道路,走中国特色社会主义道路;等等。这些内容的讲授,引起了学员们极大的兴趣,他们在课堂上、作业里对这些问题开展热烈的讨论,谈论中国经验对于他们国家的借鉴意义。这些讨论的成果、学习的心得,被他们写在硕士学位毕业论文中,成为这个项目重要的学习和研究成果。一些学员还在《中国日报》(*China Daily*)以及所在国的报刊上撰文,讲述他们在中国传媒大学学习的心得体会和在中国学习访问的所见所闻,介绍中国在经济和社会发展方面所取得的巨大成就。一些学员毕业回国后,把自己在中国学习的知识和经验用于工作中。2016 届坦桑尼亚学员 Cecilia Augustino 来华前是该国 Habari 传媒集团的农业报道记者,曾在项目组织的业界参访活动中对河北怀来县广播电视台农业栏目进行调研,并考察了当地农户对该栏目的收看情况,发现媒体在传播农产品种植信息方面的重要作用,回国后积极关注我国农业专家在坦桑尼亚的工作情况,并发表了多篇该国农业议题的深度报道。

讲好中国故事,二要体现在课外的参访活动,甚至是日常交往的点点滴滴中。

发展中国家的学员,大都来自非洲、亚洲及加勒比海地区。这些发展中国家大都有过被西方国家殖民的历史。而这些学员又大都是当地的高层家庭出身,不同程度地受过西方的教育,因此他们的价值观念、生活方式乃至思维模式都受到了西方的影响。他们来到陌生的中国,对中国的社会制度、人文习俗、文化传统等有一个认识和适应的过程。他们中的一些人习惯于依据西方的一些制度要求和价值观念来看待和分析中国这个最大的发展中国家的情况和问题,常常会得出和中国国情不吻合的观点和结论。例如,他们一方面由衷地钦佩中国改革开放取得的巨大经济和社会发展成就,但另一方面他们中的一些人常常以西方的新闻价值观来看待中国的新闻传播观念,批评中国的新闻宣传。针对这些情况,我们会耐心地给他们解释中国的历史和国情,讲解中国新闻传播所积累的为经济和社会发展大局保驾护航的经验,告诉他们中国走中国特色社会主义道路的决心和理由。

在实习和参访活动中,前几期带学员到北京、上海、江浙沿海发达地区参访时,普遍认为中国已经进入发达国家行列,针对这种情况,我们调整了调研的地区和路线,在适量参访上述发达地区的同时,也安排他们到偏远地区、农村地区去参访，让他们理解我国仍然处在社会主义初级阶段，我国社会当前的发展是不平衡和不充分的发展，东西部地区与城乡地区的巨大差异，使我们肩负着艰巨的扶贫任务。我们带领学员到河北怀来县广播电视台参访，让他们观看了当地对农村广播的电视节目。我们让他们实地考察怀来县农村的生产生活状况，了解在农村实行的村干部直选的情况。所有这些都是中国故事，都需要一点一滴地向学员们讲授和传播。讲故事，不仅需要技巧，更需要真诚和耐心。我们对他们生活和学习给予关心和帮助，其中有很多富于人情味的感人的故事，这些故事，通过他们又会传播给他们的家人、朋友和所在国的媒体，形成有温度、有角度、有力度的中国故事的多级传播。

发展中国家国际传播硕士项目到目前为止已经开办至第 7 期，这期间我们还与加拿大西蒙菲莎大学传播学院合作开办了全球传播双硕士项目，成建制地培养毕业时能同时获得中国和加拿大两个国家的硕士学位的国际传播人才。我们把发展中国家国际传播硕士项目的办学经验应用到这个项目上来，当然我们根据加拿大作为发达国家的国情，对一些做法进行了调整，但讲好中国故事，是不变的重要经验和主题。

（本文原载于《青年记者》2018 年第 1 期）

媒体融合时代新闻传播教育应对挑战的对策研究

当前，我国传媒业已经进入以智能媒体为先导的媒体融合时代。基于人工智能、移动互联网、大数据、虚拟现实等新技术形成的传播生态系统，不仅给传统媒体，也给新闻传播教育带来了巨大的挑战。

一、新闻传播教育面临的挑战

(一)新闻传播教育外部环境发生变化

智能媒体时代，新兴技术为新闻传播的快速发展提供了强劲的动力，新闻舆论的影响力加速渗透到社会的方方面面，新闻传播与政治、经济、文化等各个领域产生前所未有的紧密联系。中国要把握当前历史发展机遇，借助新闻舆论的力量，有效应对全球传播时代国内外的各种风险挑战，推动社会各方面实现互联、互通，以凝聚共识，推动社会的转型变革。

信息传播技术的更新迭代也在重塑我国的新闻传播格局，截至 2019 年 6 月，我国 8.54 亿网民中，移动互联网用户已达到 8.47 亿。[①] 社交媒体已成为新闻信息的重要集散地，传统媒体一家独大的格局被打破，多主体参与、多渠道分发的新闻生产模式成为新常态，新媒体在带来丰富的信息资源的同时，也带来了新闻信息良莠不齐、舆论场众声嘈杂、传统媒体公信力和权威性下降等问题。面对新的传播格局带来的冲击，我国新闻传播业迅速反应，积极调整自身发展

① 中国互联网信息中心.第 44 次中国互联网络发展状况统计报告[R/OL].http://www.cnnic.net.cn/hlwfzyj/hlwxzbg/hlwtjbg/201908/P020190830356787490958.pdf.

模式。当前,深入推动媒体融合,打造新型主流媒体已成为共识。时代背景、社会环境、传播格局和媒体实践的变化,推动着新闻传播教育的转型。积极回应新闻传播实践的呼唤,培养能够适应新的媒介生态、满足时代要求、推动社会进步的新闻传播从业者,成为新闻传播教育的当务之急。

(二)新闻传播教育理念面临挑战

传统媒体时代的新闻传播教育,以报刊、广播电视等纸质和电子媒介的新闻传播活动为教学和研究的对象,重点关注大众传播现象。在我国,国情和媒介性质等因素决定了传统媒体的新闻传播教育是按照党报理论和大众传播理论来形塑其基本理念。这些基本理念,如维护新闻真实性的理念、遵循新闻价值的理念等,在以往的新闻传播教育事业中,发挥了重要作用。但是在媒体融合时代,传媒业态发生了巨大变化,来自传统媒体实践的新闻传播教育理念,受到了现实的冲击和挑战。当前新闻传播活动的变革所带来的一系列新闻学研究的新理念、新范畴和新课题,更需要新闻传播教育予以关注。另外,在媒体融合时代,新闻传播工作者对自身社会角色、地位、价值的认知也面临着巨大的挑战,这些挑战也在不断颠覆传统的新闻传播教育理念。

(三)新闻传播人才培养模式面临挑战

媒体融合时代,技术已然成为首要变革力量。人工智能、大数据、区块链、4K、8K、5G 等新技术给新闻传播实践带来了巨大的变革,全媒体建设已成为当前我国传媒业的主要发展方向。实践的巨大变革呼唤具有全媒体产品生产技能的全媒型新闻传播人才。而当前新闻传播教育整体上仍然按照传统模式培养新闻传播人才。这种以培养传统媒体采编技能为基本任务的人才培养模式,难以满足媒体融合发展对新型新闻传播人才的需要。新闻传播教育与新闻实践脱节的现状,导致高校新闻传播院校培养出来的学生在实践中上手慢、适应难,以往新闻传播教育"上手快"的优势也在丢失。

此外,处在社会巨大变革时期的新闻传播工作者不仅仅是信息的生产者、传播者,更是时代风云的记录者、社会进步的推动者和公平正义的守望者。新闻传播工作者能否正确看待、认识和反映当前风云激荡的社会现实,关系到新闻传播工作能否真实客观地呈现社会全貌,关系到新闻传播服务大局、引领时代的艰巨历史使命和社会责任能否落到实处。新闻传播工作需要具有广阔视野、大局意识，能够精准掌握新闻传播规律和新兴媒体发展规律、深入理解我国社会和国际局势，具有跨学科、跨文化知识背景和网状知识结构的复合型、全媒型、专家型新闻传播人才。

如何培养满足时代发展要求的新型传播人才成为当前新闻传播教育领域需要正视和解决的关键问题之一。

（四）新闻传播专业教学体系面临挑战

纵观我国当前新闻传播专业教学体系，可以发现，总体上，课程设置仍然向传统媒体倾斜。以本科教育为例，我国现有新闻传播学类本科专业点 1 244 个，其中网络与新媒体专业点 140 个，仅占 11.25%，整体比例仍然相对较低。另外，在已开设新媒体专业的院校中，也存在诸多问题，如课程体系并没有作结构性调整，只是在原有模式的基础上进行“打补丁式”的修正。有些院校仅在原有课程名称上套加“新媒体”，并未改变原有课程内容。有的院校在原有课程体系之外，新设几门新媒体相关课程，这种“两张皮”的现象，并没有真正打破按照媒体类型划分专业方向的壁垒。即使在融媒体相关课程的内容设置上，也是以史论、概论为主，实践性不足，与业界对接出现错位成为普遍性问题。还有一些院系在建设新媒体专业过程中，出现“唯技术论”、忽视专业基础教育的倾向。面对这些问题，新闻传播教育者首先要转变观念，正确理解“全媒记者”的真正内涵。笔者认为，“全媒人才”的概念不仅指向掌握“全媒技术”的人，更指向具有全媒思维、交叉学科视野的复合型人才。因此，新闻传播教育要把技术训练和思维训练结合起来，把学理与实践贯通起来，以适应媒体融合发展的形势。

二、改进新闻传播教育的措施

我们要创新新闻传播教育理念，创新新闻传播人才的培养模式，适应数字化、网络化、智能化融合传播趋势，逐步完善师资队伍、教材和配套设施建设，加快建设适应智能媒体时代的新闻传播教育教学体系。

(一)加强马克思主义新闻观教育,以坚定的立场和正确的导向引领新闻传播教育的发展方向

党的新闻舆论工作是党的一项重要工作。[①] 面对当前风云激荡的国际竞争环境,以及国内急剧变革时期矛盾凸显的社会发展现状,新闻传播不仅要成为反映现实的一面镜子,更要成为引领社会走向的一面旗帜。新闻传播工作者要有自己的行动指南,在我国,这一行动指南集中体现为马克思主义新闻观。习近平总书记曾多次强调,要把马克思主义新闻观作为党的新闻舆论工作的"定盘星"[②]。教育部、中共中央宣传部联合印发的《关于提高高校新闻传播人才培养能力 实施卓越新闻传播人才教育培养计划 2.0 的意见》明确指出:"以习近平总书记关于新闻舆论工作的重要论述为指导,深入贯彻落实《中共中央关于加强和改进党的新闻舆论工作的意见》,坚持马克思主义新闻观,用中国特色社会主义新闻理论教书育人,培养造就一大批具有家国情怀、国际视野的高素质全媒化复合型专家型新闻传播后备人才。"[③]这为我国新闻传播教育指明了根本方向。我国新闻传播教育要始终以马克思主义新闻观为指导,科研和教学双管齐下,培养一批具有家国情怀和国际视野的优秀新闻传播后备人才。

首先,要不断推进马克思主义新闻观教育,组建一支理论素养扎实、实践经验丰富的马克思主义新闻观教育教学队伍,推出一批马克思主义新闻观教育的精品课程。一方面,以科学的理论潜移默化地滋养学生,帮助学生树立正确的新闻观念和新闻价值取向,从根源上避免新闻传播实践在市场竞争和多元思潮、意识形态的冲击下发生畸变。另一方面,以丰富的实践经验、实践感悟、典型案例化解理论的艰深,变抽象为具体,通过理论与实践的结合不断推动马克思主义新闻观入耳入脑更入心。

其次,要充分发挥新闻传播院校的优质科研团队的力量,重点建设一批马克思主义新闻观研究基地,不断以高质量的科研成果丰富和提升马克思主义新闻观的理论深度及实践价值。一方面,深挖马克思主义新闻观的理论内涵。另

---

① 习近平.在党的新闻舆论工作座谈会上的讲话[N].人民日报,2016-02-20(01).

② 习近平.在党的新闻舆论工作座谈会上的讲话[N].人民日报,2016-02-20(01).

③ 教育部,中共中央宣传部.关于提高高校新闻传播人才培养能力 实施卓越新闻传播人才教育培养计划 2.0 的意见:教高〔2018〕7 号[EB/OL]. http://www.moe.gov.cn/srcsite/A08/s7056/201810/t20181017_351893.html.

一方面，不断探索“坚持党性原则”“坚持以人民为中心”“坚持正面宣传为主”等马克思主义新闻观核心论述在面对新的传播生态、传播规律时的理论发展与实践创新路径，使马克思主义新闻观更能适应新兴媒体发展规律，更有效地指导媒体融合时代的新闻传播实践，不断焕发新的生机和活力，形成具有中国特色、中国风格、中国气派的新闻传播学理论体系和学术话语体系。

最后，要以科研辅助教学，以教学带动科研，充分发挥新闻传播院校的资源优势、人才优势、科研优势，以真懂真信为目标，培养一批马克思主义新闻观坚定践行者，使未来的新闻传播工作者可以真正成为党的政策主张的传播者、时代风云的记录者、社会进步的推动者和公平正义的守望者。

(二)加强文史哲和自然科学通识教育，打牢新闻传播学专业学生的文化科学基础

长期以来，关于新闻传播教育究竟是通识教育还是职业教育，新闻记者是“杂家”还是“专家”的讨论从未停止。由于新闻传播工作是一项专业性很强的工作，需要掌握一套专业化的操作理念和实践技能，我国的新闻传播教育长期以职业化、专业化培养为主。这种培养模式导致了片面强调新闻传播人才的“工具属性”，导致新闻传播从业者普遍存在知识结构单一、文化基础薄弱、学术视野狭窄等问题。笔者认为，通识教育与专业教育之于新闻传播教育是“一体之两翼、驱动之双轮”的关系。培养文化科学素养深厚、专业技能全面，具有一专多能的复合型知识结构的新闻传播人才具有必要性与紧迫性。

2005 年 9 月，复旦大学复旦学院(本科生院)正式成立，并率先在国内实质性地推进通识教育改革。经过一段时期的发展，目前，通识教育已经在我国多数新闻传播院校得到普遍推广。清华大学、中国人民大学、华中科技大学等高校的新闻传播学专业均开设通识教育课程，并以学分制的方式进行考核。但从实践效果来看，仍不甚理想。究其原因，可归为以下几点：首先，通识教育课程设置随意，缺乏系统性、前瞻性和目的性。其次，通识教育与新闻传播领域的专业教育之间缺乏有机的逻辑联系。最后，从内容上来看，存在浅尝辄止、缺乏深度等问题，这使通识教育沦为浮于表面、流于皮毛、只“通”无“识”甚至无“通”无“识”的公共课。

要做好新闻传播通识教育，要在正确的通识教育理念的指导下，建立科学、

系统的通识教育体系。通识教育以“通”为手段，以“识”为目的。“通”要求打破专业壁垒，但这并不意味着将所有知识都不加过滤地收入囊中。要结合新闻传播学的专业特征，策略性地选择具有普遍价值、体现共通规律的内容。同时通识教育重点在“识”，要摒弃将其等同于“泛化”教育的错误认知。学生要通过跨学科知识的学习，提高思维能力和判断能力。具体来说：

1.新闻传播通识教育要调整课程结构

当前我国多数高校的通识教育课程占所有课程的比例相对较低，以华中科技大学2018年本科培养计划为例，通识教育课程仅占26%，且以体育、英语、思政为主的必修课占20%，选修课仅占6%，学生选择范围相对狭小。[①] 因此，要适当加大通识教育课程所占比重，将必修课与选修课相结合，积极扩充通识课程种类。复旦大学构建了6大模块的通识教育核心课程体系，共计包含近180门核心课程，[②]保障了学生自主选课的权利和自由。

2.新闻传播通识教育要完善课程内容设置，发展立足本土，面向世界，扎根传统，面向未来的通识教育体系

习近平总书记提出“扎根中国大地办大学”。我国的新闻传播通识教育要坚持以中华优秀传统文化为根基，以中国社会发展现实为立足点，同时广泛吸收其他国家、民族优秀文化成果。我国优秀传统文化成果中包含着一整套价值观念，直接影响人们的思维方式和行为方式。因此，要大力发展立足中国文化根基的文史哲等传统通识教育，打造具有“中国特色、中国风格、中国气派”的通识教育体系。

同时也应将现代社会所需的计算机技术、法学、伦理学、心理学等内容纳入课程体系之中，形成内涵更为丰富的新通识教育体系，以培养学生深厚的文化科学素养、广阔的视野和适应现代社会发展的基本技能。

3.新闻传播通识教育要完善机构设置，壮大师资力量

完备的新闻传播通识教育体系需要强大的智力支撑。2012年9月，新的复旦学院（本科生院）全面推行住宿书院制和导师制，打造师生共有、共建、共享的

① 华中科技大学新闻与信息传播学院2018年新闻学专业本科培养计划[EB/OL].http://www.hust.edu.cn/jyjx/bksjy.html.

② 复旦大学—通识教育[EB/OL].http://www.fudan.edu.cn/2016/channels/view/48/.

文化场所和公共空间，设有由专职、兼职和特邀导师组成的导师团队。① 同时，该学院设立通识教育委员会，负责通识教育核心课程的顶层设计和整体规划，取得了成效，值得推广学习。

（三）跟随新文科建设的节奏，加快传统新闻传播人才培养向全媒化、复合型、专家型新闻传播人才培养的转型

2016 年，习近平总书记在党的新闻舆论工作座谈会上指出，新闻舆论工作者要“努力成为全媒型、专家型人才”②，这为新闻传播教育指明了方向。培养全媒化、复合型、专家型传媒人才已成为大部分高校的共识，中国人民大学、中国传媒大学、清华大学等一大批院校已经开设新媒体或融媒体相关课程。

1.培养掌握全媒体技术的新闻传播工作者

随着新兴技术与新闻传播领域的高度融合，解决好“本领恐慌”问题，培养学生对新的传播技术的掌控能力成为全媒型人才培养的第一步。2019 年 3 月，教育部《关于公布 2018 年度普通高等学校本科专业备案和审批结果的通知》中，中国传媒大学被批准开设大数据管理与应用、智能科学与技术等专业；此外，全国共有 35 所高校获首批建设人工智能专业资格。③ 从中可以看出教育部门对于新技术领域的相关教学的重视。新闻传播教育应该紧紧抓住机遇，积极开设现代媒介技术相关课程，并通过校内和校外实践结合、学界与业界联动等形式，为学生提供在实践中检验和提高技术水平的机会，避免技术教育沦为“纸上谈兵”“坐而论道”，培养一批真正的行家里手。

2.培养具有全媒体思维的新闻传播人才

培养全媒型新闻传播人才，要避免陷入“技术决定论”的误区。新闻传播过程是由多环节构成的一套系统化流程。新闻传播者不仅需要借助先进的技术进行新闻生产和传播，更需要依靠先进的理念和战略性眼光进行选择、判断、统筹、策划，指导和把控整个新闻传播系统的健康良性运转。新闻传播者必须挣

---

① 复旦大学一通识教育[EB/OL].http://www.fudan.edu.cn/2016/channels/view/48/.

② 习近平.在党的新闻舆论工作座谈会上的讲话[N].人民日报，2016-02-20(01).

③ 中华人民共和国教育部.教育部关于公布 2018 年度普通高等学校本科专业备案和审批结果的通知[EB/OL].(2019-03).http://www.moe.gov.cn/srcsite/A08/moe_1034/s4930/201903/t20190329_376012.html.

脱传统新闻传播单一模式的桎梏，具备运用全媒体思维统筹不同媒体，指导新闻传播实践的能力。因此，新闻传播教育不仅要培养学生的具体技能，更要强化学生的综合能力，提高学生对新闻传播规律的认识水平，培养学生的跨学科视野。

在专业建设上，应打破传统的以媒介属性划分的专业壁垒，实现相互融通，做到既掌握不同媒介的普遍规律，又掌握不同媒介的个性特征；打通不同学科之间的边界，实现学科间的融通。在这一方面，我国一些高校已进行有益尝试，如中国人民大学推出新闻学与法学、经济学双学位班。清华大学的“211 培养模式”和复旦大学新闻学院的“2＋2”培养模式，都旨在培养学生多学科学习的能力，实现厚基础、宽口径培养。

3.打造具有全媒体素质的新闻传播教育队伍

新闻传播教育创新的关键在于人才。因此要加快组建一批具有扎实的理论素养和丰富的实践经验的新闻传播教师队伍。可以通过外聘业界资深新闻传播工作者讲授媒介前沿课程的方式，拉近学生与新闻实践之间的距离，或建立学界＋业界的双导师制度。这样既能保证新闻传播教育的课堂常变常新，及时捕捉业界的新变动、新现象，不断推动理论更新，同时又可以用前沿的理论指导学生正确认识、运用新技术，推动实践在正确的轨道上良性发展。

(四)强化新闻传播专业学生的问题意识和批判性思维能力，提升新闻传播伦理与法治意识

智能时代，互联网技术、人工智能技术、大数据技术的广泛使用，引发了新闻传播领域的深刻变革。新技术在信息收集、处理、挖掘、精准推送等环节发展势头强劲。

笔者认为，随着科技加速迭代发展，“变”已成为当前及未来社会发展的主题。新技术的发展永无穷尽，在有限的学制内，高校新闻传播教育若以传授职业所需一切技术技能为目标，既不现实，又有悖社会发展的客观规律。我们应该清醒地认识到，在任何时代，新闻报道的最终目的都是不断接近真相，服务社会的发展。而问题意识、批判精神、正确的价值观念、伦理与法治意识都是新闻传播工作者发现新闻价值、不断接近真相的强大支撑，也是新闻传播工作者不断适应和驾驭未来传媒业的强大动力，更是新闻传播工作者的核心能力，理应

成为新闻传播教育的关注点。

1.培养有批判能力和问题意识的新闻传播人才

习近平总书记强调:"新闻媒体要直面工作中存在的问题,直面社会丑恶现象,做到激浊扬清、针砭时弊。"①新闻传播工作承载着监测社会、警醒社会、引领社会的重要使命,显然不能仅仅停留在简单反映社会现象的层面,而是要及时发现和揭露社会发展中存在或潜在的问题,助推社会进步。面对当前全球传播大背景下的自媒体和社交媒体所带来的众声喧哗、信息良莠不齐、真假难辨、价值观多元等多方面的挑战,新闻传播工作者必须具备分析判断能力和深度调查能力,能够敏锐地从纷繁复杂的社会现实中洞悉问题所在,并且善于分析问题和推动问题的解决。因此,新闻传播教育要不断强化新闻传播人才的问题意识和批判性思维能力的训练,在日常教学中除了增设社会学、哲学等基础性课程之外,在专业课方面,要开设媒介批评、大众文化批判等相关课程,引导学生关注、思考、挖掘和分析传媒业面临的难点问题,运用媒体的眼光,观察和分析社会的热点问题,培养能够真正读懂媒体、理解社会、明辨是非、澄清谬误的新闻传播人才。

2.培养具有新闻传播伦理与法治意识的新闻传播人才

新闻伦理和法律制度为新闻传播工作划定了底线和边界,无论是传统媒体时代还是媒体融合时代,自觉遵守法律法规,传递符合伦理规范和正确价值取向的内容是新闻传播工作无可撼动的根本准则。随着传媒生态的变化,新闻传播业的价值观念和新闻职业操守正面临严峻挑战。新闻传播院校要牢记守正才能创新。新闻传播教育不仅要培养具有现代化技能和专业素质的"有用人",更要始终坚守"初心"——立德树人。要将新闻传播伦理道德教育、新闻传播法治教育提升到与专业知识和技能培训同等重要的地位上来,通过开设新闻伦理、新闻职业道德等课程,帮助学生树立正确价值观,培养学生成为遵守法律法规、新闻伦理和职业道德规范,能够肩负起时代责任和历史使命,自觉维护公共利益,党和人民放心的"新闻人"。

高等院校新闻传播教育是培育新闻传播人才的摇篮。在全球化、智能化时

① 习近平.在党的新闻舆论工作座谈会上的讲话[N].人民日报,2016-02-20(01).

代，新闻传播教育要紧扣时代脉搏，聆听时代呼声，建设科学合理的新闻传播教育体系，培养兼顾通识教育与专业教育，掌握媒介技术与媒介规律，具备完整知识结构、能力体系、健全人格和价值观念的新型新闻传播人才。

（本文由笔者和中国传媒大学新闻学院硕士研究生白欣蔓合作撰写，原载于《中国大学教学》2020 年第 2—3 期）